本书获得南昌大学社会科学学术出版基金（项目批准号：NCU20160009）和
江西省教育科学规划项目（项目批准号：15ZD3LYB002）资助

制度排斥、家庭资本与
随迁子女教育

Institutional Exclusion,
Family Capitals and Migrant
Children's Education

谢永飞　著

社会科学文献出版社
SOCIAL SCIENCES ACADEMIC PRESS (CHINA)

序　言

改革开放以来，中国进入快速工业化和城镇化发展时期，伴随这一波澜壮阔历史进程的是大规模的人口流动。20 世纪 90 年代后，举家迁移的家庭式流动模式逐渐成为主流，随迁子女的规模也随之迅速扩大。第六次全国人口普查数据显示，17 周岁及以下随迁子女的数量已高达 3581 万人。随迁子女正处于学龄期，在流入地接受较好的教育，有助于他们提升文化素质、积累人力资本。这不仅可以促进随迁子女的自身发展、流动人口的社会融合，还可以提高社会的劳动生产率、促进我国经济的持续增长。然而，他们在城市接受各级教育时受到制度排斥、家庭资本等多种因素的制约。本书呈现的内容就是对这个问题所做的思考。

书稿源于我的博士学位论文，对这个问题的研究，得益于我的博士生导师——中国人民大学社会与人口学院的杨菊华教授。2011 年我跟随杨老师攻读博士学位，在老师的悉心指导下，我逐步走入学术殿堂，投入人口流动的相关研究，并根据老师的建议和自己的研究兴趣选择了随迁子女的教育问题作为博士论文的选题。

本书以 3～18 岁的随迁子女为分析对象，采用定量研究与定性研究相结合的混合研究方法，从在学情况、就读学校性质、受教育年限三个教育层面，分析了他们在幼儿园、义务教育和高中阶段的受教育状况及其影响因素；在此基础上，从制度改革、教育投入、家庭支持、学校配合、社会帮扶、经济发展六大方面提出了改善随迁子女受教育状况，提升随迁子女教育福利水平的对策建议。本书在以下方面做了创新和发展：一是拓展了研究对象，涵盖幼儿园、义务教育、高中阶段的随迁子女；二是丰富了分析视角，采用比较分析的视角——在重点关注随迁子女的同时，还将其与户籍人口子女和留守子女做比较研究，此外，比较分析受教育状况及其影响因素在各教育阶段和各教育层面的异同；三是深化了研究内容，较为全面和系统地探讨了制度因素、家庭资本对随迁子女受教育状况的影响。希望本书的出版有助于社会各界准确、全面和深入地认识随迁子女的受教育状况；有助于为政府制定、出台、修改和完善相关政策提供数据支撑和决策依据，以提高随迁子女的教育福利；有助于推动随迁子女教育问题的解决和人力资本水平的提升。

本书在写作和修改过程中，虽然经过长时间思考，殚精竭虑，多次修改，但受学识、能力的限制，本书还有许多肤浅、疏漏之处，希望得到读者的批评指正。

谢永飞

目　录

第1章 导论

流动人口随迁子女①是在我国工业化和城镇化进程中大规模人口流动背景下出现的社会人口现象。在我国户籍制度以及与此相关的教育体制下，随迁子女因为没有流入地户口，在就学、优质教育资源的享有等方面面临诸多困难。在20世纪90年代中期之前，随迁子女基本是在办学硬件差、师资力量薄弱，甚至未获教育部门批准的民工子弟学校（也称打工子弟学校）上学。伴随随迁子女教育政策由限制，向认可、重视、明朗化到强化的转变（吴新慧、刘成斌，2007），特别是在《中华人民共和国义务教育法》（2006年6月29日修订通过）及国家"以流入地政府管理为主、以流入地公办学校为主"的政策下，义务教育阶段随迁子女的受教育状况已经得到较大改善。然而，"入园难""入园贵""升学难""异地中考""异地高考"等问题仍然困扰着随迁子女，阻挡着他们的受教育之路。在各方的大力推动之下，政府在最近几年又陆续出台了一些政策措施来改善随迁子女的受教育状况，如2010年《国务院关于当前发展学前教育的若干意见》要求"城镇幼儿园建设要充分考虑进城务工人员随迁子女接受学前教育的需求"。《中国儿童发展纲要（2011~2020年）》要求"采取有效措施，努力解决流动儿童入园问题"。各省（直辖市、自治区）也相

---

① 为简洁起见，笔者在后文将"流动人口随迁子女"简称为"随迁子女"。

继出台了"异地中考""异地高考"改革方案。但是,种种政策在执行中都附加了诸多限制,使这些改革方案的成效大打折扣。

1.1 研究背景

纵观先发国家的发展历程可知,人口流动是一个国家在工业化和城镇化过程中必然会出现的一个社会人口现象。我国自 20 世纪 80 年代以来,伴随工业化和城镇化的进程,掀起了一股汹涌澎湃、气势恢宏的打工浪潮。随着改革开放的不断深入,东南沿海地区的经济得到快速发展,这些城市创造的大量就业机会和提供的相对丰厚的收入回报,吸引了大量经济欠发达地区的剩余劳动力流入当地就业。过去 30 多年来,我国流动人口的规模持续扩大,2012 年已达 2.36 亿人,即大约每六个人中就有一个是流动人口(国家卫生和计划生育委员会流动人口司,2013:2)。持续且大规模的人口流动给我国的经济、社会以及流动家庭的发展带来了深远的影响。

在当今社会,人口流动的积极影响有目共睹。首先,人口流动提高了我国的城镇化水平,促进了我国的经济发展。大规模的人口流动优化配置了城乡劳动力资源,既解决了农村剩余劳动力的就业问题,又为城市第二产业、第三产业的发展提供了廉价和充足的劳动力,提高了我国居民的收入、增加了消费需求、扩大了消费市场、刺激了城乡经济的增长。其次,提升了流动人口的人力资本水平。政府、用工单位和社会为流动人口提供的各项职业技能培训以及流动人口在工作过程中积累的相关工作经验、掌握的工作技能有助于提升其人力资本水平,从而有助于其纵向社会流动。最后,加速了流动人口的现代性转变。从传统的乡土社会进入现代的都市文明,流动经历及其在城市的生活体验有助于流动人口的思想观念、生活态度、行为方式等从传统转变为现代

（周晓虹，1998）。

当然，人口流动带来的消极影响也不容忽视。首先，会造成流出地人才流失、削弱输出地人力资本水平、导致部分地区农业劳动适龄人口短缺而影响欠发达地区的经济社会发展（阮荣平等，2011）。其次，会给流动人口及其家庭成员带来不利影响。大量研究表明，成年流动人口进入流入地务工后，在劳动就业、社会保险、住房保障、教育培训等方面会受到当地相关制度的排斥，难以与户籍人口平等享有当地提供的社会福利和公共服务。人口流动甚至也会给随迁子女和留守子女的教育、行为、社会化、心理、安全、卫生保健、健康等方面带来较大的负面影响（张文诺，2013；王向晨，2013；周皓，2010，2011；夏怡然、叶文振，2003）。根据研究设计，本研究重点关注跟随父母进入流入地学习和生活的子女。

自 20 世纪 90 年代以来，流动人口的流动模式逐渐由以单人流动为主转向以举家迁移的家庭式流动为主。举家迁移趋势明显（翟振武等，2007），家庭化成为当前中国人口流动的主要特征（宋月萍、李龙，2012）。在此情势下，随迁子女的规模持续扩大。全国人口普查和 1% 人口抽样调查数据显示，2000 年随迁子女为 1400 万人；2005 年 14 周岁及以下的随迁子女为 1834 万人，占流动人口总量的 12.45%（段成荣、梁宏，2004；段成荣、杨舸，2008）；2010 年 17 周岁及以下随迁子女总量达到 3581 万人，其中 0～5 岁随迁子女有 899 万人，6～14 岁随迁子女有 1393 万人，15～17 岁随迁子女有 1290 万人（段成荣等，2013）。在流动人口聚集的长三角、珠三角地区的大中城市，随迁子女的比例更高，每 2～3 个子女中就有一个是随迁子女（段成荣等，2013）。

随迁子女正处于学龄期，接受教育是其面临的首要问题。然而，随迁子女由于没有流入地户口，在流入地难以平等享有受教育的权利，这从 2012 年占海特教育维权事件中得到充分体现。[①]
值得欣慰的是，我国政府一直关注与重视随迁子女的教育问题，
并积极寻求解决之道，自 20 世纪 90 年代中后期就开始出台政策
解决随迁子女义务教育阶段的上学问题，并取得了较好的成效。
最近几年，政府继续加大政策力度。2012 年 8 月，国务院办公厅
转发教育部等四部委《关于做好进城务工人员随迁子女接受义务
教育后在当地参加升学考试工作的意见》，要求在年底之前，31
个省（直辖市、自治区）因地制宜，出台各地的具体异地高考政
策。2012 年，十八大报告中亦提出，要积极推动农民工子女平等
接受教育（不限于义务教育），这在十七大报告明确提出的"保
障进城务工人员子女平等接受义务教育"的基础上又推进了一
步。2014 年教育部出台《关于进一步做好小学升入初中免试就近
入学工作的实施意见》，要求省级和县级教育行政部门妥善解决
外来务工人员随迁子女的小学升初中问题。其间，众多学者也对
随迁子女的教育问题做了大量研究（详见第 2 章）。可见，规模
庞大的随迁子女的教育问题已经引起社会各界的高度关注和重视
（谢建社、牛喜霞、谢宇，2011；苑雅玲、侯佳伟，2012）。

随迁子女的教育问题之所以能引起政府、社会和学界的广泛
关注，在于教育具有重要功能。从微观层面而言，教育是随迁子
女人力资本投资的最重要的方式和主要途径，接受教育的多少直

---

① 占海特是江西九江籍女孩，1997 年在广东珠海出生，4 岁半随迁到上海，曾
在上海幼儿园、公立小学、民办初中上学，中考前夕因在当地不能参加中考
而辍学在家学习。因必须回户籍地参加中考和高考、在上海只能就读中职学
校而进行教育维权。她在微博上介绍自己是因非上海户籍而失学，要推动教
育公平；也曾撰写博客文章《教育公平　我的梦想》，并更新微博邀请户籍
人口参加教育机会公平的辩论，并呼吁异地中高考政策不能与父母职业、家
庭收入、购置房产、缴纳社保、纳税情况等家庭背景挂钩。占海特教育维权
事件引致流动人口和上海户籍人口之间相互谩骂和指责，并显露出对立、不
满和争吵情绪，引起社会的广泛关注。资料来源：百度百科，http：//
baike. baidu. com/link？url ＝ VKMrrFqlSgmyGfvNiiknH7tYeWxwsHuhYQC9MbOM2
0Lgyr6I5vTSIqNE9_ LkNbQ2ZKJYSM9hIedGrHmcYsjg－_。

接关乎其人力资本水平的高低，而人力资本对其职业地位的获得和在阶层中的社会地位具有重要影响。从宏观层面而言，国家通过教育培养和训练劳动力，可以提升我国的国民素质和人力资源水平，提高社会的劳动生产率，促进经济和社会的稳步发展。换言之，随迁子女的教育问题不仅会影响其自身的发展，而且会影响我国经济结构的转型升级以及可持续发展。因此，随迁子女的教育问题特别需要得到政府和学界的关注和重视。

1.2　研究目的和研究问题

1.2.1　研究目的

随着政府对随迁子女的认识和态度的逐步转变，随迁子女的受教育状况日益得到改善。继续推进随迁子女平等接受各级教育，提高随迁子女的教育福利水平，迫切需要探讨当前流动人口随迁子女的受教育状况及其影响因素，这也是本研究的目的所在。

随迁子女的受教育状况可采用教育机会、教育过程和教育结果等维度下的不同指标加以测量，本研究结合研究对象的特点及调查数据的情况，主要对在学情况、就读学校性质和受教育年限三个变量进行分析。在学情况和就读学校性质都是测量教育机会的最基本和最常用指标，前者考察适龄随迁子女是否在学，后者考察在学随迁子女是在公立学校还是在非公立学校就读。受教育年限主要用于测量教育结果，当然该指标也可在一定程度上间接体现教育机会和教育过程。考虑到我国的学制和教育体制特点，本研究只考察 16～18 岁随迁子女的受教育年限。简言之，本研究主要从是否在学、上什么性质的学校、获得几年教育三个方面来考察随迁子女在流入地的受教育状况及其影响因素。

本研究的主要分析对象为 3～18 岁随迁子女。具体而言，是指跟随父母一方或双方在流入地居住一个月以上、非本区（县、市）户口、年龄在 3～18 岁的人口、既包括乡—城随迁子女，也包括城—城随迁子女，还包括少量在城市出生且目前在城市生活的流动人口子女。本研究根据我国的学制及定量数据特点，将其分为 3～6 岁、7～15 岁、16～18 岁的幼儿园、义务教育和高中阶段的适龄随迁子女。目前，政府和学界对义务教育阶段随迁子女的关注和研究较多，但对幼儿园和高中阶段随迁子女的关注和研究较少。为了全面、深入、系统和准确地把握随迁子女在流入地的受教育状况及其影响因素，本研究同时对三个教育阶段（幼儿园、义务教育、高中）进行考察。在研究过程中，不仅关注各教育阶段的具体情况，还将采用比较分析方法，探讨不同教育阶段随迁子女受教育状况及其影响因素的共性与差异，并对这一差异背后的原因进行深入阐释。

1.2.2　研究内容

本研究的主要内容可概括为以下四个方面。

第一，描述随迁子女的受教育状况。采用定量研究方法，描述适龄随迁子女的在学情况、在学随迁子女的就读学校性质，以及 16～18 岁随迁子女的受教育年限。在此基础上，比较受教育状况在不同教育阶段和教育层面的异同。

第二，剖析制度因素对随迁子女受教育状况的影响。从现有文献中可知，户籍制度和教育政策对随迁子女的受教育状况影响很大，但现有研究以理论性和思辨性的分析居多。本研究采用定量研究和定性研究相结合的混合研究方法，探讨制度因素对随迁子女受教育状况的影响性质和影响程度，并比较这一因素对不同教育阶段、不同教育层面的影响差异。在定量研究中，制度因素操作化为随迁子女的户籍地点和户籍类型，以及父母的流入城市、流动范围和居住时间等流动特征变量。在定性研究中，制度因素操作化为与随迁子女有关的教育政策、文件和规定等。

第三，探讨家庭因素对随迁子女受教育状况的影响。现存的较多文献从理论和实证两方面分析了家庭背景对子代教育获得的影响。但现存文献的分析对象主要是普通人群，对随迁子女的分析较少；对大学等高等教育阶段的研究较多，对高中及以下教育阶段的研究较少。本研究将在控制制度因素、个体因素的情况下，探讨家庭资本对随迁子女受教育状况的影响，并比较这一因素对不同教育阶段、不同教育层面的影响差异。在实证研究中，家庭资本操作化为经济资本、文化资本和社会资本。

第四，分析个体因素对随迁子女受教育状况的影响。现有研究多关注兄弟姐妹数量、性别等因素对某一个教育阶段受教育状况的影响，较少关注这一因素对不同教育阶段和不同教育层面的影响差异。本研究将在资源稀释理论的指导下，在控制制度因素、家庭因素的情况下，探讨个体因素对随迁子女受教育状况的影响，并比较这一因素对不同教育阶段、不同教育层面的影响差异。在实证研究中，个体因素操作化为兄弟姐妹的数量、随迁子女的性别。

1.2.3　研究问题

概而言之，本研究具体探讨以下六个问题。

其一，当前随迁子女的受教育状况如何。

其二，制度因素（户籍制度、教育制度）是否会对随迁子女的受教育状况产生影响。

其三，家庭资本（经济资本、文化资本和社会资本）是否会对随迁子女的受教育状况产生影响。

其四，个体因素（兄弟姐妹数量、性别）是否会对随迁子女的受教育状况产生影响。

其五，随迁子女的受教育状况及其影响因素是否因不同的教育阶段而异。

其六，随迁子女的受教育状况及其影响因素是否因不同的教育层面而异。

1.3　研究方法

1.3.1　文献研究

教育问题一直是学界关注的焦点。自 20 世纪中期以来，随着随迁子女规模的持续增长，他们在流入地的受教育状况引起了政府、学界和社会的广泛关注，这从各大媒体的新闻报道中可见一斑。目前，学界已发表了大量与随迁子女教育有关的期刊论文、出版了一些学术专著，政府及教育相关部门自 1998 年以来也陆续制定和出台了一系列相关政策以保障并提高随迁子女的教育福利。本研究采用内容分析等文献分析方法对与随迁子女教育有关的期刊论文、学术专著、法律法规、统计数据、新闻报道等文献资料进行整理、鉴别、筛选、比较、分析，在此基础上进行概括、归纳和述评。运用文献分析方法可以了解本研究领域的研究现状、发展趋势，有助于寻找本研究的理论依据、找到本研究的突破口和切入点，启发研究思路，借鉴研究方法。

1.3.2　理论指导

为了解和解释社会现象，我们需要理论。理论在实证研究中具有重要的功能：一是作为研究的基础和背景，可以为研究提供特定的分析视野和概念框架；二是可以指导研究的方向，引导研究者去收集特定的资料和事实；三是可以为实证分析结果提供很好的研究解释（风笑天，2001：36）。本研究涉及的理论有社会排斥理论、资本理论、资源稀释理论。在这些理论的指导下，本研究构建随迁子女受教育状况影响因素的理论分析框架及研究假设，并采用定量研究方法对研究假设进行检验。

1.3.3　数据实证

因第 4 章"数据与方法"会详细介绍本研究使用的数据、变量的定义与操作、分析方法等，故本部分只对其进行简要介绍。本研究采用以定量分析为主，但又与定性分析相结合的混合研究方法。定量分析主要用于探讨不同教育阶段随迁子女的在学情况、就读学校性质和受教育年限等层面的受教育状况及其影响因素。定性分析旨在对定量分析结果进行验证、补充和完善；对定量分析结果进行深度诠释，阐明各自变量作用于因变量的机制和路径；对难以采用定量分析方法解决的研究问题进行探究。

定量研究的资料分析方法包括采用百分比、均值等单变量分析方法描述样本的基本分布，采用交叉分析、两个独立样本的 T 检验、一元方差分析、相关分析等双变量分析方法描述主要自变量、控制变量与因变量之间的相关关系，采用二分类 Logistic 回归和多元线性回归模型探讨主要自变量、控制变量对因变量的独立影响。定性资料的分析方法包括求同法和求异法两种。求同法旨在寻找访谈资料的共同性，探寻事物发生发展的共同规律；求异法旨在寻找访谈资料的差异性，探寻事物发生发展的特殊性。

在教育研究过程中，比较研究法是不可或缺的研究方法。这一方法可以帮助研究者更好地认识教育的现状，把握其本质和规律，从而获得新的发现，为教育政策的制定提供科学的、有价值的依据。本研究在采用混合研究方法展开分析的过程中，也贯穿了比较研究法。例如，通过随迁子女受教育状况与户籍人口子女和留守子女受教育状况的比较，可以准确把握随迁子女的受教育现状及其特点；通过对比自变量对不同教育阶段随迁子女受教育状况的影响差异，可以知道哪个教育阶段受制度因素、家庭资本和个体因素的影响更大；通过对比自变量对不同教育层面的影响差异，可以知道哪个因变量受制度因素、家庭资本和个体因素的影响更大。以上对比研究，有助于更深入、全面、系统和准确地把握随迁子女的受教育状况及其影响因素，进而有助于提出更有针对性的、更有效的、具有前瞻性的改善随迁子女受教育状况的对策建议。

1.4　研究意义

1.4.1　学术价值

现存的对随迁子女教育问题的研究虽取得了较为丰富的研究成果，但仍存在以下不足：一是研究对象有待拓展，现有研究对义务教育的研究多，对幼儿园和高中教育的关注少，对从幼儿园到高中教育的整体关注不够；二是比较分析视角不够，多数研究在分析随迁子女的教育时，只关注随迁子女本身，很少与流入地的户籍人口子女和流出地的留守子女做比较分析；三是研究内容有待深化，流动特征作为流动人口的最重要的特点，很可能会对随迁子女的在学情况、就读学校性质、受教育年限产生影响，但现存研究较少系统关注这些变量。可见，对随迁子女教育问题的研究还有拓展的空间。本研究试图在现有研究的基础上，进行综合的、全面的、深入的探讨，希望对现有研究有所推动，其学术价值主要包括以下三个方面。

其一，拓展研究对象。本研究的研究对象涵盖了幼儿园阶段、义务教育阶段、高中阶段的随迁子女。幼儿园阶段对随迁子女的身体和心理健康、良好习惯的养成、智力的发展具有重要的意义。高中阶段的出口往往是大学阶段的入口，对随迁子女获得高等教育具有重要影响。本研究将这两个阶段的随迁子女纳入研究的范围，有助于学界对随迁子女的受教育状况有更全面、整体和深入的把握。

其二，丰富分析视角。为了准确把握随迁子女的受教育状况及其影响因素，本研究将采用不同的比较视角。一方面在重点关注随迁子女的同时，还将其与户籍人口子女和留守子女做比较研究；另一方面，比较分析受教育状况及其影响因素在各教育阶段和各教育层面的异同。

其三，深化研究内容。系统、全面地考察流动特征变量对各教育阶段随迁子女受教育状况的影响，以剖析制度因素对不同教育层面的影响与作用。

1.4.2　现实意义

在我国人口流动的大背景下，随着流动模式由个人流动向家庭式流动转变，将会有越来越多的随迁子女进入流入地接受教育。然而，他们由于没有获得流入地的户口，在流入地难以平等享有受教育的权利，在幼儿园和高中阶段尤为如此。如果他们的受教育权利长期得不到保障，不仅会影响随迁子女的个体发展，而且会影响我国的经济发展和社会稳定。可见，随迁子女的教育问题不仅是流动家庭的"小问题"，也是经济社会发展的"大问题"。具体而言，本研究的现实意义主要包括以下三个方面。

其一，有助于社会各界准确、全面和深入地认识随迁子女的受教育状况。本研究在研究对象、研究视角、研究内容和研究方法方面均有所拓展，这有助于政府及社会各界准确把握幼儿园、义务教育和高中阶段随迁子女的受教育状况，弥补社会各界对幼儿园和高中阶段随迁子女教育问题认知上的不足。

其二，有助于为政府制定、出台、修改和完善相关政策提供数据支撑和决策依据，以提高随迁子女的教育福利。对随迁子女的受教育状况及其影响因素进行研究是改善随迁子女受教育状况的题中之义。通过实证研究，可以了解幼儿园、义务教育、高中阶段随迁子女在流入地接受教育的具体情况，也可以认识制度、家庭和个体等不同层面的因素对随迁子女受教育状况的影响程度、影响性质和影响机制。这些研究发现可以为政府制定和出台改善随迁子女受教育状况的政策提供参考。

其三，有助于推动随迁子女教育问题的解决和人力资本水平的提升。基于研究发现提出的对策建议将更具针对性和实效性，而这将有助于政府更好、更快、更有效地解决随迁子女的教育问题，进而改善其受教育状况。教育是人力资本积累的主要途径，随迁子女受教育状况的改善无疑有助于其自身人力资本的积累以及我国人口总体素质的提升。

1.5　本书结构

本书共分九章。

第 1 章 "导论"。介绍研究背景，阐述研究目的和研究问题，说明本研究使用的研究方法，阐明研究的学术价值和现实意义，概述各章主要内容。

第 2 章 "文献综述"。根据研究问题，从在学情况、就读学校性质、教育结果三个方面对随迁子女教育的相关文献做系统、全面的梳理，在此基础上，对现存文献进行述评。本章旨在了解相关研究取得的成果，发现相关研究存在的不足，找到本研究的切入点和突破口，以从理论和实证方面推进现有研究。

第 3 章 "理论框架与研究假设"。在借鉴现有研究成果的基础上，介绍与教育有关的理论和视角，构建随迁子女受教育状况影响因素的理论分析框架，在该理论框架的指导下提出有待定量数据检验的研究假设。本章的理论框架和研究假设旨在为定量和定性研究提供理论上的指导和方向上的指引。

第 4 章 "数据与方法"。首先，详细介绍本研究所使用的数据来源、数据的优势与不足，以及样本的选择方法。其次，根据验证研究假设的需要以及定量数据的特点，对因变量、主要自变量和控制变量进行具体定义。再次，阐述本研究所使用的分析方法，包括定量资料分析方法和定性资料分析方法。最后，描述因变量、主要自变量和控制变量的基本分布特征。本章旨在为后文定量数据的相关分析和模型分析奠定基础，为定性研究提供方法上的指导。

第 5 章 "在学情况"。本章的分析对象为 3～18 岁的适龄随迁子女。首先，分别对 3～18 岁适龄子女总样本，3～6 岁、7～15 岁、16～18 岁适龄子女次样本中各主要自变量、控制变量与因变量（在学情况）进行双变量的相关分析。其次，采用二分类 Logistic 回归模型，探讨流动特征（随迁子女的户籍地点和户籍类型，以及父母流入城市、流动范围和居住时间）、家庭资本（经济资本、文化资本和社会资本）、个体因素（兄弟姐妹数量、随迁子女性别）对随迁子女在学情况的影响。最后，在总结讨论中比较各主要自变量和控制变量对不同适龄随迁子女在学情况的影响差异。

第 6 章 "就读学校性质"。本章的分析对象为 3～18 岁的在学随迁子女。首先，分别对 3～18 岁在学子女总样本，幼儿园、义务教育、高中在学子女次样本中各主要自变量、控制变量与因变量（就读学校性质）进行双变量的相关分析。其次，采用二分类 Logistic 回归模型，剖析流动特征（随迁子女的户籍地点和户籍类型，以及父母流入城市、流动范围和居住时间）、家庭资本（经济资本、文化资本和社会资本）、个体因素（兄弟姐妹数量、随迁子女性别）对在学随迁子女就读学校性质的影响。最后，在总结讨论中比较各主要自变量和控制变量对不同教育阶段随迁子女就读学校性质的影响差异。

第 7 章 "受教育年限"。本章的分析对象为 16～18 岁的随迁子女。首先，对 16～18 岁随迁子女次样本中各主要自变量、控制变量与因变量（受教育年限）进行双变量的相关分析。其次，采用多元线性回归模型，分析流动特征（随迁子女的户籍地点和户籍类型，以及父母流入城市、流动范围和居住时间）、家庭资本（经济资本、文化资本和社会资本）、个体因素（兄弟姐妹数量、随迁子女性别）对随迁子女受教育年限的影响。最后，对定量分析结果进行总结和讨论。

第 8 章 "定性资料分析"。从社会排斥、资本理论、资源稀释等理论视角，对定量分析结果进行验证、补充和完善；对难以采用定量分析方法的研究问题进行探究；挖掘制度因素、家庭因素和个体因素对随迁子女受教育状况影响的深层次原因，探寻以上因素作用于随迁子女受教育状况的机制和路径。

第 9 章 "主要结论及对策建议"。首先，从现状和影响因素两个层面总结、提炼本研究的主要结论。然后，基于定量和定性分析结果，从政府、家庭、学校、社会等方面构建一个多方位的社会支持体系以改善随迁子女的受教育状况，提升随迁子女的教育福利水平。最后，概述本研究的创新和发展，本研究存在的不足及有待进一步研究和完善之处。

第 2 章　文献综述

在我国快速的城市化进程中，流动人口的规模持续增长，学界对成年流动人口的研究也取得了不少有价值的、得到社会普遍认可的结论。在流动人口由"单身外出"向"家庭型外出"转变的过程中，随迁子女也开始受到关注，但相比之下，对其进行研究的起始时间晚于成年流动人口。学界普遍认为，国内对随迁子女的研究始于 1994 年（王毅杰、高燕等，2010：2；周皓、荣珊，2011）或1995 年（陈霞、申屠珊，2012；汤美娟，2009；张斌贤，2001）。就发展历程而言，我国对随迁子女的相关研究经历了 1994～2000年的起步阶段、2001～2005 年的发展阶段、2006 年至今的繁荣阶段（周皓、荣珊，2011）。在过去的 20 多年里，教育学、心理学、社会学、人口学、社会工作、法学、政治学、经济学等学科对随迁子女开展了颇多研究，发表了众多学术论文、出版了诸多学术专著（王毅杰、高燕等，2010：2）。成果内容可粗略地概括为以下四个方面：预防接种、营养等卫生保健和健康研究；教育体制、教育机会、教育过程、教育结果等教育问题研究；自尊、孤独感、抑郁等心理状况研究；行为适应、文化认同等社会融合研究（王毅杰、高燕等，2010：4；周皓、荣珊，2011）。综上，现有文献的研究内容基本囊括随迁子女的方方面面。由于本研究只分析随迁子女[①]的受

---

① 本章在回顾和梳理文献时，使用作者的原用语，如流动儿童、流动儿童少年、农民工子女、民工子女、农民工随迁子女、农村户籍流动儿童、学龄前随迁子女、流动幼儿、农业户口随迁子女等。

教育状况及其影响因素，故下文只对相关文献进行综述。

随迁子女的在学情况（也称是否在学）和就读学校性质（也称上什么性质的学校）是体现其在流入地是否享有平等教育机会的重要指标，这些变量会直接影响他们在学校的教育结果，故而引起了学界的关注。本章内容分别对随迁子女在学情况、就读学校性质、教育结果的现状及其影响因素进行回顾，通过对以上各方面内容的系统梳理，探寻现有研究取得的进展，发现前人研究存在的不足，为本研究分析框架的构建提供借鉴和参考。若相关研究较多，将按照教育阶段（学前教育、义务教育、高中教育）分别进行归纳；若相关研究不多，就进行合并归纳，不区分教育阶段。

2.1 在学情况

自 20 世纪 90 年代中期以来，政府、学界和社会对随迁子女教育问题经历了一个从无视到关注再到积极解决的过程，在多方的共同努力下，随迁子女的在学情况尽管仍存在不尽如人意之处，但已经得到很大改善（张振华，2009）。

2.1.1 在学情况的现状

受"异地中考""异地高考"等与升学有关的教育政策的影响，随迁子女在流入地上高中的人数较少，故学界对高中适龄随迁子女的在学情况研究很少。学前教育作为终身教育的起点和基础教育的预备，已有一些学者开始对适龄随迁子女的在园情况进行分析。相比之下，学界对义务教育适龄随迁子女的在学情况给予了高度关注。下文将分别对学前教育和义务教育适龄随迁子女在学情况现状的研究成果进行梳理。

2.1.1.1 学前教育适龄随迁子女

对随迁子女学前教育的研究直到 2010 年前后才开始逐渐受

到重视，因此相关研究非常匮乏（宋月萍、李龙，2012），且研究结论不一，未达成共识。而且现有对随迁子女学前教育的研究主要探讨的是幼儿园教育。

大多数学者认为，3～6 岁随迁子女的入园率不高，接受学前教育的情况严重滞后于他们对学前教育的需求（张翼、周小刚，2012）。在北京、深圳、武汉、成都、吉林、咸阳、绍兴、株洲和伊宁九座城市的抽样调查数据显示，3～6 岁随迁子女的入园比例较低，仅为 60.6%，远远低于城市儿童（邹泓、屈智勇、张秋凌，2005）。2011 年流动人口动态监测调查数据也显示，学龄前随迁子女入园的比例只有 61.55%（宋月萍、李龙，2012）；农村户籍流动儿童的入园比例更低，北京、江苏、上海的这一比例分别为 59.2%、58.5%、56.5%（国家卫生和计划生育委员会流动人口司，2013：40）。在南京农民工聚集区调查得到的 3～6 岁随迁子女的入园率更低，只有 50% 左右（方建华、王玲艳，2007）。

也有少量研究得出了随迁子女入园率较高的结论。在北京市东城区、朝阳区、海淀区、石景山区的调查显示，随迁子女的入园率高达 72.7%（邹敏、王中会，2011）。2010 年鞍山市入园率也达 73%（马国才、王留柯，2011）。在成都市流动人口密集的金牛区、成华区、锦江区、武侯区、青羊区的调查数据显示，适龄幼儿入园率为 88.3%。1999 年上海卢湾区的调查显示，全流动家庭适龄幼儿的入园率为 81.3%，半流动家庭（母亲为"外来媳"）适龄幼儿的入园率为 95.3%（张培琳，2003）。

然而，学前教育适龄随迁子女的入园（在园）比例不管是多少，都低于流入地户籍人口学前适龄子女的入园率。可见，随迁子女还缺少公平的学前教育机会（顾微微，2012；虞永平，2010）。据此，学界认为随迁子女的学前教育问题未能得到很好的解决（谢宝琴、吴思妮、陈俊英，2011），他们在流入地依然面临"入园难"的问题。随着 2010 年国务院《关于当前发展学前教育的若干意见》的印发，"入园难""入园贵"更是成为近几年来备受社会关注的民生热点问题之一，故而提高随迁子女的早期教育水平是亟待解决的问题（邹泓、屈智勇、张秋凌，2005）。

2.1.1.2 义务教育适龄随迁子女

因中央和地方政府陆续制定和出台了一系列保障随迁子女接受义务教育的法律、法规和教育政策，所以，义务教育适龄随迁子女的在学比例大大高于学前教育适龄随迁子女的入园比例，义务教育"上学难"的问题逐步得到解决。

首先，随迁子女在学比例迅速上升。在 2000 年之前，随迁子女的在学比例均不超过 70%。1994 年北京市流动人口抽样调查数据显示，6～14 岁随迁子女就学的比例仅为 37.5% 左右，在 1997 年北京市海淀区外来人口普查中，该比例虽有较大提升，但也只有 70% 左右；上海和广州随迁子女的在学比例也分别只有 60.75% 和 70%（周皓，2001）。从 2000 年开始，不管是全国的平均水平，还是某些城市随迁子女的在学比例均飙升至 90% 以上。2000 年第五次全国人口普查数据计算的 6～14 岁流动儿童的在学比例为 96.1%（段成荣、梁宏，2004）；11～14 岁流动儿童的在学比例为 91%（杨菊华、段成荣，2008）；北京市同期的这一比例更是高达 97.2%（韩嘉玲，2001）。在北京、深圳、武汉、成都、吉林、咸阳、绍兴、株洲和伊宁的九城市调查中，在学的流动儿童也占到了全部流动儿童的 90.7%（段成荣、梁宏，2005）。在 2005 年全国 1% 人口抽样调查中，6～14 岁流动儿童的在校比例为 94.9%（段成荣、黄颖，2012）。在武汉市的抽样调查中，流动人口子女的入学率为 93.6%（范先佐等，2011：8）。2010 年全国人口普查数据显示，6～11 岁流动儿童的在校比例为 96.40%，12～14 岁流动儿童的这一比例为 96.20%（段成荣等，2013）。在 2011 年流动人口动态监测调查中，7～14 岁的义务教育阶段适龄随迁子女入学率已接近95%（宋月萍、李龙，2012）。可见，在最近几年，不管是全国的数据，还是北京、武汉等地的地区性数据，随迁子女的在学率均在90.0%以上，"义务教育上学难"问题逐步得到解决。

其次，随迁子女失学比例逐渐下降，并保持在低水平。吕绍青、张守礼（2001）对北京打工子弟学校的调查发现，6～14岁随迁子女的失学现象普遍存在。2000年，义务教育流动儿童的失学率（未按要求入学接受义务教育的比例）较高，为4.8%，其中，"未上过学"者所占比例为4.0%，辍学的比例为0.8%（段成荣、梁宏，2004）。2005年，义务教育流动儿童的失学率降至3.15%，其中，"未上过学"的比例下降至2.65%，"辍学"的比例也降至0.50%（段成荣、杨舸，2008）。2006年，复旦大学人口研究所的调查数据显示，民工子女有3.9%处于失学状态（王桂新、罗恩立，2007）。2010年6～14岁流动儿童未按规定接受义务教育的比例为2.94%（段成荣等，2013）。张翼、周小刚（2012）对2010年流动人口动态监测调查数据的分析发现，农业户口随迁子女辍学率为0.68%。

以上数据表明，在政府部门和社会各界的大力关注和共同努力下，义务教育适龄随迁子女的在学情况得到较大改善，即随迁子女的失学比例在逐步降低，在学比例显著提升（周皓，2001）。这也意味着我国基本实现了义务教育阶段随迁子女在流入地"人人有书读"的目标。

2.1.2　在学情况的影响因素

随迁子女在流入地的在学情况会受到诸多因素的制约，包括制度因素、家庭因素、学校因素、个体因素。正如前文所述，现有文献很少专门探讨学前和高中适龄随迁子女的在学情况，故而对其影响因素的研究也很少。为此，本部分回顾在学情况的影响因素文献时，不区分各教育阶段的适龄人口。

2.1.2.1 制度因素

此处制度包括户籍制度和教育制度。户籍制度在相当程度上制约着流动儿童教育政策的制定（陶西平，2012），因此它是影响随迁子女在学与否的根本原因（蔡禾、刘林平、万向东等，2009：301；徐丽敏，2009）。户籍制度之下形成的城乡二元教育体制（张振华，2009；徐丽敏，2009）、依户籍就近入学原则（张振华，2009；谢敏，2012）、以户籍为依据的不合理的教育财政拨款制度（金乐、付卫东，2010；韩嘉玲，2001）、中考和高考制度的限制（马志芳、蔡澄，2011）、教育政策执行的偏差（徐爽、闫逢柱，2010）等，加剧了农民工子女的教育难问题（蔡禾、刘林平、万向东等，2009：301）。因此，随迁子女在流入地（现居地）而没有流入地户籍很难得到同等的教育机会（韩嘉玲，2007），在学前和高中教育阶段这一问题尤为凸显。

以上观点也得到了国内实证研究的支持。梁在、陈耀波、方铮（2006）以及 Liang 和 Chen（2007）通过分析 1995 年广东省 1% 人口抽样调查数据，发现在个体和家庭层次变量相同的情况下，乡—城流动儿童的入学率仍大大低于本地儿童，也低于留守儿童，主要原因是他们没有流入地的"户口"。杨菊华、段成荣（2008）通过对 2000 年全国第五次人口普查数据的分析，发现在控制了儿童的个人特征、家庭背景和地域因素后，不同类型儿童（流动儿童、留守儿童、其他儿童）的教育机会仍然存在显著差异，而且流动儿童的在学概率不到其他儿童的 2/3。段成荣、杨舸（2008）利用 2005 年全国 1% 人口抽样调查数据，通过对 14 岁组四类儿童（农业户口的流动儿童、农业户口的非流动儿童、非农业户口的流动儿童、非农业户口的非流动儿童）接受义务教育比例差异的分解，得出了"流动和非流动儿童之间存在差距"的结论。上述研究成果的分析对象均为义务教育阶段的适龄随迁子女。就幼儿园的教育机会而言，农村户籍流动儿童的入园比例（只有六成左右）大大低于当地城镇户籍儿童（如北京、上海、江苏等省份均在 95% 以上）（国家卫生和计划生育委员会流动人口司，2013：40）。概而言之，学前教育和义务教育适龄随迁子女的在学率均低于流入地户籍人口子女。

2.1.2.2 家庭因素

（1）家庭背景。许多研究发现，家庭出身会对人们的教育机会产生重要影响，这一结论几乎跨越国界而普遍存在（李春玲，2003）。在我国城乡二元社会结构的大背景下，在流动人口社会经济地位普遍低于流入地户籍人口的情势下（杨菊华，2011a；杨菊华，2013：292、320；谢敏，2012），随迁子女的家庭背景是否会对其在流入地的教育机会产生影响？多数学者认为，家庭的社会经济地位决定了随迁子女受教育权的实现程度（陈晨，2012），必然会影响其子女的就学情况（段成荣、梁宏，2005）。家庭的经济地位越高，其子女的教育机会也越多（杨菊华、段成荣，2008），选择去工作的概率则显著降低（张绘，2013）。父母的受教育程度越高，其子女的教育机会越多（杨菊华、段成荣，2008），特别是对来自农村的随迁子女（梁在、陈耀波、方铮，2006）。父母的受教育程度至少从两方面影响其子女的教育：一是受教育程度高的流动人口拥有更多的经济资源，有能力支付子女的高昂学费；二是受过良好教育的流动人口，对教育作用的评价更高，希望其子女接受教育的愿望更强烈（梁在、陈耀波、方铮，2006）。父母的职业也是影响随迁子女在学概率的重要因素：服务人员子女的教育机会（在学概率）多于普通工人；但农民子女的教育机会（在学概率）显著低于普通工人；干部子女的教育机会（在学概率）与工人子女没有显著差异（杨菊华、段成荣，2008）。

然而，也有少数学者认为，流动人口家庭的社会经济地位对其随迁子女的在学情况没有显著影响。蔡禾、刘林平、万向东等（2009：301）对珠江三角洲的调查数据进行分析后发现，家庭总收入、父母受教育程度与随迁子女是否接受义务教育没有关系。

梁在、陈耀波、方铮（2006）对1995年广东省1%人口抽样调查的数据进行分析后得出，"户主教育程度"对来自城市的随迁子女和本地儿童的在学情况没有显著影响，因为完成九年义务教育在城镇是被普遍接受的社会规范。

（2）教育投入。家庭教育投入通常包括两个部分，一是对子女学费、学习用品、参加培训班、择校费等方面的物质支出，二是对辅导孩子学习、陪读等方面的时间投入。在专门研究流动人口随迁子女的文献中，大多数探讨的是国家的教育投入，分析家庭教育投入对随迁子女教育机会影响的研究很少。在对珠江三角洲的调查研究中发现，家庭的教育消费支出与随迁子女接受义务教育呈现显著的正相关关系，这说明，流动人口家庭教育消费支出越多，其随迁子女接受义务教育的可能性越大（蔡禾、刘林平、万向东等，2009：301）。

（3）流动特征。流动特征包括流入城市、流动范围、在流入地的居住时间、流动模式等。受地区经济、社会和文化发展水平等因素的影响，各地区在教育政策、教育资源的供给和需求、向随迁子女提供的教育服务等诸多方面存在较大差异（陶西平，2012），故流入地区不同，随迁子女的在学概率、辍学率等也存在一些差异。在2000年第五次全国人口普查中，11～14岁的孩子的在学概率存在显著的地区差异，即与生活在东北地区的孩子相比，其他地区孩子的在学概率明显更高，但西南地区与东北地区的差异不显著（杨菊华、段成荣，2008）。在2005年全国1%人口抽样调查数据中，6～14岁的随迁子女未按规定接受义务教育的比例在各省之间也有较大差异，为1.5%～15.4%不等，北京、上海的这一比例较低，但西藏、新疆、青海、云南等省的这一比例很高（段成荣、杨舸，2008）。在九城市调查中，不同城市之间的辍学率也存在显著差异，小城市的辍学率最高，为7.9%；中等城市的辍学率次之，为4.9%；大城市的辍学率最低，为4.3%（邹泓、屈智勇、张秋凌，2005）。

父母流动范围的大小显著地影响随迁子女的在学情况。2000年第五次全国人口普查数据、2005年全国1%人口抽样调查数据、2010年的流动人口动态监测调查数据，均显示跨省随迁子女的失学率高于省内跨市、市内跨县、县内跨乡（镇、街道）的随迁子女（张翼、周小刚，2012；段成荣、杨舸，2008；段成荣、梁宏，2004）。

父母居住时间的长短显著地影响随迁子女的在学概率，基本呈现居住时间越长，入学率越高的趋势。梁在、陈耀波、方铮（2006）分析1995年广东省1%人口抽样调查数据后发现，流动人口若在广东的城市只生活1～5年，其随迁子女的入学率仍低于本地儿童；只有在广东的城市居住超过5年的流动人口，其随迁子女的入学率才可能达到和本地户籍人口子女相当的水平。

流动模式（与父母流动、与父亲流动、与母亲流动）也会影响随迁子女的在学概率。梁在、陈耀波、方铮（2006）通过分析1995年广东省1%人口抽样调查数据发现：若与双亲或父母之一流动，入学率将极大地提高。Yang和Fan（2012）通过分析2000年全国人口普查数据进一步得出，与父母一起流动的17～18岁随迁子女在高中就读的概率最大，仅与母亲流动的17～18岁随迁子女的这一概率次之，仅与父亲流动的17～18岁随迁子女的这一概率再次。

2.1.2.3　学校因素

学校是学生接受教育的场域，其收费高低在很大程度上影响随迁子女的在学概率。段成荣、梁宏（2005）的研究发现，教育费用过高是流动家长面临的最大困难。其他研究也得出了类似结论。在北京市的调查中，收费过高是造成6～15岁流动儿童少年"未上学"的首要原因（段成荣、周皓，2001）。在北京、深圳、武汉、成都、吉林、咸阳、绍兴、株洲和伊宁九座城市的抽样调查数据也显示，流动人口认为其随迁子女在流入地上学的最大烦恼是收费过高，这一比例高达 48.9%（邹泓、屈智勇、张秋凌，2005），居上学烦恼中的第一位。就具体金额而言，流动儿童平均每年要比所在城市的当地学生多交 85614 元，其中，借读费平均多交 60313 元、赞助费平均多交 21319 元、管理费平均多交 3912 元（段成荣、梁宏，2005）。然而，农民工目前的经济收入难以支付高昂的借读费和赞助费等各项费用，这使他们的随迁子女比城—城流动人口的随迁子女更容易遭遇"上学难"问题（杨聪敏，2010：191）。

2.1.2.4 个体因素

个体因素主要指随迁子女的兄弟姐妹数量、性别、年龄、民族、转学次数等。从兄弟姐妹数量来看，随迁子女的在学概率随兄弟姐妹数量的增多而降低（杨菊华、段成荣，2008；杨菊华，2007a）。女孩的在学概率低于男孩（梁在、陈耀波、方铮，2006；杨菊华、段成荣，2008），但女孩的失学比例（3.9%）明显高于男孩（2.6%），这说明流动人口在随迁子女教育方面存在一定的性别歧视（余秀兰，2008）。在 11～14 岁的孩子中，年龄与在学概率呈负向相关，即 11 岁孩子的在校概率最高，其后依次为 12 岁、13 岁、14 岁的随迁子女（杨菊华、段成荣，2008）。分民族来看，少数民族孩子的在学概率低于汉族的孩子（杨菊华、段成荣，2008）。在转学次数方面，转学次数越多，在学概率越低（陶红、杨东平、李阳，2010）。当然，随迁子女自身不想上学、学习成绩差、升不了学等也是他们不在学的影响因素（段成荣、梁宏，2005）。

2.2 就读学校性质

与随迁子女在学情况的研究成果相比，就读学校性质的研究文献相对较少，且其研究对象主要为处于义务教育阶段的随迁子女，对学前阶段随迁子女的探讨很少，对高中阶段随迁子女的研究基本没有。下面将分学前教育和义务教育两个部分对现有与随迁子女就读学校性质现状有关的文献进行梳理。

2.2.1 就读学校性质的现状

2.2.1.1 学前教育

随迁子女就读幼儿园的途径通常有四个。一是进入城市的公办幼儿园，但进入这类学校的比例极低，如马国才、王留柯（2011）发现鞍山市的这一比例仅为 13% 左右，国家卫生和计划生育委员会流动人口司（2013：40）在全国的抽样调查发现这一比例也只有 27%，导致这一现象的原因主要是学龄前随迁子女没有流入地的户口，以及公办幼儿园的较高收费使收入较低的农民工难以承担（马国才、王留柯，2011；赵嫦雪，2012：31；柳倩、谢萌、何幼华、梁莹，2010）。二是进入已注册的私立幼儿园，这类幼儿园的收费低于公办幼儿园，每月收费为 350 元左右，虽然办学条件一般，却是接收学前随迁子女的主要教育机构（杜丽，2011：37；马国才、王留柯，2011；邹敏、王中会，2011）。三是进入未经过审批就开办的"山寨园"或"黑园"，这类学校因收费低、就近入学等特点，接收了一定数量的学前随迁子女（方建华、王玲艳，2007）。这类幼儿园的规模较小、每月费用仅为 200 元左右，虽然安全卫生条件较差，但在解决随迁子女的学前教育问题中发挥了一定的作用（张燕、李相禹，2010；虞永平，2010；马国才、王留柯，2011）。四是进入民间兴办的公益性学前教育组织，这种组织因处在公办教育机构和营利性质的民办教育机构之外，故也称为"第三方力量"（张燕，2011），如北京市开办的四环游戏小组（康红英，2013），因这类机构在全国特别少，故只有极少数随迁子女能幸运地进入该类机构就读。

2.1.2.2 义务教育

（1）就读学校的政策途径。2001 年 5 月，中央出台的《国务院关于基础教育改革与发展的决定》首次提出了"以流入地区政府管理为主，以全日制公办中小学为主"的政策。2003 年 10 月，国务院办公厅转发教育部等六部委《关于进一步做好进城务工就业农民子女义务教育工作的意见》，又进一步规定和强调了"两为主"政策（王东，2010；中国进城务工农民子女教育研究及数据库建设课题组，2010：47；杜越、汪利兵、周培植，2004：234、251）。可见，以"两为主"为代表的相关政策法规对随迁子女在流入地的义务教育就学途径做了比较明确和清楚的规定，在理论上保障了随迁子女在流入地进入公立学校接受中、小学教育的平等权利（王东，2010；中国进城务工农民子女教育研究及数据库建设课题组，2010：47）。

（2）就读学校的现实途径。在现实生活中，随迁子女在流入地的就学途径主要有三种。一是进入城市的公立学校就读，流动人口比较愿意让子女到这类学校接受教育，但这类学校通常以流入地政府的生均拨款为收费标准参照，向随迁子女家长收取一定的借读费和赞助费。二是进入民办私立学校借读，这类学校基本符合国家的办学标准，办学条件和教学质量都还可以，但随迁子女家长通常要缴纳比较昂贵的学费，故只有少数比较富裕的家庭的随迁子女上得起。三是在正规的或非正规的打工子弟学校借读，这类学校也称为简易儿童学校或民工学校，办学的硬件条件和师资力量等都差于前两类学校，教学质量通常无法保证；但由于收费较低、入学手续简单，所以也受到了流动人口的青睐（陶红、杨东平，2007；王毅杰、高燕等，2010：114；蔡禾、刘林平、万向东等，2009：301；徐丽敏，2009a：45）。

（3）"两为主"政策的实施效果：随迁子女就读公立学校的情况。为准确了解"两为主"政策的实施效果，下面将重点回顾随迁子女在公立学校借读的相关情况。在 21 世纪初，随迁子女进入公立学校的机会较少，比例较低（谢敏，2012），但随着"两为主"政策的贯彻落实与执行，随迁子女在流入城市就读公立学校的比例逐年上升。2002 年 9 月，在厦门市进行的"全国流动儿童教育与健康状况抽样调查"的数据显示，在公立学校就读的随迁子女只有 25.5%（杜娟、叶文振，2003）。同年在北京市海淀、石景山、丰台等区的调查数据显示，在公立学校就读的随迁子女比例为 30.8%（李雅儒、孙文营、阳志平，2003）。2006 年在北京市就读公立学校的随迁子女比例上升至 61%（中国进城务工农民子女教育研究及数据库建设课题组，2010：50）。文喆（2012）发现，在北京市的 43 万随迁子女中，有 66.7% 在公立学校就读。

在上海，2003 年随迁子女在公立学校上学的比例仅为 37%（朱镜德等，2006）。2006 年复旦大学人口研究所的调查数据显示，进入公办学校读书的随迁子女比例只有 22.4%（王桂新、罗恩立，2007），这一比例与杭州市的同年数据（24.7%）接近（许昆鹏，2006）。2009 年随迁子女就读于公立学校的比例突破 60%。例如，"上海市外来农民工情况调查"的数据显示，这一比例为 62.9%（陆康强，2010）；上海市教委的统计数据也显示，这一比例约为 66.5%（郝振、崔丽娟，2011）。2011 年该比例进一步上升至 70%，目前，上海已成为"两为主"政策执行情况较好的城市（冯帅章、陈媛媛，2012）。

与全国大部分城市不同，珠江三角洲由于流入的随迁子女规模大，近年来随迁子女就读公立学校的比例不高，有的地区还出现了持续下降的趋势。在全国 12 城市的调查数据显示，2006 年在广州市就读公立学校的随迁子女比例只有 37%，2007 年在深圳和东莞就读公立学校的随迁子女比例分别为 40% 和 26.9%（中国进城务工农民子女教育研究及数据库建设课题组，2010：50，51）。谢建社、牛喜霞、谢宇（2011）在珠江三角洲城镇的调查数据也显示，随迁子女主要在民办学校就读，在公办学校就读的比例只有27.85%。珠江三角洲地区随迁子女就读公立学校的比例较低与其规模大有直接的关系。以东莞市为例，2001～2009年，随迁子女占全市在校生的比例由25.50%上升至67.50%，他们在公立学校就读的比例则由83%下降至26.61%（吴开俊、刘力强，2009）。

以上数据表明，自中央政府在政策上明确了流入地政府"以全日制公办中小学为主"的方式解决随迁子女义务教育问题的责任以来，北京和上海等城市的随迁子女就读公立学校的比例持续上升。但由于教育经费投入主体不明，流入地政府面临巨大的财政压力（田慧生、吴霓，2010：51），故在随迁子女规模较大的城市，这一政策的执行和落实的效果不尽如人意（吴开俊、吴宏超，2011；李文彬，2010）。特别是在珠江三角洲，随迁子女进入公立学校就读还存在一定的难度（徐丽敏，2009a：56），其就读学校的性质与中央政府所要求的"以全日制公办中小学为主"尚存在较大的差距，"以公办学校为主"的政策在近期内还难以贯彻落实（吴开俊、刘力强，2009）。

此外，随迁子女就读学校性质与家长的主观教育期望也存在较大的差距。如在北京市的调查中，有88.36%的家长希望自己的孩子能进入公立学校上学（王东，2010）；在全国12城市的调查数据显示，有70.9%的流动人口愿意为其随迁子女选择公立学校（中国进城务工农民子女教育研究及数据库建设课题组，2010：57）；在无锡市的调查中发现，约81.6%的流动人口更愿意让其子女进入公办学校读书（田慧生、吴霓，2010：366）。

2.2.2 就读学校性质的影响因素

从"就读学校性质的现状"部分可知，随迁子女在流入地进入公办学校就读的"门槛"仍然存在（任佳慧，2006）。随迁子女在流入地的教育问题受到多种因素的制约，既有制度因素的弊病与漏洞、中观（家庭、学校）因素的制约，也不乏随迁子女个体特征的影响。

2.2.2.1　制度因素

和本章第一节的内容相同，本节的制度因素也包括户籍制度和教育体制。户口在我国具有"世袭"和"先赋"特征，随迁子女在流入地接受教育很大程度上会受到户籍制度的牵掣（范先佐等，2011：12）。在诸多影响因素中，户籍制度是随迁子女教育问题产生的根源，导致"两为主"政策难以得到有效落实（中国进城务工农民子女教育研究及数据库建设课题组，2010：135）。教育政策本身也存在一些不利于随迁子女顺利进入公办学校就读的障碍。例如，随迁子女在流入地的教育经费投入责任主体不明，使一些随迁子女规模较大的流入地区面临巨大的财政压力（吴开俊、吴宏超，2011；田慧生、吴霓，2010：51）；对公立学校接收随迁子女的比例未做具体规定（宋艳，2009），以及"以流入地为主，以公办学校为主"的政策与我国义务教育由地方提供的规定存在冲突（杜越、汪利兵、周培植，2004：88；陶红、杨东平、李阳，2010），这为某些不愿接收随迁子女的公立学校提供了"变通"的政策空间（宋艳，2009）。还有学者认为，制约流入地政府落实"两为主"政策的根本障碍是流入地公办教育资源的相对短缺（田慧生、吴霓，2010：51；吴开俊、吴宏超，2011）。流动人口随迁子女免借读费政策出台后，进入流入地上学的随迁子女规模大增，这使流入地公共教育资源容量不足的状况更加严重，难以满足日益增加的随迁子女接受教育的需求，不仅使教育经费出现缺口，而且造成学校、教室、设备、师资等资源总体不足（中国进城务工农民子女教育研究及数据库建设课题组，2010：126；谢建社、牛喜霞、谢宇，2011）。流动人口的集中居住，更加剧了区域公办教育资源的供需矛盾，进一步降低了流入地公办义务教育资源的总体承载力（吴瑞君，2009）。以上均为思辨性和理论性的分析，探讨制度因素对随迁子女就读学校性质影响的实证分析非常少。张翼、周小刚（2012）分析2010年流动人口动态监测调查数据后发现，非农业户口的随迁子女在公立学校上学的比例高于农业户口的随迁子女。

2.2.2.2 家庭因素

（1）家庭背景。从前述文献可知，随迁子女的在学情况会受其家庭社会经济地位的影响。不仅如此，随迁子女的就读学校性质也会受家庭社会经济地位的影响。以幼儿园为例，家长的职业声望和收入水平越高，流动幼儿进入注册幼儿园的概率越大。具体来说，家长的职业声望和收入水平每增加一个等级，流动幼儿进入注册幼儿园的发生比将分别增长29%和53%。父母的人脉关系越广、社会资本越多，流动幼儿进入注册幼儿园的概率越高（赵嫦雪，2012：41）。但家长的受教育程度对其流动幼儿进入注册幼儿园的概率没有显著影响（赵嫦雪，2012：44）。

就义务教育而言，家庭的社会经济地位越高，随迁子女进入层级高的学校（公立学校）的可能性越大（苑雅玲、侯佳伟，2012）。随迁子女在流入地的就读学校性质会受到家庭经济的显著影响（谢建社、牛喜霞、谢宇，2011）。具体来说，家庭月经济支出是影响子女就读学校性质的一个重要变量，但家庭月总收入的影响不显著（王晓燕，2009）。张绘、龚欣、尧浩根（2011）的研究发现，家庭收入要发挥作用受随迁子女在流入地居住时间长短因素的影响。随迁子女父母的受教育程度也是影响其就读学校性质的重要因素（谢建社、牛喜霞、谢宇，2011；王晓燕，2009；杜越、汪利兵、周培植，2004：101、102）。父亲的受教育程度越高，随迁子女越有可能进入公立学校读书（蔡禾、刘林平、万向东等，2009：311），即与高中及以下受教育程度者相比，父亲的受教育程度为高中及以上者进入公立学校的概率更大（张绘、龚欣、尧浩根，2011）。母亲的受教育程度越高，随迁子女进入公立学校就读的概率也越高，即与小学及以下受教育程度者相比，母亲的受教育程度为初中、高中及以上者进入公立学校的概率更大（陶红、杨东平、李阳，2010；张绘、龚欣、尧浩根，2011）。苑雅玲、侯佳伟（2012）发现，家庭社会网络与随迁子女就读公立学校的概率正向相关，即社会网络质量越好，进入公立学校获得优质教育资源的概率越大。

（2）流动特征。父母流入地区不同，随迁子女就读的学校性质存在差异（谢建社、牛喜霞、谢宇，2011）。例如，在 12 个城市的调查中发现，顺德、无锡、郑州的农民工随迁子女在公立学校就读的比例均在 80% 以上，而广州、义乌、上海的这一比例则分别只有 28.0%、37.78%、53.88%（中央教育科学研究所课题组，2008）。

由于户籍制度的存在，不同流动范围的随迁子女在流入地进入公办学校面临的障碍也存在差异。2009 年对北京、上海等 10 个城市的调查数据显示，省内流动的农民工子女比跨省流动的农民工子女更可能进入公办学校（陶红、杨东平、李阳，2010）。2010 年流动人口动态监测调查数据显示，跨省流动随迁子女在打工子弟学校就读的比例最高（4.19%），省内跨市流动随迁子女的比例次之（2.71%），市内跨县流动随迁子女的比例最低（1.70%）；相反，在公立学校就读的则是跨省流动随迁子女的比例最低，省内跨市流动随迁子女的比例次低，市内跨县流动随迁子女的比例最高（张翼、周小刚，2012）。

父母在流入地的居住时间对随迁子女在流入地的就读学校性质有显著的影响。父母在流入地的居住时间越长，家庭在流入地积累的社会资本可能越多（王晓燕，2009），而现存研究表明，家庭的社会资本与随迁子女就读公立学校的概率正向相关（苑雅玲、侯佳伟，2012）。因此，父母在流入地的居住时间越长，其子女进入公立学校的概率就越大（张绘、龚欣、尧浩根，2011；陶红、杨东平、李阳，2010）。

此外，随迁子女就读学校的性质还会受到父母子女数量及其流动性的影响。父母的子女数量越多，随迁子女进入注册幼儿园的概率越低，子女数量每增加一个，随迁子女进入注册幼儿园的发生率将减少75%（赵嫦雪，2012：45）。父母的流动性越大，其随迁子女进入公立学校的概率越小，在民办学校就读的概率就越大（谢建社、牛喜霞、谢宇，2011）。

2.2.2.3 学校因素

正如前文所述，80%左右的流动人口都希望其随迁子女能进入公立学校就读，但这一愿望除了受制于前文提及的制度、家庭因素外，公立学校收费过高、借读手续烦琐也阻碍了他们这一愿望的实现。

（1）公立学校收费过高。虽然我国从2006年就开始实施免费的义务教育，也有专门的法律规定要取消随迁子女进入公立中小学的借读费，但大多数城市的公立学校对随迁子女还存在许多隐性的收费项目（高政，2011）。如需要向公立学校缴纳较高的借读费、赞助费和择校费等费用，而这些不合理的收费进一步加固了随迁子女进入公办学校的壁垒（谢敏，2012；杨聪敏，2010：192）。定量研究结果显示，流动人口在为随迁子女选择学校时，收费高低是他们考虑的一个重要因素（吕绍青、张守礼，2001：101）。在北京市对"随迁子女家庭未能如愿送孩子进入公办学校的主要原因"调查中，"借读费用太高"排在第一位，其比例为38.39%（王东，2010）；在"由公立学校转到流动儿童学校的原因"调查中，排在首位的仍然是"学费太高"，该比例高达64%（韩嘉玲，2001）。可见，公立学校收费过高确实削弱了随迁子女在流入地接受教育的公平性（中国进城务工农民子女教育研究及数据库建设课题组，2010：140）。

（2）借读手续烦琐。除较高的学校收费外，烦琐的借读手续也将部分随迁子女排斥在公立学校之外（高政，2011；陶红、杨东平、李阳，2010）。目前，各流入地普遍设置了一定的入学条件，要求在提出入学申请时提交各种证明材料，经流入地政府验审合格、发放录取通知书后才能到指定学校报到就读（宋艳，

2009；田慧生、吴霓，2010：50；吕少蓉，2009）。随迁子女家长需提交的各种证件材料包括父母的身份证、户口簿、计划生育证明或独生子女证明、暂住证、工作证（或合法的就业证明）、转学证明、在家乡无人监护证明、直系亲属身份证明（高政，2011；邵书龙，2010；王东，2010；马志芳、蔡澄，2011），有的流入地甚至还要求提交无犯罪记录证明、劳动合同、养老保险证明等（杨聪敏，2010：191）。尽管以上提交的材料在不同的流入地区存在一些差异，但对许多流动人口而言，办理相关证件是一件非常烦琐的事情，需要花费较长的时间才能办好。在全国12城市的抽样调查中，家长办理上述证件在15天之内完成的只有36.5%，16～30天完成的有17.3%，31～60天完成的有3.6%，61天以上时间完成的比例高达42.4%（中国进城务工农民子女教育研究及数据库建设课题组，2010：60、61）。在无锡市的调查中也发现，入学手续复杂是难以进入公立学校就读的主要原因（田慧生、吴霓，2010：366）。为此，很多流动家长放弃让随迁子女进入公立学校学习，转而选择入学容易、花费时间少的私立学校或打工子弟学校就读（谢敏，2012）。

2.2.2.4　个体因素

随迁子女在流入地的就读学校性质除在很大程度上受到制度、家庭和学校等因素的影响之外，自身的个体特征对其就读学校性质也会产生一定的影响。就兄弟姐妹数量而言，数量越少，进入公立学校的概率越大，独生子女进入公立学校就读的概率高于非独生子女（张绘、龚欣、尧浩根，2011；苑雅玲、侯佳伟，2012）。就年龄而言，年龄越小，进入公立学校就读的概率越大，小学生进入公立学校的概率大于初中生（蔡禾、刘林平、万向东等，2009：311）。随迁子女在家里的排行对其就读学校性质也有显著影响，排行越大，就读公立学校的概率越大（蔡禾、刘林平、万向东等，2009：311）。流动人口的流动性通常大于本地户籍人口，这导致随迁子女因其父母流动而转学的次数也多于本地户籍人口子女。转学次数越多，随迁子女进入公立学校的概率越小，这可能是因为公立学校不愿意接收转学次数多的随迁子女（张绘、龚欣、尧浩根，2011）。

2.3 教育结果

前两节内容对适龄随迁子女的在学情况、在学随迁子女的就读学校性质等教育机会的文献做了全面回顾，接下来对随迁子女教育结果的相关文献进行系统梳理。

2.3.1 教育结果的现状

现存研究对教育结果的测量方式有多种：一是采用受教育年限来测量（蔡禾、冯华，2003；孙远太，2010；李春玲，2003，2009），这是一种最普遍也最常使用的测量方法；二是采用小学毕业概率和初中毕业概率来测量（杨菊华，2010a）；三是采用小学升初中、初中升高中（包括普通高中、中等职业学校、技工学校三类）、高中升大学（包括大专和本科）的升学率来测量（方长春、风笑天，2005；李煜，2006；张义祯，2009；吴愈晓，2012；刘精明，2005：248）；四是采用"学习成绩"来测量（赵延东、洪岩璧，2012）。但在专门针对随迁子女教育结果的相关研究中，主要探讨的是随迁子女初中升高中的升学问题和学习成绩两个变量。

2.3.1.1 初中升高中的升学问题

随着随迁子女年龄的增长，其义务教育之后的高中阶段教育问题引起了政府和学界的广泛关注（谢建社、牛喜霞、谢宇，2011）。然而，由于中央出台的"两为主"政策只针对义务教育，未涉及中考及高中教育（王守恒、查晓虎，2011），故虽然随迁子女义务教育阶段"上学难"的问题得到了较好解决，但初中阶段"升学难"、高中阶段"上学难""升学难"问题逐渐显现出来（冯帮，2007；徐丽敏，2009b）。

受高考政策的限制，[①] 大多数随迁子女的家长会选择让其回到户籍所在地接受高中教育，只有少部分随迁子女的家长会选择让其在流入地的公办高中借读、民办高中和职业中学就读（徐丽敏，2009b）。在广州、深圳两市的调查结果显示，随迁子女和城市户籍子女在初中升高中上存在显著差异：一是两组子女升入普通高中的比例存在较大差异，前者为 10.74%，后者为 41.24%；二是两组子女升入重点高中的比例差别也大，前者为 0.97%，后者为 15.88%；三是两组子女初中毕业后"未上学"的比例对比尤为强烈，前者为 65.51%，后者为 3.22%。可见，珠江三角洲的随迁子女初中升高中的升学率较低（沈小革、周国强，2006：181）。"升学率低""升学难"的现象在武汉市也存在。在武汉市专门招收随迁子女的民工子女学校（荣祖学校和东升学校）中，历年初三学生升入高中的最高比例分别只有 27%、28.3%；而公办中学（如华中科技大学附中）初三学生升入高中的比例每年都为 60% ~ 70%。在鲁岗中学，流动子女升入高中的比例（不到 40%）也大大低于户籍子女的这一比例（50% ~ 60%）（范先佐等，2011：15）。林泉君（2009）的专题调研也发现，杭州市随迁子女义务后的受教育机会基本缺失。

可见，随迁子女在流入城市接受义务教育后，与后续高中阶段等非义务教育难以顺利衔接（王守恒、查晓虎，2011），一些大城市尤为如此。例如，北京市可在京考高中的九类非京籍考生未包括随迁子女（王思海，2011）；天津、上海等地也向随迁子女关闭普通高中的大门，只允许他们在当地报考和就读中职学校（叶庆娜、陈绍华，2012）。当然，还有许多中小城市（除无锡、石家庄以及安徽省的某些城市外）也完全限制随迁子女在流入地

---

① 过去不允许随迁子女异地高考；2012 年年底尽管各省都陆续出台了异地高考政策，但北京、上海、广州等大城市随迁子女在异地参加高考的问题并没有得到实质性的解决。

接受高中教育（叶庆娜，2011）。这与大多数流动家长希望子女继续在本地上高中的愿望形成鲜明的对比（中国进城务工农民子女教育研究及数据库建设课题组，2010：69、70）。如何满足随迁子女高中阶段的教育需求，是当前和未来一个时期亟须解决的难题（吴霓、朱富言，2011：1）。

2.3.1.2　学习成绩

对随迁子女学习成绩的测量方式较多。一是学生自我评价在班上的学业等级。如2007年中央教育科学研究所在北京、上海、广州等12城市的调查中，对学习成绩的测量是通过自我评价进行的（中央教育科学研究所课题组，2008）；类似的其他研究还有张绘、龚欣、尧浩根（2011）对北京市随迁子女学习成绩的测量。二是家长对子女学习成绩等级的评价。曾守锤（2010）请流动家长用1~10分对其随迁子女的学习成绩进行评价，1分代表最差，10分代表最好。三是学生的考试成绩得分。目前，有学者对某一次考试（如月考、期中考试、标准化考试）中的某两科或更多科目（如语文、数学、外语）的单科成绩或总分进行分析（蔺秀云等，2009；周皓、巫锡炜，2008；冯帅章、陈媛媛，2012）。

许多学者在流入地的调查研究显示，与本地户籍儿童相比，随迁子女整体上存在学习成绩较差、学业成就不高、学习成绩滑坡等问题（黄祖辉、许昆鹏，2006；周皓、巫锡炜，2008）。在随迁子女对自己学习成绩的主观评价中，认为自己成绩优秀的只有12.9%，认为自己成绩在中等以下的则高达53.9%（徐丽敏，2009a：63）。另一项对北京市随迁子女学业成绩班级排名的调查显示，学习成绩在班上非常好的只有9.7%，学习成绩在中等以下的则高达66.07%（张绘、龚欣、尧浩根，2011）。在浙江省的调查发现与前述两项调查结果十分接近，认为自己的学习成绩在中等以下的高达64.7%（黄祖辉、许昆鹏，2006）。

就随迁子女学习成绩的具体得分而言，因不同的测量方法而异。2006 年 "流动儿童教育问题跟踪调查" 对随迁子女的语文成绩和数学成绩做了调查，两门成绩总分的均值为 43.27 分，最低分为 0 分，最高分为 88 分，标准差为 16.97 （周皓、巫锡炜，2008）。2010 年冯帅章、陈媛媛 （2012） 对上海市随迁子女的学习成绩做了调查，标准化的语文和数学测试结果显示，公立学校中随迁子女的平均语文成绩和数学成绩分别为 66.52 分和 62.61 分，民工学校中随迁子女的平均语文成绩和数学成绩更低，分别为 55.98 分和 46.52 分，比公立学校平均的语文成绩低 10.54 分、比公立学校平均的数学成绩低 16.09 分。这表明，同样是随迁子女，就读于打工子弟学校的随迁子女的学业成绩更令人担忧 （徐丽敏，2009a：2）。

2.3.2　教育结果的影响因素

在以往对随迁子女教育问题的研究中，关注较多的是随迁子女的教育机会，对其教育结果做全面分析的文献不多，而且一些研究只做了描述性统计分析 （张绘、龚欣、尧浩根，2011；王毅杰、高燕等，2010：7），因此，探讨教育结果影响因素的文献很少。下面将对现有的相关文献进行梳理。

2.3.2.1　制度因素

城乡分割、区域封闭的户籍制度不仅将流动人口与本地居民严格区分开来，而且将随迁子女与户籍人口子女割裂开来 （范先佐等，2011：76、77）。目前，由于户籍制度与教育福利还没有完全脱钩 （刘善槐、张源源，2010），流入地高中只接纳具有本地户籍的初中毕业生，而不接收没有本地户籍的随迁子女 （张绘，2013）。高中教育阶段的教育资源不充足也在一定程度上导致随迁子女在城市接受完九年义务教育后升入高中的比例低 （刘善槐、张源源，2010）。

户籍制度也作用于随迁子女的学习成绩。总体而言，随迁子女的学习成绩显著差于城市儿童 （周皓、巫锡炜，2008；谢建社、牛喜霞、谢宇，2011）。随迁子女优秀和良好两项合计的比例为43.2%，比城市儿童的53.5%低10.3个百分点，而随迁子女较差和很差两项合计的比例为15.0%，比城市儿童的11.7%高3.3个百分点（范先佐等，2011：36）。需要说明的是，在公立学校就读的随迁子女，其学习成绩与城市儿童没有显著差异（苑雅玲、侯佳伟，2012；中央教育科学研究所课题组，2008）。

2.3.2.2 家庭因素

（1）家庭背景。家庭的社会经济地位会显著影响随迁子女的教育获得（李春玲，2003；周皓、巫锡炜，2008；曾守锤，2010）。家庭收入会对随迁子女的学习成绩产生显著的正向影响，家庭收入越高，对随迁子女学习成绩的促进作用越大（张绘、龚欣、尧浩根，2011）。父母受教育程度的高低直接决定了随迁子女在家庭中所获得的学业帮助的多寡和优劣，故而在很大程度上影响着随迁子女的学业成绩（杜越、汪利兵、周培植，2004：102；王毅杰、高燕等，2010：77）。通常，母亲受教育程度越高，子女初中升高中的升学率一般会越高，学习成绩也会更好；但父亲的受教育程度对其升学率、学习成绩没有显著影响（张绘，2013；张绘、龚欣、尧浩根，2011）。父母职业对随迁子女的教育结果也有不可忽视的影响，因流动人口多从事声望低的职业，故其随迁子女的教育结果常处于劣势地位（杜越、汪利兵、周培植，2004：103）。

（2）教育投入。家庭教育投入包括资金投入和时间投入（迟巍等，2013：123）。就初中升高中的概率而言，流动人口对随迁子女教育关注越多，投入的时间越多，其子女选择上高中的概率越大，即初中毕业后选择工作的概率越小（张绘，2013）。教育投入对随迁子女的学习成绩也起着决定性作用，但这一影响不是直接的，而是通过"子女学习投入"这个中介变量产生作用（蔺秀云等，2009）。然而，因忙于挣钱或自身文化素质不高等流动人口常忽略随迁子女的学习，导致在经济和时间上的教育投入不足。

2.3.2.3　**学校因素**

流入地的打工子弟学校无论是过去还是现在，在解决随迁子女"有学上"的问题中均发挥了重要作用。但打工子弟学校与公立学校相比，其校舍更简陋、环境更混杂、安全隐患更多、师资力量更薄弱、教学质量更差（王毅杰、高燕等，2010：3；段成荣、梁宏，2005），这是否会影响随迁子女的学习成绩？单因素方差分析结果显示，在随迁子女少的公立学校就读的随迁子女的学习成绩显著好于在随迁子女多的公立学校就读的随迁子女，在随迁子女多的公立学校就读的随迁子女的学习成绩又显著好于在打工子弟学校就读的随迁子女（苑雅玲、侯佳伟，2012）。两个独立样本的 T 检验分析结果也表明，公办学校的随迁子女在对学习成绩的自我评价上比打工子弟学校的随迁子女高（中央教育科学研究所课题组，2008）。在控制家庭和个体因素后，在公立学校就读的随迁子女的学习成绩仍然高于在打工子弟学校就读的随迁子女，两者之间还存在较大的成绩差距（冯帅章、陈媛媛，2012）。田慧生、吴霓（2010）也得出了与以上研究相一致的结论。这些研究发现与打工子弟学校教学质量普遍差于公立学校的结论相吻合（冯帅章、陈媛媛，2012）。

此外，周皓、巫锡炜（2008）分析"流动儿童教育问题跟踪调查"数据后发现，学校平均 SES、班级规模会通过随迁子女自身及家庭的特征而间接地影响其学习成绩，并改变儿童个体特征对其学习成绩的作用大小。学生对老师的满意度越高，其学业成绩越好；同学之间良好的关系也能促进学习成绩的提高（张绘、龚欣、尧浩根，2011）。

2.3.2.4　**个体因素**

随迁子女的学习成绩会受其个体特征的影响（周皓、巫锡炜，2008）。从兄弟姐妹数量来看，流动人口可能对独生子女的家庭投入较高，故独生子女的学习成绩普遍好于非独生子女；但是随着兄弟姐妹的数量增加，其影响变得不显著（张绘、龚

欣、尧浩根，2011）。性别对随迁子女学习成绩的影响结论不
一。张绘、龚欣、尧浩根（2011）的研究发现，女生可能更自
律和更珍惜在城市就读的学习机会，故其学习成绩好于男生。
但周皓、巫锡炜（2008）得出了完全相反的结论，即女生的学
习成绩显著低于男生。在年级、学校和来京时间等因素相同的
情况下，年龄与学习成绩呈显著的负相关关系，这意味着在同
一年级，年龄越大的随迁子女其学习成绩越差。导致这种现象
的原因可能有两个：一是年龄较大的随迁子女可能在家里要承
担更多的家务活，从而减少了做家庭作业的时间，二是年龄较
大的随迁子女其学习的心理负担更大（张绘、龚欣、尧浩根，
2011）。转学次数可显著预测随迁子女的学习成绩，转学次数越
多，学习成绩越差（张绘、龚欣、尧浩根，2011；曾守锤，
2010）。放学回家学习时间较长、身体较健康、担任学生干部、
学校适应较好、普通话流利、朋友数量较多的随迁子女的学习成
绩好于回家学习时间较短、身体不健康、未担任学生干部、学校
适应不好、普通话不流利、朋友数量较少者（张绘、龚欣、尧浩
根，2011；蔺秀云等，2008；曾守锤，2010）。不过，随迁子女
在流入地的居住时间对其学习成绩的影响不显著（张绘、龚欣、
尧浩根，2011）。

2.4 对现有研究的评述与发展

以上三节内容分别对（适龄）随迁子女在流入地的教育机会
（在学情况、就读学校性质）和教育结果的相关文献做了全面和
系统的回顾。本章文献梳理的目的主要是推进现有研究，即在借
鉴和参考现有研究成果的基础上，突破现有研究的不足。

自20世纪90年代中期至今，随迁子女的教育问题逐渐成为
社会关注的热点，并有诸多学科的专家和学者对这一问题做了有
益探索。目前已经取得了不少有价值、有启发和有借鉴意义的研

究成果；理论指导、研究设计、分析方法等方面都逐步得到丰富和完善，并日益规范化；研究视角也更加开阔，研究内容不断深化。然而，现存研究也存在一些待完善之处。

第一，研究对象有待拓展。从教育阶段来看，文献数量呈现两头小、中间大的纺锤形，即现有研究成果对义务教育阶段随迁子女的研究多，对幼儿园和高中阶段随迁子女的研究少。这说明以往随迁子女教育问题研究的重点在义务教育。随着随迁子女义务教育阶段受教育状况的较大改善，学前和高中阶段的教育问题也应当引起更多的关注，还应该对随迁子女整个受教育过程进行综合的考察。本研究将对不同教育阶段随迁子女的教育进行系统研究，不仅关注义务教育阶段随迁子女的教育，还将加强对幼儿园、高中阶段随迁子女的教育研究。

第二，比较分析的视角缺乏。首先，多数研究在分析随迁子女的教育问题时，只关注随迁子女本身，很少将其与流入地的户籍人口子女以及流出地的留守子女做比较分析。其次，现有文献主要关注乡—城（农民工）随迁子女，很少将其与城—城随迁子女做比较研究。虽然乡—城随迁子女是随迁子女的主体，但城—城随迁子女也占了近两成。再次，可能是受数据的限制，在分析随迁子女的教育问题时，很少进行城市之间的比较。现在有少量文献开始将随迁子女与流入城市的户籍人口子女、不同城市随迁子女的受教育状况做比较研究，但多采用描述性分析方法，未控制其他变量的干扰与调节。最后，现存文献虽然得出了制度、家庭和随迁子女个体等因素会影响随迁子女教育的结论，但没有比较这些因素对不同教育阶段和不同教育层面的影响差异。为了弥补现存研究的缺憾，本研究将采用比较分析的方法，包括将随迁子女与流入地户籍人口子女和留守子女做比较，将乡—城随迁子女与城—城随迁子女做比较，将不同城市的随迁子女做比较，以准确把握制度因素对随迁子女教育的影响；在此基础上，比较制度、家庭和随迁子女个体因素等对不同教育阶段和不同教育层面影响的共性与差异。

第三，研究内容有待深化。首先，流动特征（随迁子女的户籍地点和户籍类型，父母的流入城市、流动范围、居住时间）作为流动人口区别于普通人群的最重要特点，很可能会对随迁子女的教育机会（在学情况、就读学校性质）和教育结果产生影响。但目前只有少量文献系统地关注了这些流动特征变量。其次，把就读学校性质当作自变量的研究多，当作因变量的研究少。为此，本研究从以下两方面进行深化：一是重点探讨随迁子女的户籍地点和户籍类型，以及父母的流入城市、流动范围、居住时间等流动特征对随迁子女教育的影响；二是把随迁子女就读学校性质作为因变量进行深入探讨。

第四，研究方法有待完善。受财力、时间、技术等多种因素的影响，现存文献在研究方法上还存在一些局限。首先，思辨性和理论性的分析较多，规范性的定量、定性等实证研究较少。其次，在实证研究中，以描述性的定量研究居多，带有回归及以上模型的定量研究比例很低；定性研究少；采用定量与定性研究相结合的混合研究方法进行研究的更少。再次，对北京、上海、广州、杭州等某一城市的地区性研究较多，对全国性或多个城市的研究较少，这使社会各界对随迁子女教育问题的认识呈现区域的"碎片化"状态。最后，定量研究的样本量普遍很小，且抽样具有非随机性。如陈霞、申屠珊（2012）在河北保定（三个区）调查的样本量只有 225 个。蔺秀云等（2009）在北京调查的样本量为 313 个，其中公立学校的随迁子女样本 103 个，打工子弟学校的随迁子女样本 90 个，公立学校的本地儿童样本 120 个。张悦、赵慧君（2011）在吉林省长春市调查的有效样本量仅为 90 个。本研究作为一项实证研究，通过单变量和双变量的描述性分析方法了解随迁子女受教育的现状和特点，通过回归以上的模型分析方法及定性方法把握随迁子女受教育状况的影响因素及其影响机制。此外，定量研究同时关注上海市松江区、苏州市、无锡市、武汉市、长沙市、泉州市、西安市、咸阳市八个城市（区域），采用随机抽样方法，既调查了随迁子女，也调查了流入地户籍人口子女和流出地留守儿童，总样本量为 14724 个。

简言之，本研究将在借鉴现有理论和实证研究成果的基础上，对随迁子女的受教育状况及其影响因素进行深入考察，并希望能在一定程度上弥补现存研究的不足以及推进和深化现有研究。

第3章 理论框架与研究假设

上一章回顾和评述了随迁子女在流入地的受教育现状及其影响因素的相关文献。本章内容首先介绍与本研究有关的理论；然后，基于这些理论，结合已有实证研究和我国的具体国情，构建本研究的理论分析框架；最后，在分析框架的指导下，提出本研究的研究假设。本章内容将用于指导第4章"数据与方法"中变量的选择与测量、第5章"在学情况"、第6章"就读学校性质"和第7章"受教育年限"中定量数据的分析以及第8章"定性资料分析"中定性数据的分析。

3.1 相关理论和视角

本研究将主要在社会排斥理论（特别是制度排斥）、资本理论和文化（与社会）再生产理论、资源稀释理论的指导下展开研究，本章第一节将逐一介绍这些理论。

3.1.1 社会排斥理论

3.1.1.1 社会排斥理论

人们普遍认为社会排斥的概念起源于法国，是由该国官员 Ren Lenoir 于 20 世纪 70 年代中期在政策制定过程中提出（郭星华等，2011：4；Rawal，2008；Martin，1996；李斌，2002），在当时，被排斥者是指被社会保险制度排斥的人。进入 20 世纪 80

年代后，法国由于面临比较严重的失业和贫困等问题，故而将社会排斥概念运用到失业、贫困等研究领域；与此同时，社会排斥的含义也发生了变化，是指社会个体与社会整体之间的关系发生了断裂（Silver，1994；王立业，2008；曾群、魏雁滨，2004）。进入 20 世纪 80 年代后期，欧盟把社会排斥作为社会政策中的一个主要概念，并在很多情况下取代了贫困（Rawal，2008）。随着欧盟成员国之间流动性的加大，为了促进各成员国移民的整合，减少社会排斥成为社会政策制定中关注的焦点，这从促进移民融合的"移民政策整合指数"中可见一斑。1997 年以后，英国的社会排斥研究也得到较快发展（曾群、魏雁滨，2004）。可见，在欧洲、特别是欧盟的推动下，社会排斥这个概念逐渐被各国政府和学界所接受，并在学术研究中特别是政策研究中得到广泛应用（薛在兴，2005）。世界各国在政治传统、文化传统、意识形态、社会问题等诸多方面的差异，致使各国的学者和政策制定者对社会排斥有多种理解（Levitas，1996；Silver，1994；曾群、魏雁滨，2004；彭华民，2005），不同研究对社会排斥的界定也不统一，已经超越了贫穷等经济问题的研究，涉及不同人群社会生活的方方面面（彭华民，2005），这在 Silver（1995：60），Burchardt（1999），Richardson 和 Grand（2002），Robbins（1994：12），Giddens（2001：323 - 325），Gough and Olofsson（1999：1 - 5），Rob（2000），Alex 和 David（1998），塞巴斯蒂安·赫尔科姆（2001），杨团（2002），唐钧（2002），李斌（2002），曾群、魏雁滨（2004），周林刚（2003），文小勇（2005），李景治、熊光清（2006）等学者的概念界定及其应用中得到了充分体现。

尽管对社会排斥有不同的理解和界定，但通过对现有研究的梳理发现，不同的社会排斥定义存在一些共同的特征。首先，社会排斥是个多维度（或多向度）的概念，且维度的划分因不同的分类方法而异。根据"显隐程度"可分为显性社会排斥和隐性社会排斥；根据"谁被排斥"可分为个人排斥、集体排斥、空间排斥；根据"排斥出何处"可分为政治、经济、文化、社会关系和福利制度等维度的排斥，这也是最常见的社会排斥分类方法（曾群、魏雁滨，2004；郭星华，2011：5；丁开杰，2009；黄佳豪，2008）。其次，社会排斥是一个累积性的过程，即各个维度之间存在一定的相关性，在某一维度遭受社会排斥的人口很容易遭受其他维度的社会排斥（张兴，2006；王立业，2008）。再次，社会排斥是一个动态的过程，为了揭示社会排斥的机制和过程，它强调社会排斥的推动者和施动者如何通过制度过程将他人排斥出一定的政治、经济、社会和文化领域（曾群、魏雁滨，2004）。

3.1.1.2　制度排斥理论

社会排斥作为分析社会弱势群体的有力工具，在中国也受到社会学、人口学、心理学、教育学、公共管理等诸多领域学者的极大关注，并被广泛应用于青少年、儿童、老年人等不同人口群体的贫困、失业、失地、残疾、吸毒、疾病、性别、居住隔离、社会保障、市民化、社会融合等研究领域（江立华、胡杰成，2006；陆士桢等，2004；易成栋，2004；刘悦，2010；薛在兴，2005；周文、张红，2013；王隆文，2012；陈琦，2012；徐延辉、熊欢，2011；高政，2011；杨冬民，2010；杨菊华，2012），已成为一个与社会公平密切相关的概念。

我国长期实行城乡分割、区域封闭的户籍制度，这使户籍制度排斥在中国社会普遍存在。户籍制度排斥是指社会中的某一个体或某一人群因不具有某一地区的户籍而无法享有该地区户籍居民可享有的各项社会权利，即将具有这一特征的人群集体性的排斥在特定资源和机会之外。在我国人口流动的大背景下，户籍制度排斥常用来分析流动人口及其子女在流入地的生存和发展状况（邓大松、刘国磊，2013；杨菊华，2010b，2011a，2011b，2011c，2012；石长慧，2012；钱正武，2011；孟颖颖，2011；冯邦，2011；徐玲、白文飞，2009；方巍，2008；潘泽泉，2008；魏万青，2008），并已形成一个比较公认的观点，即户籍制度排斥是阻碍流动人口及其子女在流入地平等享有各项社会权利的最根本原因。

关于成年流动人口户籍制度排斥的理论探讨主要围绕户籍地点和户籍类型而展开。杨菊华在评述"双重户籍墙"理论（刘传江、程建林，2009）、"三重制度分割"理论（李春玲，2006），以及"三群体检验"理论（张展新，2007；张展桥等，2007）的基础上，构建了"双重差分"理论（杨菊华，2013：125）。她认为户籍具有双二元性，一是区分本地和外来的二元户籍地点，二是区分城镇和农村的二元户籍类型。前者将流入地人口区分为本地人和外来人，后者将流动人口区分为城—城流动人口和乡—城流动人口（见表 3 - 1）。而"显性户籍墙""隐性户籍墙"等制度因素、地方保护主义等结构性因素使流动人口在流入地不能和当地户籍人口一样平等享有劳动就业、教育培训、社会保障、社会参与、住房等方面的资源和机会，成为阻碍流动人口平等享有各项社会权利的最大障碍。她赞同刘传江、程建林（2009）的观点，认为户籍制度是"原生"的，而劳动就业制度、社会保障制度、教育培训制度，以及其他的地方保护主义制度是具体的，是直接针对某个（或某些）方面的制度，是由户籍制度"衍生"的（杨菊华，2013：128）。不管制度是"原生"的，还是"衍生"的，均是一种"社会屏蔽"制度，把多数流动人口屏蔽在分享流入地户籍人口的社会资源之外（李强，2012：19）。

表 3 - 1　"城乡差分"与"内外之别"的双重差分理论

户籍地点	户籍类型	
	城　　镇	农　　村
本　　地	本地市民	本地农民
外　　来	城—城流动人口	乡—城流动人口

资料来源：杨菊华，2013：127。

在本研究中，社会排斥理论（特别是制度排斥）对于分析制度因素对随迁子女教育的影响具有非常大的理论指导作用。户籍制度以及与此相关的教育制度是影响随迁子女在幼儿园、义务教育和高中阶段教育机会和教育结果的最根本因素。根据"双重差分"理论的户籍地点，可把流入地全部子女区分为流入地户籍人口子女（后文简称户籍人口子女）、随迁子女和流动人口留守子女（后文简称留守子女）。根据"双重差分"理论的户籍类型，可把随迁子女进一步区分为城—城随迁子女和乡—城随迁子女。这种对子女的区分方法有助于在定量研究中探讨制度因素对随迁子女受教育状况的影响性质及影响程度。通过对不同城市随迁子女受教育状况的比较，还能发现城市之间教育制度的差异。此外，社会排斥理论对于提出改善随迁子女教育福利水平的对策建议也有很好的指导作用；在该理论的指导下，结合实证研究分析结果，能使提出的政策建议更具说服力和可信度，进而提高政策建议被政府政策制定部门采纳的可能性。

3.1.2 资本理论和文化（与社会）再生产理论

3.1.2.1 资本理论

布迪厄的资本理论不但在其社会理论中占据重要地位，而且在资本理论的研究领域中也产生了重要和深远的影响。他在 *The Forms of Capital* 中，把资本分为经济资本（economic capital）、文化资本（cultural capital）和社会资本（social capital）三种类型（Bourdieu，1986：244）。

相比之下，布迪厄对经济资本的论述最少（刘少杰，2009：357）。所谓经济资本，主要指生产资料，由土地、工厂、劳动等不同生产要素，以及经济财产、各种经济利益和收入组成，可以转化为货币，以产权为制度化形式（Bourdieu，1986：244；刘少杰，2009：81；王毅杰、高燕等，2010：67）。

文化资本是布迪厄最感兴趣也是论述最多的资本类型。文化资本涉及文化知识、能力和性情（Bourdieu，1993：7），是指在文化活动场所积累的劳动，它以作品、文凭、教养为符号，以学历为制度化形态。它共有身体化、客体化、制度化三种形式。身体化形式（embodied state）是指通过家庭教育和学校教育长久地存储于个人心里和体内的文化知识、文化技能和文化修养，包括体态、姿态、交往行为、操作技能等不同的表现形式。客体化形式（objectified state）是指物化或对象化为文化财产（又叫文化商品或文化物品），它可以直接传递或转让其所有权，如绘画、书籍、字典、乐器、机器、历史文物等。制度化形式（institution-alized state），是由合法化和正当化的制度所确认的各种头衔、学位及名校毕业证书等（Bourdieu，1986：245；刘少杰，2009：81；王毅杰、高燕等，2010：67）。

社会资本是指个人或群体，因拥有一个比较持久，且在一定程度上制度化的相互了解、相互认识的关系网，从而积累的现实和潜在的资源总和（Bourdieu，1986：255；布迪厄，2004：162）。个体所拥有的社会资本的多少，一方面由其可以运用的社会网络规模的大小决定，另一方面由其社会网络中每个个体所拥有的包括经济资本、文化资本和社会资本在内的资本数量的多少决定（刘少杰，2009：81）。

作为布迪厄资本理论的三种形式，经济资本、文化资本和社会资本在一定的条件下可以相互转化。其中，布迪厄对文化资本的理解给其他形式的资本带来了较大影响，不仅影响其对社会资本的阐释，而且影响林南（Lin Nan）、科尔曼（Coleman）、普特南（Putnam）等对社会资本的解释（刘少杰，2009：339）。例如，林南认为，社会资本是内嵌于社会网络或社会关系中的可以带来回报的资源或投资活动（刘少杰，2009：339；Lin Nan，2001：24－25）。

以上三类资本构成了家庭的主要资本，会影响其子女在各受教育阶段中的教育机会和教育结果，并影响其子女的成长以及成年后的发展和社会流动（郭长伟，2012；陈国华，2009）。

3.1.2.2 文化（与社会）再生产理论

结构功能主义者认为，教育机构具有重要的社会化功能（方长春、风笑天，2005）。通过教育和培训，教育机构不仅能使受教育者积累专业知识，还可以使他们习得劳动技能，进而获得较好的职业和较丰厚的收入。换言之，教育有助于促进社会阶层流动，进而有助于促进社会公平和维护社会稳定。冲突论者却持相左观点，认为优势阶层因与教育机构有密切联系，故而会利用教育这个中介来实现社会结构的复制（景婷，2006：6、11）。Bourdieu（1973，1993）曾先后对文化再生产与社会再生产（Cultural Reproduction and Social Reproduction）、文化再生产的领域（The Field of Cultural Production）进行过深入论述，并提出了文化（与社会）再生产理论。文化（与社会）再生产理论包括以下三方面的内容：一是所有的教育行为在客观上都是一种符号暴力；二是教育机构通过符号暴力进行着文化再生产；三是文化再生产演变成社会再生产（王毅杰、高燕等，2010：69）。显然，布迪厄是把教育机构看作现代社会中调控社会阶层的主要系统，并认为教育机构以一种表面上平等的选择方式生产与再生产社会与文化的不平等；换言之，教育机构已发展变化为生产与再生产社会等级秩序的重要场域（刘少杰，2009：79）。

除了教育机构外，家庭作为个体社会化的重要场所，是文化再生产需要依赖的另一个途径。因不同阶层和群体的生活方式和价值观念不同，个体在小时候就潜移默化地接受并继承了家庭的文化资本，也就是说在无意识中接受了所属阶层或所属群体的文化资本，而这对其一生将会产生重要影响。为此，在对文化与社会再生产过程的研究中，在考虑家庭经济资本的同时，一定不能遗漏家庭的文化资本（王毅杰、高燕等，2010：69、70）。因为文化资本的承袭性比物质资本更大（Bourdieu，1977）。

在本研究中，布迪厄的资本理论对探讨家庭的经济资本、文化资本和社会资本等家庭背景变量对随迁子女的在学情况、就读学校性质、受教育年限等因变量的影响具有重要的指导作用，有助于阐释家庭资本不同的随迁子女在教育机会和教育结果方面存在差异的原因。受户籍制度以及流动人口自身发展能力等因素的影响，流动人口在流入地多就业于次级劳动力市场，职业声望和收入水平均较低，这导致随迁子女在家庭经济资本、文化资本、社会资本等方面均处于劣势。而布迪厄的文化（与社会）再生产理论启示我们，在这种情况下，随迁子女家庭资本的弱势，必然会影响他们的教育机会和教育结果，进而固化社会阶层，导致社会再生产的发生，而这有可能会威胁社会的稳定与和谐。同时还需要通过制度改革逐渐切断家庭资本与教育机会、教育结果之间的关系，为随迁子女在流入地就学创造良好的环境，使教育机构和家庭两个场域从社会阶层的复制器转变为促进社会阶层流动的助推器，进而促进社会和谐与稳定、推进城乡统筹发展。因此，文化（与社会）再生产理论对于本研究提出改善随迁子女受教育状况的对策建议，以避免社会阶层固化以及社会再生产的发生具有很好的指导意义。

3.1.3　资源稀释理论

家庭资源是影响子女教育获得的一个重要因素（Teachman，1987）。资源稀释理论（模型）最早是由 Blake 于 1981 年提出的，并于 1985 年、1986 年、1989 年进行了验证、补充与完善。其他学者如 Powell 和 Steelman（1990）、Downey（1995，2001）、Chu 等（2007）也对该理论做了进一步的拓展与深化（朱剑，2011；蓝秀华，2012）。该理论常被西方的经济学家和社会学家用来解释不同兄弟姐妹构成的青少年之间在教育机会与教育结果等方面的差异（杨菊华，2010a；杨菊华，2011d）。对于家庭中的任何一个孩子来说，他所能分享到的家庭资源数量取决于家庭资源总量和家庭结构，其中家庭结构包括兄弟姐妹构成、家庭居住模式

（杨菊华，2007：92）。

3.1.3.1 兄弟姐妹构成

兄弟姐妹构成包括四个方面的内容：兄弟姐妹数量、出生次序（或胎次）、出生间隔和性别构成（杨菊华，2007b：92）。其中，兄弟姐妹数量与家庭资源之间的关系在学界最早受到关注。Blake（1981）利用资源稀释模型来分析家庭规模与孩子质量时，把家庭资源分为三类：一是环境或场景资源，如住房的类型，生活的必需品，书、画、音乐等文化物品；二是机会资源，如向孩子提供与外界接触的机会；三是心理资源，如父母直接或以榜样的方式对孩子的关注、干预或者教育。该模型假定，家庭资源是有限的，故随着家庭中孩子数量的增多，每个孩子可分享到的家庭资源就越少（如受到父母的学习鼓励更少），这会导致孩子的质量较低。Blake 所指的孩子质量是指如教育获得、职业获得等可客观测量的人力资本。Blake（1989）通过分析由美国联邦政府及主要研究机构于 1955～1986 年开展的全国性大规模调查的数据发现：不管是在相关分析还是在控制其他家庭背景变量及被访者年龄的情况下，兄弟姐妹数量越多，完成高中教育的比例以及接受高等教育的比例越低，受教育年限也越短。兄弟姐妹数量与孩子的智力（包括语言的和非语言的）的关系和它与教育获得的关系类似。

Downey（1995）认为，现有的资源稀释模型虽然很直观，但"家庭资源"作为一个关键要素，现有研究对其界定较为模糊。他在论文中构建了一个概念化的家庭资源分析框架（见图 3－1），并对变量的操作化做了详细介绍（如把家庭资源分为人际间资源和经济资源，前者用四个变量来测量，后者用五个变量来测量）。在此基础上，通过分析 1988 年的全国教育纵向追踪调查数据发现，即使在父母的教育、收入、种族等特征相同的情况下，仍然是大家庭的孩子所分享的资源少于小家庭的孩子。不过，兄弟姐妹数量与家庭资源的关系强度因不同的资源类型而异。随着兄弟姐妹数量的增加，每个孩子可得到的经济资源迅速减少，每个孩子可得到的人际资源也减少；不过，后者的下降速度没有前者快。换言之，兄弟姐妹数量对家庭的经济资源稀释最大（朱剑，2011），这与经济资源不具有传递性的特征有关，即经济资源一旦被消费，就需要较长时间来积累（Powell and Steelman，1989）。Downey（2001）详细论述了资源稀释模型的三个主要特征，一是家庭资源是有限的；二是家庭中每增加一个孩子，将会减少现有每个孩子可获得的资源；三是家庭资源对孩子的教育成功有重要影响。在此基础上，用资源稀释理论来分析和解释兄弟姐妹数量与智力发展之间的负向关系。

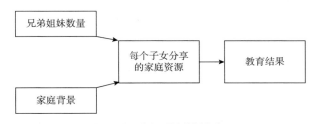

图 3 - 1　资源稀释模型说明

资料来源：由 Downey（1995）第 753 页的图 1 翻译而来。

不过，也有学者得出了略有差异的结论。Marjoribanks（1991）通过对 900 名澳大利亚 11 岁儿童的分析发现，在有些社会阶层的家庭中，兄弟姐妹数量与教育获得之间的负相关关系存在；但在另一些社会阶层的家庭中，这一负向关系并不存在。Shavit 和 Pierce（1991）通过对以色列样本的分析也发现，在犹太人中，兄弟姐妹数量与教育获得之间呈现显著的负相关关系，但在穆斯林人中，兄弟姐妹数量对教育获得没有显著影响。

家庭资源除了存在代际流动外，在代内（兄弟姐妹之间）也会流动（Chu et al.，2007）。在东亚的大家庭中，早出生的孩子，特别是女孩的生存发展状况是最糟糕的（Parish and Willis，1993）。家长为了把更多的家庭资源用来提高年纪较小孩子，特别是男孩的教育获得，会以牺牲年长孩子（女孩）的教育机会为代价（Chu et al.，2007）。然而也有学者持不同观点，如 Greenhalgh（1985）的研究发现，家庭除对男孩有偏好外，对第一个孩子也存在偏好，因此家庭中最先出生的孩子能比其他孩子分享到更多的家庭资源。Blake（1989）的研究发现进一步验证了资源稀释理论，即大家庭中最后及次后出生的子女其教育获得高于在家庭中位于中间顺序及之前出生的子女，因为前者不再有其他新出生的兄弟姐妹与其竞争家庭资源。还有学者认为出生序次与教育获得之间既没有显著的线性关系，也不存在对最早出生或最晚出生孩子的偏好（Hauser and Sewell，1985）。此外，出生时间间隔越短，家庭资源的稀释程度会越深，故而对教育获得的影响越大（Powell and Steelman，1989）。

3.1.3.2 家庭居住模式

根据结构功能主义的观点，任何社会制度都是为满足某一需要而制定的（马林诺斯基，2002：19）。家庭作为人类社会最基本的制度之一，具有维系诸如生育、保护与照顾、经济、教育等家庭成员日常生活和人口再生产的功能。随着社会经济的发展，家庭的功能虽然发生变迁，但有些功能是不可替代的（费孝通，2008：70）。因此，双亲抚育是人类社会中存在的一个比较有效的把家庭资源赋予子女的方式（费孝通，2008：73），可以使家庭的功能得到最大限度的发挥。

家庭居住模式作为资源稀释理论的要素之一（杨菊华，2007：97），会直接影响家庭功能的发挥。根据子女是否与父母同住，可将家庭居住模式分为单亲家庭、双亲家庭和其他家庭（杨菊华，2007：92）。受传统文化中性别分工的影响，家庭中的父亲和母亲通常扮演不同的角色，任何一方的缺失将可能导致家庭资源（经济投入、时间投入、提供的角色榜样和行为指导）被稀释。根据家庭生产理论，单亲家庭特别是单亲父亲家庭对子女进行人力资本投资的家庭资源的减少，会降低子女的教育获得

（Krein and Beller，1988；Biblarz and Raftery，1999）。因此，双亲家庭的子女在教育机会和教育结果方面通常比单亲家庭的子女更有优势（杨菊华，2011d）。

在本研究中，资源稀释理论对于分析家庭结构（兄弟姐妹构成、家庭居住模式）对随迁子女教育机会和教育结果的影响具有重要的指导作用。在流动人口进入家庭式流动的大背景下，对于随迁子女来说，有的是与父母一起流动，有的仅与父母一方流动，由于这几种家庭的功能发挥不同，故而不同流动模式的随迁子女能分享到的家庭资源也不同，而这将会对其教育机会和教育结果带来影响。遗憾的是，由于数据中仅与父亲或仅与母亲流动的比例均很低（4%左右），故本研究无法对其进行实证检验。结合数据特点，本研究将在资源稀释理论的指导下，构建随迁子女的兄弟姐妹数量、性别与其受教育状况之间关系的研究假设，并采用实证研究方法对其进行验证。

3.2　理论分析框架

随着随迁子女规模的持续增长，他们在流入地的在学情况、就读学校性质、受教育年限等教育问题引起了学界和政府的高度关注。本研究的重点是在社会排斥理论、资本理论、资源稀释理论的指导下，探讨随迁子女受教育状况的影响因素。本研究的影响因素理论分析框架见图3-2。该分析框架将从以下三方面突破现有研究。一是在社会排斥、资本理论和资源稀释三大理论的指导下，将制度、家庭及个体因素纳入同一分析框架，在控制其他变量的情况下，探讨各因素对随迁子女受教育状况的独立影响。二是采用比较分析视角，一方面比较制度、家庭及个体因素对不同教育阶段随迁子女受教育状况的影响差异，即除了分析以上各因素对3~18岁总样本的影响外，还进一步考察各因素对幼儿园、义务教育、高中阶段次样本的影响，并比较其影响差异；另一方面，比较制度、家庭及个体因素对随迁子女不同教育层面的影响差异，这些教育层面包括在学情况、就读学校性质等教育机会指标，也包括受教育年限等教育结果指标。三是在三类影响因素中，重点探讨制度因素对随迁子女受教育状况的影响及其作用机制。

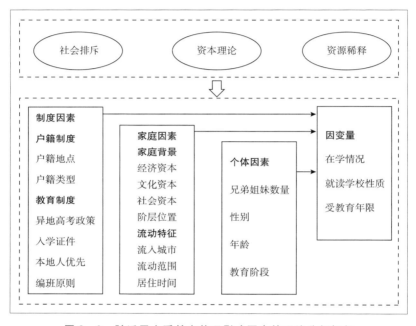

图 3 - 2　随迁子女受教育状况影响因素的理论分析框架

3.2.1　制度因素

在本研究中，制度因素主要指户籍制度和教育制度。从前面的文献综述可知，户籍制度以及与户籍制度相关的教育制度是随迁子女在流入地不能平等接受教育的根源。减少并消除户籍制度和教育制度等制度因素对随迁子女教育带来的不利影响，给他们提供一个公平的受教育环境，迫切需要了解制度因素对随迁子女受教育状况的影响性质、影响程度、影响机制。在现存研究中，虽然有较多学者探讨过户籍制度和教育制度对随迁子女受教育状况的负面影响，但大多数是思辨性和理论性的分析。思辨性和理论性的分析固然重要，但也需要有实证研究来对其进行检验。

本研究将采用定量与定性研究相结合的实证研究方法，探讨户籍制度对随迁子女受教育状况的影响。参考杨菊华（2013）提出的"双重差分"理论，户籍制度用户籍地点和户籍类型来测量。根据子女的户籍地点，把流入地全部子女区分为户籍人口子女、随迁子女和留守子女；根据随迁子女的户籍类型，将其区分为城—城随迁子女和乡—城随迁子女（见图 3 - 3）。

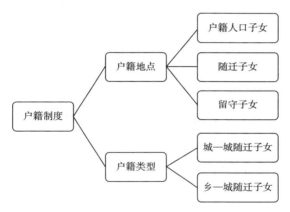

图 3 - 3　根据"双重差分理论"划分的子女类别

说明：为了简洁起见，本研究所提及的户籍人口子女仅指流入地的户籍人口子女，不包括流出地的留守子女。

其中，户籍人口子女和留守子女不是本研究关注的主要对象，只是为了与随迁子女做比较研究，以准确判断随迁子女的受教育状况及其影响因素。在其他条件相同的情况下，若随迁子女的受教育状况不及户籍人口子女，也不及留守子女，则表明他们在流入地接受教育时受到了较强的制度排斥。在其他条件相同的情况下，若随迁子女的受教育状况好于留守子女，但不及户籍人口子女，则说明随迁子女在流入地接受教育仍然受到了制度排斥，只是排斥程度更小而已。在其他条件相同的情况下，若随迁子女的受教育状况与户籍人口子女和留守子女相似或相近，则有可能表明他们在流入地接受教育时不存在制度排斥。当然，以上三种情况不是绝对的，需要具体问题具体分析。

从户籍类型来看，在其他条件相同的情况下，若城—城随迁子女的受教育状况与乡—城随迁子女存在显著差异，则可能透视出城—城随迁子女和乡—城随迁子女在流入地受到的制度排斥不同；反之，则可能表明他们在流入地受到的制度排斥相同。对以上不同类别子女的在学情况、就读学校性质、受教育年限进行比较分析，旨在运用实证研究方法探讨户籍制度对随迁子女受教育状况的影响，以对现有的思辨性和理论性分析进行验证、补充、完善和发展。

本研究还将在社会排斥理论的指导下，探讨教育制度对随迁子女受教育状况的影响。本研究从多个方面测量教育制度对随迁子女的排斥程度，一是异地高考政策，包括流入地是否出台异地高考政策，若出台了该政策，何时允许随迁子女在流入地参加高考，异地高考的门槛如何。二是随迁子女在流入地接受义务教育时需要提交哪些证件。三是在公立教育资源有限的条件下，是否实施本地人优先的原则。四是在编班等教育过程中是否存在区别对待的现象。本研究主要采用定性研究方法对以上四个直接测量教育制度排斥的指标进行分析。

此外，在定量研究中，还将结合父母流动特征（流入城市、流动范围、居住时间）等变量对随迁子女受教育状况的影响来间接推断教育制度对随迁子女的排斥程度。就流入城市而言，不同城市的经济、社会、文化发展水平存在差异，教育资源的供给和随迁子女的规模也不同，这会导致各城市对随迁子女的教育制度排斥存在差异。就流动范围而言，跨越的行政区域不同，随迁子女在流入地面临的制度性障碍也不同；受异地高考政策、各省教材不统一等因素的影响，跨省流动随迁子女在流入地接受教育时面临的教育制度排斥常大于省内流动随迁子女。就居住时间而言，居住时间长到一定年限，流入地对随迁子女的教育排斥会减少甚至消除。如陕西省出台的异地高考政策中，要求在陕西省连续居住满 3 年、父亲或母亲在该省缴纳养老保险满 3 年（含 3 年）、随迁子女在该省连续学籍满 3 年，满足以上条件者从 2016 年开始可在陕西省参加高考。此外，流动人口的居住时间越长，越有助于积累家庭的经济资本和社会资本，教育观念和教育行为越有可能从传统向现代转变，而这均会对随迁子女的受教育状况产生影响。对以上三个父母流动特征变量的分析主要在社会排斥理论和资本理论的指导下进行。

在定量研究中，随迁子女的户籍地点、户籍类型，以及父母的流入城市、流动范围、居住时间等变量统称为流动特征。

3.2.2 家庭因素

在本研究中，家庭因素主要指家庭资本。正如前文所述，家庭是人类社会最基本和最重要的社会制度之一，具有多项功能，对子女的健康成长和人力资本获得有重要影响。目前，国内外已有大量的理论和经验研究证明，子女的教育成就和教育获得与家庭背景或父辈的社会阶层等先赋性因素有极为显著的关系（刘精明，2005：96、97），但这一关系因不同的时期、出生队列和国家而异（李春玲，2003；Biblarz and Raftery，1999）。对于我国的随迁子女而言，他们由于没有流入地的户口，必然会受到户籍制度以及与户籍制度有关的教育制度的排斥。在这种情况下，家庭资本对其受教育状况是否还会产生影响，这是本研究需要回答的一个问题。在布迪厄资本理论的指导下，以及在借鉴现有实证研究成果的基础上，本研究将对随迁子女的家庭资本（经济资本、文化资本、社会资本）与其受教育状况的关系进行分析。通常，不同随迁子女家庭的经济资本、文化资本、社会资本存在差异，而这很可能会对其随迁子女的受教育状况产生影响。

在家庭资本的测量方面，有许多学者用家庭收入来测量家庭的经济资本（陈友华、方长春，2007；李春玲，2003；蒋国河、闫广芬，2006）。本研究借鉴这些研究成果，以家庭月收入来测量随迁子女家庭的经济资本。根据布迪厄的资本理论，文化资本共有身体化、客体化和制度化三种形式。考虑到身体化形式不易测量；客体化形式虽易测量，但"流动人口社会融合调查"未调查该指标，故本研究主要采用制度化形式来测量随迁子女家庭的文化资本，即通过父母的受教育程度来测量。随迁子女家庭社会资本的多少，不仅取决于其家庭社会网络规模的大小，而且取决于社会网络中每个个体所拥有的包括经济资本、文化资本和社会资本在内的资本数量的多少。从这个角度来看，流动人口在流入地的主要邻居是测量其社会资本的较好指标。原因有二：一是这个指标可测量社会网络的大小，若流动人口的主要邻居为本地人，则其社会网络规模肯定大于主要邻居为外地人者；二是这个指标能测量出社会网络中每个个体所拥有的各类资本的多少，相对而言，本地人所拥有的经济资本、文化资本和社会资本数量普遍多于流动人口。

3.2.3 个体因素

个体因素也是影响随迁子女受教育状况的因素之一，具体包括随迁子女的兄弟姐妹数量、性别、年龄、教育阶段等变量。

根据资源稀释理论，兄弟姐妹数量、性别构成等会影响子女可分享到的家庭资源份额的多少，而这会对子女的教育获得产生影响。在我国严格实行了30多年计划生育政策的今天，我国的总和生育率已持续下降，并已低于更替水平。目前，我国已进入低生育率时代，人们的生活水平也有了较大提高，在这一背景下，兄弟姐妹数量、性别是否会对随迁子女的受教育状况（在学概率、就读学校性质、受教育年限）产生影响，这是本研究要回答的另一问题。此外，根据我国现行的教育制度及学制，随迁子女的年龄和教育阶段会直接影响其在学概率、就读学校性质及受教育年限。自"两为主"政策实施以来，随迁子女在流入地平等接受义务教育的权利基本得到了保障，但接受幼儿园、高中教育的权利没有受到政策、法律的保护。显然，随迁子女的受教育状况会受到随迁子女年龄和教育阶段的影响。

3.3　研究假设

在介绍完相关理论与视角、影响因素的理论分析框架后，本节将提出本研究的研究假设。前文所述的社会排斥理论、资本理论、资源稀释理论可以为研究假设的构建奠定理论基础，随迁子女在学情况、就读学校性质、教育结果三方面实证研究的文献综述可以为研究假设的建立提供经验依据，而本研究的研究问题则可以为研究假设的提出指明研究方向。下面将在以上理论和实证研究的基础上，结合本研究的研究问题，提出需要在定量研究中检验的研究假设。

3.3.1　流动特征与受教育状况的关系

随迁子女在流入地接受教育时是否会受到制度因素的影响？这是本研究重点关注的问题。正如前文所述，随迁子女的户籍地点、户籍类型，以及父母的流入城市、流动范围、居住时间等变量均可反映制度因素对随迁子女受教育状况的影响。

3.3.1.1　户籍地点

许多研究表明，我国现行的教育体制是与城乡分割、区域封闭的户籍制度相关联的，因此，没有流入地户籍的随迁子女难以与当地户籍人口子女一样平等享有受教育的权利（韩嘉玲，2007）。张铁道、赵学勤（2002）也认为，随迁子女在流入地存在的教育问题与我国的户籍制度以及与之相适应的教育体制紧密关联。所以，提出假设1：

随迁子女的受教育状况不及流入地户籍人口子女和留守子女，在不同适龄随迁子女[①]及教育阶段中均如此，具体而言：

1a. 适龄随迁子女的在学概率小于流入地户籍人口子女和留守子女；

1b. 随迁子女就读公立学校的概率小于流入地的户籍人口子女和留守子女；

1c. 16~18 岁随迁子女的受教育年限短于流入地的户籍人口子女和留守子女。

3.3.1.2　户籍类型

在我国城市化的进程中，城乡二元结构不但没有得到消弭，城乡分野反而得到了加强（韩嘉玲，2013）。受我国长期存在的城乡二元结构的影响，我国的教育结构也存在较大的"城乡二元"现象，城市教育在政府的教育经费投入、学校硬件、师资力量、教学质量等方面都比农村教育更具优势。因此，城市户口和农村户口的人群所拥有的宏观教育资源存在一些差异，这也导致不同户籍类型家庭的文化资本不同，进而可能会对其受教育状况带来影响。不过，在中央及地方政府的高度重视及大力支持下，《中华人民共和国义务教育法》、"两为主"等法规政策得到较好的实行，不管是城—城还是乡—城适龄随迁子女在义务教育阶段的上学问题基本得到解决。因此，提出假设 2：

户籍类型对随迁子女受教育状况的影响只在幼儿园和高中阶段存在，具体而言：

2a. 在 3~6 岁、16~18 岁人口中，乡—城随迁子女的在学概

----

① 本研究对 3~18 岁子女的年龄划分方式既参照了我国的学制，又结合了 2013 年"流动人口动态监测调查"数据的特点。该数据显示，大部分 3~6 岁人口就读幼儿园、7~15 岁人口就读义务教育、16~18 岁人口就读高中。为此，本研究将 3~18 岁人口划分为 3~6 岁、7~15 岁和 16~18 岁三个年龄段。这一划分方式与目前我国普遍将 3~6 岁人口划分为幼儿园阶段适龄人口，6~14 岁人口划分为义务教育阶段适龄人口，15~17 岁人口划分为高中阶段适龄人口的划分方法并不冲突。因为前者指的是虚岁年龄，后者指的是周岁年龄。

率小于城—城随迁子女；

2b. 乡—城随迁子女就读公立幼儿园的概率小于城—城随迁子女；

2c. 16～18 岁乡—城随迁子女的受教育年限短于城—城随迁子女。

3.3.1.3　父母流入城市

为了保护随迁子女的受教育权利，中共中央、国务院、教育部（或原国家教委）等部门自 1996 年以来颁布和出台了诸多法律法规，但因各地在经济、社会、文化发展等方面存在较大差异，各地政府有关部门在政策的执行和落实方面存在地区差异。与此同时，各城市的教育发展水平以及随迁子女规模的差异导致各城市向随迁子女提供的教育资源也不尽相同。可见，父母流入城市对随迁子女的受教育状况有重要影响。一般来说，经济发达城市的教育发展水平较高，为控制大量随迁子女的流入，制度的排斥力度较大，故而随迁子女的受教育状况相对较差。相反，在经济相对不发达城市，随迁子女的规模相对较小，政府为吸引流动人口在当地就业，常更积极主动地解决随迁子女的教育问题。所以，提出假设 3：

父母流入城市对随迁子女的受教育状况有显著影响，在不同适龄随迁子女及教育阶段中均为如此，具体而言：

3a. 适龄随迁子女的在学概率在不同的流入城市存在差异；

3b. 随迁子女就读公立学校的概率在不同的流入城市存在差异；

3c. 16～18 岁随迁子女的受教育年限在不同的流入城市存在差异。

3.3.1.4　父母流动范围

以往研究发现，流动范围对流动人口的生存、发展以及社会融合具有重要影响（杨菊华，2010b，2013；王胜今、许世存，2013；王兴周，2006；李荣彬、张丽艳，2012；蔚志新，2013）。

那么父母流动范围与随迁子女的受教育状况之间是否存在显著关联？本研究所指的父母流动范围是根据父母跨越的行政区域来划分的，按照我国现行的异地高考政策、依户籍就近入学的原则以及当前的教育财政拨款制度来判断，通常跨越的行政区域越大，随迁子女在流入地接受教育时所面临的制度性障碍也越大，即省内流动随迁子女在流入地接受教育时面临的制度性障碍小于跨省流动随迁子女。所以，提出假设4：

父母流动范围会显著影响随迁子女的受教育状况，在不同适龄随迁子女及教育阶段中均如此，具体而言：

4a. 省内流动随迁子女的在学概率大于跨省流动随迁子女；

4b. 省内流动随迁子女就读公立学校的概率大于跨省流动随迁子女；

4c. 16~18岁省内流动随迁子女的受教育年限长于16~18岁跨省流动随迁子女。

3.3.1.5 父母居住时间

现有理论和实证研究均表明，家庭的经济资本、文化资本和社会资本对子女的教育有重要影响，两者之间呈现显著的正向相关关系（苑雅玲、侯佳伟，2012；李春玲，2003；张绘等，2011；陈友华、方长春，2007）。流动人口在流入地的居住时间越长，可间接反映其就业相对稳定，故经济资本较高。居住时间越长，更有助于积累更多社会资本（王晓燕，2009），受城市文明的熏陶，流动人口教育子女的观念与行为也更为现代化。此外，在现行户籍制度逐步改革的时候，父母居住时间越长，获得流入地户籍的可能性越大，故随迁子女在流入地接受教育时受到的制度性排斥可能越小。因此，提出假设5：

父母在流入地的居住时间越长，随迁子女的受教育状况越好，在不同适龄随迁子女及教育阶段中均如此，具体而言：

5a. 父母在流入地的居住时间越长，适龄随迁子女的在学概率越大；

5b. 父母在流入地的居住时间越长，随迁子女就读公立学校的概率越大；

5c. 父母在流入地的居住时间越长，16 ~ 18 岁随迁子女的受教育年限越长。

3.3.2　家庭资本与受教育状况的关系

在现有研究成果中，探讨家庭资本与子女教育之间关系的文献较多，但这些研究多针对普通人群，专门针对随迁子女的文献相对较少。此外，从教育阶段来看，对高等教育的研究较多，对基础教育和中等教育的探讨较少。

3.3.2.1　经济资本

从第 2 章的文献综述中可知，多数学者认为，家庭的经济资本会影响随迁子女的受教育状况，即家庭的经济资本越多，受教育状况越好。当然，也有少数学者认为家庭的经济资本对随迁子女的受教育状况没有显著影响。事实上，经济资本对随迁子女受教育状况的影响可能会因不同的教育层面而异。对于在学概率而言，家庭经济资本越多，在学概率可能更大、受教育年限可能更长；对于就读学校性质而言，能否进入质量较高的学校（主要指公立学校）就读会在较大程度上受制于随迁子女家庭的社会资本。家庭经济资本再高，若没有社会资本，进入公立学校的概率也可能较小。所以，提出假设 6：

家庭经济资本对随迁子女受教育状况的影响因不同的教育层面而异，在不同适龄随迁子女及教育阶段中均如此，具体而言：

6a. 经济资本可显著提高适龄随迁子女的在学概率；

6b. 经济资本对随迁子女就读学校性质没有显著影响；

6c. 经济资本可显著提高 16 ~ 18 岁随迁子女的受教育年限。

3.3.2.2　文化资本

文化资本在布迪厄的资本理论中占据重要位置。大量研究表明，文化资本多的家庭，其子女的受教育状况较好。文化资本多的家庭可能从以下几个方面影响子女的教育：一是文化资本多的家庭可能更容易看到教育的收益，更能够意识到子女接受教育的重要性，进而更愿意对子女进行教育投资；二是文化资本多的家庭，对子女的教育期望也更高，而现有研究表明，父母对子女的教育期望会影响子女的学业表现；三是文化资本多的家庭，其父母的受教育程度普遍较高，更能对子女提供良好的家庭教育和学习指导；四是文化资本多的家庭，更能创造较好的学习环境，营造良好的学习氛围。所以，提出假设7：

文化资本对随迁子女的受教育状况有显著影响，在不同适龄随迁子女及教育阶段中均如此，具体而言：

7a. 文化资本可显著提高适龄随迁子女的在学概率；

7b. 文化资本可显著提高随迁子女就读公立学校的概率；

7c. 文化资本可显著提高16~18岁随迁子女的受教育年限。

3.3.2.3　社会资本

中国作为一个人情社会，社会资本在生活的方方面面都发挥着重要作用。随迁子女在流入地接受教育虽在很大程度上受制于我国长期存在的户籍制度以及与此相关的教育制度，但社会资本在解决他们在流入地的教育困境时依然发挥着重要的作用，在教育资源供小于求的情势下更是如此。随迁子女家庭社会资本的数量和质量对其在流入地的受教育状况有显著影响。一般来说，社会资本多的家庭，适龄随迁子女上学的概率更大，就读公立学校的可能性也增加，受教育年限也可能更长。所以，提出假设8：

社会资本对随迁子女的受教育状况有显著影响，在不同适龄随迁子女及教育阶段中均如此，具体而言：

8a. 社会资本可显著提高适龄随迁子女的在学概率；

8b. 社会资本可显著提高随迁子女就读公立学校的概率；

8c. 社会资本可显著提高16~18岁随迁子女的教育年限。

3.3.3 个体因素与受教育状况的关系

除了流动特征外，随迁子女的兄弟姐妹数量、性别、年龄、教育阶段等个体因素也会对其受教育状况产生影响。

3.3.3.1 兄弟姐妹数量

正如前文所述，兄弟姐妹构成包括兄弟姐妹数量、性别、出生序次、出生间隔四个要素，均会影响家庭资源的分配，进而对子女的受教育状况产生影响（杨菊华，2007b：92～95；Blake，1981，1989；Powell and Steelman，1990；Downey，1995，2001；Chu et al.，2007）。受数据样本的限制，本研究仅考虑兄弟姐妹数量、性别两个要素。一般而言，在家庭资源有限的情况下，兄弟姐妹数量越多，家庭资源被稀释的程度也越大，故而现有子女只能获得相对较少的资源（朱剑，2011），这可能导致父母给子女提供的教育机会相对较少。不过，义务教育的普及性、免费性等特征，使子女在接受义务教育时所需要的家庭资源较少，因此，资源被稀释的情况不适用于义务教育阶段。所以，提出假设9：

兄弟姐妹数量会显著影响随迁子女的受教育状况，但义务教育阶段的（适龄）随迁子女除外，具体而言：

9a. 兄弟姐妹数量越多，适龄随迁子女在学的概率越小；

9b. 兄弟姐妹数量越多，随迁子女就读公立学校的概率越小；

9c. 兄弟姐妹数量越多，随迁子女的受教育年限越短。

3.3.3.2 随迁子女性别

受养儿防老、多子多福、传宗接代等传统生育文化的影响，我国普遍存在对男孩的偏好。但在计划生育政策实行了30多年的今天，在每个家庭生育的孩子数量已经下降至很低的情况下，父母重男轻女的思想已经悄然改变，女孩可以和男孩一样平等分享家庭的各种资源。换言之，无论是男孩还是女孩，只要自己愿意，家庭条件又允许，父母都会尽力给子女创造良好的教育机会。因此，提出假设 10：

随迁子女的性别对其受教育状况没有显著影响，在不同适龄随迁子女及教育阶段中均为如此，具体而言：

10a. 随迁男孩与随迁女孩的在学概率没有显著差异；

10b. 随迁男孩与随迁女孩就读公立学校的概率没有显著差异；

10c. 随迁男孩与随迁女孩的受教育年限没有显著差异。

此外，在我国的现行教育体制之下，随迁子女的年龄和教育阶段会直接影响其在学概率、就读学校性质和受教育年限，具体研究假设见表 3 - 2、表 3 - 3、表 3 - 4。

表 3 - 2　随迁子女在学情况的研究假设汇总

自变量	与因变量关系			研究假设的理论依据
	3～18 岁	3～6 岁	16～18 岁	
主要研究假设				
流动特征				
户籍地点	－	－	－	社会排斥、制度排斥
户籍类型	/	－	－	社会排斥、制度排斥
父母流入城市	有关系	有关系	有关系	社会排斥、制度排斥
父母流动范围	＋	＋	＋	社会排斥、制度排斥
父母居住时间	＋	＋	＋	社会排斥、资本理论
其他研究假设				
家庭资本				
经济资本	＋	＋	＋	资本理论
文化资本	＋	＋	＋	资本理论
社会资本	＋	＋	＋	资本理论
兄弟姐妹数量	－	－	－	资源稀释
性别	/	/	/	资源稀释
年龄	＋	＋	－	不同年龄随迁子女的在学概率不同

注："＋"表示显著正影响；"－"表示显著负影响；"有关系"表明二者之间相关，但性质不明；"/"表示没有显著影响。

表 3 - 3　随迁子女就读学校性质的研究假设汇总

自变量	与因变量的关系			研究假设的理论依据
	3～18 岁在学	幼儿园	义务教育	
主要研究假设				
流动特征				
户籍地点	－	－	－	社会排斥、制度排斥
户籍类型	／	－	／	社会排斥、制度排斥
父母流入城市	有关系	有关系	有关系	社会排斥、制度排斥
父母流动范围	＋	＋	＋	社会排斥、制度排斥
父母居住时间	＋	＋	＋	社会排斥、资本理论
其他研究假设				
家庭资本				
经济资本	／	／	／	资本理论
文化资本	＋	＋	＋	资本理论
社会资本	＋	＋	＋	资本理论
兄弟姐妹数量	－	－	／	资源稀释
性别	／	／	／	资源稀释
教育阶段	＋	na	＋	不同教育阶段随迁子女的就读学校性质不同

注："＋"表示显著正影响；"－"表示显著负影响；"有关系"表明二者之间相关，但性质不明；"／"表示没有显著影响；"na"表示没有考虑关系。

表 3 - 4　随迁子女受教育年限的研究假设汇总

自变量	与因变量的关系	研究假设的理论依据
主要研究假设		
流动特征		
户籍地点	－	社会排斥、制度排斥
户籍类型	－	社会排斥、制度排斥
父母流入城市	有关系	社会排斥、制度排斥
父母流动范围	＋	社会排斥、制度排斥
父母居住时间	＋	社会排斥、资本理论
其他研究假设		
家庭资本		

自变量	与因变量的关系	研究假设的理论依据
经济资本	+	资本理论
文化资本	+	资本理论
社会资本	+	资本理论
兄弟姐妹数量	–	资源稀释
性别	/	资源稀释
年龄	+	不同年龄随迁子女的受教育年限不同

注:"＋"表示显著正影响;"－"表示显著负影响;"有关系"表明二者之间相关,但性质不明;"/"表示没有显著影响。

第 4 章　数据与方法

第 3 章在回顾与教育有关理论的基础上，结合现有的实证研究成果和我国的具体国情，构建了随迁子女受教育状况影响因素的理论分析框架，并提出了相应的研究假设。从第 5 章开始至第 8 章，将使用"流动人口社会融合调查"数据、"个案访谈"数据对第 3 章提出的研究假设进行验证，并试图回答本研究提出的研究问题。为帮助读者充分了解本研究的论证过程，本章将详细介绍本研究的数据与方法。

本章的结构安排如下：首先，对数据来源、数据的优势与局限、样本的选择标准进行陈述；其次，对本研究涉及的因变量、主要自变量、控制变量进行定义与量化；再次，对本研究所使用的定量和定性资料的分析方法进行介绍；最后，对样本的基本分布特征进行描述分析。

4.1　数据来源与样本选择

本研究采用以定量研究为主，但又与定性研究相结合的混合研究方法分析随迁子女的受教育状况及其影响因素。为了使读者对本研究所使用的数据有基本了解，下面将陈述该数据的来源、数据的优势与局限、样本选择的方法。

4.1.1　数据来源

为了实现研究目的，本研究不仅使用了"流动人口社会融合调查"的问卷调查数据，还使用了专门针对随迁子女教育而开展的个案访谈数据。定量数据主要用于分析随迁子女的受教育状况及其影响因素（即检验第 3 章提出的研究假设）。定性数据有三个目的：一是对定量数据分析结果进行验证和补充；二是对各影响因素作用于随迁子女受教育状况的机制做阐释；三是对难以采用定量分析方法解决的研究问题进行定性分析（如教育制度对随迁子女受教育状况的影响）。下面分别对定量和定性数据进行介绍。

4.1.1.1 定量数据

2013 年的流动人口动态监测调查是由国家卫生和计划生育委员会于 2013 年 5 月组织和实施的。该调查共包括"一大"调查和"流动人口社会融合调查""流出地监测调查""流动人口计划生育基本公共服务均等化调查"等专题调查。为了使调查数据的分析结果对全国和各省（直辖市、自治区）有代表性，"一大"调查采取随机抽样的原则，在全国 31 个省（直辖市、自治区）和新疆生产建设兵团城市地区抽取样本点和被访者。具体而言，以 31 个省（直辖市、自治区）和新疆生产建设兵团 2012 年全员流动人口年报数据为基本抽样框，采取分层、多阶段的 PPS 方法进行抽样。调查对象是在流入地居住一个月以上、非本区（县、市）户口的 15～59 周岁流动人口。

本研究所使用的数据为 2013 年流动人口动态监测调查的专题调查之一——流动人口社会融合调查。该专题调查与"一大"调查同步进行，同时在"一大"监测点中选择部分地区抽取部分户籍人口进行调查。调查对象既包括在本地居住一个月以上、非本区（县、市）户口的 15～59 周岁流动人口，也包括年龄为 15～59 周岁的本区（县、市）城镇户籍人口。专题调查覆盖了东部、中部和西部地区的上海市松江区、无锡市、苏州市、泉州市、武汉市、长沙市、西安市、咸阳市八个城市（区）。八个城市（区）最终获得的合格的、有效的样本量为 24378 人。其中，流动人口为 16878 人，户籍人口为 7500 人。流动人口和户籍人口在八城市的具体分布如下：上海市松江区分别为 2000 人和 960 人，无锡市分别为 2000 人和 1000 人，苏州市分别为 3999 人和 1000 人，泉州市分别为 2000 和 1000 人，武汉市分别为 1999 人和 1000 人，长沙市分别为 1880 和 940 人，西安市分别为 2000 人和 1000 人，咸阳市分别为 1000 人和 600 人。

调查问卷分为个人问卷和社区问卷，因本研究仅使用了个人问卷，故下文只介绍个人问卷的调查内容，具体涉及以下五个方面的信息。

一是被访者及其家庭成员的基本信息。包括与被访者的关系，出生年月、性别等人口学特征，民族、受教育程度、户口性质、婚姻状况等社会特征，流动范围、流动原因、居住时间等流动特征，以及户籍地、现居地等相关信息。通过被访者及其子女的基本信息（个人问卷中第四部分的信息），可以进行亲子匹配，以便获得随迁子女及其家庭的更多信息。其中，很多与父母有关的变量（如流入城市、流动范围、居住时间、受教育程度）可能会影响随迁子女的受教育状况。

二是就业与收入支出的信息。包括被访者是否失业及其原因，就业的职业、行业、单位性质、就业身份、就业年限、工作时间、个人月收入及家庭月收入、月支出等相关信息，这些可以很好地反映流动人口的就业稳定性、职业声望、消费水平等情况。其中，家庭月收入是测量家庭经济资本的重要变量，可能会影响随迁子女的受教育情况。

三是公共服务和社会保障的信息。包括住房性质，在户籍地和流入地的医疗、失业、生育、住房公积金、养老保险等社会保障，患病、就诊及报销情况。这部分信息主要反映的是流动人口在流入地和流出地享有的公共服务及社会保障情况，对随迁子女受教育状况的影响较小。

四是婚育情况与计划生育服务的信息。这部分内容的信息比较丰富，包括已婚流动人口初婚、生育、计划生育等信息；除此之外，还提供了大量已婚流动人口子女的相关信息，包括性别、出生年月、出生地、现居住地等基本信息，以及在学情况、就读学校性质、受教育年限、教育阶段等教育信息。子女的相关信息对回答本研究的研究问题具有重要的作用，教育信息中包含本研究关注的三个因变量（在学情况、就读学校性质、受教育年限），而子女的基本信息既可以结合个人问卷中第一部分的基本信息进行亲子匹配，又可以生成一些变量，而这均有助于探讨制度、家庭和个体因素对随迁子女受教育状况的影响。

五是社会融合的信息。包括流动人口的劳动就业、职业技能培训、收入支出、社交网络和社会资本、闲暇活动、社会参与、文化差异等信息，以上内容可以很好地反映流动人口在流入地的经济立足、社会适应、文化交融、心理认同等维度的社会融合水平。其中，主要邻居是测量家庭社会资本的较好变量，可能会影响随迁子女的受教育状况。

4.1.1.2 定性数据

本研究所使用的定性数据来自中国人民大学社会融合课题组在 2013～2014 年开展的个案访谈。个案访谈对象包括随迁子女和户籍人口子女家长（17 人）、学校老师（5 人）、教育部门工作人员（1 人），合计 23 人。他们主要来自"社会融合调查"数据的八个城市，包括上海市（4 人）、无锡市（1 人）、苏州市（3 人）、泉州市（4 人）、武汉市（4 人）、长沙市（1 人）、西安市（1 人）和咸阳市（1 人）。此外，还在厦门（1 人）、深圳（1 人）、南昌（1 人）、北京（1 人）四个城市做了定性调查。定性调查为半结构式访谈，即根据事先设计好的半结构式访谈大纲进行访问。同时，在访问过程中，还结合本研究所要回答的研究问题，对被访者的回答进行了有针对性的追问。此外，在征得被访者同意的前提下，对访谈过程进行了全程录音；并在调查结束后的一周内对录音进行了逐字整理，充分保证了定性调查数据的客观性、准确性和完整性。

对家长的访谈内容主要包括以下三个方面。其一，子女的教育信息：在学情况、就读学校性质、受教育年限、就读年级、对子女学业表现的评价、接受教育的连续性情况。其二，教育的影响因素：户籍制度的影响，包括异地中考和高考政策，入学提交的证件，暂住费、借读费的缴纳情况，本地人优先的原则，编班原则，在学校的区别对待情况；经济资本、文化资本和社会资本的影响；兄弟姐妹数量和性别的影响。其三，其他信息：不同收入的父母对子女培优的差异及原因，不同受教育程度的父母在对子女的教育期望、教育辅导等方面的差异及其原因，随迁子女在流入地接受教育的主要困难，对解决随迁子女教育问题的建议。

对学校老师和教育部门工作人员的访谈主要从以下四个方面展开。其一，适龄随迁子女的在学情况，在幼儿园、义务教育、高中的就读学校性质，对学生学业表现的评价。其二，教育管理：接纳随迁子女的意愿及原因；异地中考和高考政策，入学提交的证件，暂住费、借读费的缴纳情况，本地人优先的原则，编班原则，对不同户籍学生的区别对待情况，所在城市用于解决随迁子女教育问题有关的政策、法规、文件。其三，教育的影响因素：户籍制度的影响；经济资本、文化资本和社会资本的影响；兄弟姐妹数量和性别的影响。其四，其他信息：家长与学校的家校合作情况；不同收入的父母对子女培优的差异及原因，不同受教育程度的父母在对子女的教育期望、教育辅导等方面的差异及其原因，随迁子女在流入地接受教育的主要困难，对解决随迁子女教育问题的建议。

4.1.2 数据的优势与局限

理论分析框架在指导实证研究的过程中起着重要的作用，鉴于理论分析框架的不可或缺性，许多研究者对此给予高度关注。但对于一个完整的、质量较高的研究来说，除了需要花功夫构建理论框架外，提出合理的研究假设、选择合适的数据及正确的分析方法来验证研究假设也是研究工作的重要环节，会提升研究结果的科学性以及研究目标的实现程度。本研究在理论分析框架的指导下，选择 2013 年"流动人口社会融合调查"数据来对研究假设进行检验。总体而言，该数据是用于分析随迁子女受教育状况及其影响因素的最好数据之一。

4.1.2.1　数据的优势

该数据具有以下三大优势。首先，数据具有较强的时效性。本研究使用的"流动人口社会融合调查"数据的调查时间为 2013 年 5 月，对该数据的分析可及时反映随迁子女在流入地接受教育的新情况、新特点，并准确把握制度、家庭和个体等因素对受教育状况的影响。

其次，数据在各城市中具有代表性。该调查在抽取样本点和被访者时，采用的是随机抽样原则。其抽样框为 2012 年全员流动人口年报数据，具体采取分层、多阶段的 PPS 抽样方法。因此，该数据在各城市中具有代表性。同时，该数据还覆盖了东、中、西等不同区域。

最后，数据可以对不同子女做比较分析。受调查数据等多方面因素的制约，大多数研究仅仅关注随迁子女，很少对不同户籍地点的子女（随迁子女、户籍人口子女、留守子女）做比较分析，也很少对不同户籍类型的随迁子女（城—城随迁子女、乡—城随迁子女）、不同流入城市的随迁子女做比较研究。而本数据既获得了不同户籍地点的数据，又获得了不同户籍类型及八大城市的数据，且样本的规模较大，可以实现以上不同群体之间的比较研究，而这有助于准确、全面、深入地认识随迁子女的受教育状况及影响因素。由此可见，2013 年"流动人口社会融合调查"数据是很适合本研究的定量数据。

4.1.2.2　数据的局限

需要说明的是，本调查数据也存在一些局限。首先，本数据不能推断为全国的情况。一方面是因为"流动人口社会融合调查"数据仅在八个城市中随机抽样，故而只能代表这八个城市的情况；另一方面，虽然国家卫生和计划生育委员会科学、合理地确定了抽样框，但实际操作过程未严格按科学原则抽取样本，导致数据可能存在偏差现象。如本数据显示随迁子女的规模大于留守儿童，而第六次全国人口普查数据显示，随迁子女的规模小于留守儿童。本研究将通过与现有研究成果做比较的方法来应对本数据的这一局限。

其次，在分析因变量——受教育年限时，对自变量需要做一些假定。受教育年限是一个长期累积的变量，而本调查数据提供的是 2013 年的时点信息，因此在探讨父母流动特征、家庭资本等变量对随迁子女受教育年限的影响时，需要假定以上变量在随迁子女接受相应教育年限时是稳定不变的。这个假定具有一定的合理性，如有许多研究表明流动人口在流入地具有居住的长期性、就业的稳定性等特征。但这些变量发生变化的可能性也存在。此外，还可能存在样本的选择性。受异地高考政策的限制，许多随迁子女会回流出地上高中和参加高考，这可能会低估随迁子女的受教育年限。

再次，在分析 16～18 岁随迁子女的在学情况时，未找出并剔除因务工经商原因而流动的样本。16～18 岁是劳动就业的法定年龄，因此有少部分 16～18 岁人口是在流出地辍学后进入流入地务工经商的。受数据的限制，本研究未找出并剔除这部分人群，而这会在一定程度上低估 16～18 岁随迁子女的在学比例。

最后，尽管总样本量多达 14724 个，但具体到各教育阶段的不同变量后，样本量就变小了，故无法考察流动模式、不同出生序次及生育间隔等变量对因变量的影响。

4.1.3　样本选择

正如前文所述，本研究使用 2013 年"流动人口社会融合调查"数据，该数据的调查对象为流动人口及本地户籍人口。为了满足本研究的需要，对该数据进行了合并、数据结构的转换、样本的筛选。具体分为如下步骤。

第一步：对该专题调查的初始样本进行合并。2013 年"流动人口社会融合调查"包括流动人口问卷和本地户籍人口问卷，根据研究的需要，将其合并为一个数据，合并后的样本量为 24378 人。其中流动人口 16878 人，本地户籍人口 7500 人。

第二步：对数据的结构进行转换。该数据是宽数据格式，即以成年流动人口为调查对象，被访者既提供自身信息，也提供其家庭成员（如父母、配偶、子女等）的相关信息，但那样的数据结构只适用于以成年流动人口为分析单位的研究。由于本研究的分析单位是子女，故需要将数据格式从宽数据转换为长数据（每个子女都是一个观测样本），转换后的样本量为 97512 人。

第三步：剔除有缺失的样本。在样本中，因被访者最多生育过 4 个孩子，故在数据转换过程中，Stata 软件假定每位流动人口都生育过 4 个孩子，给每组 ID 各生成 4 个观测值。然而，并不是每个 ID 都生育了 4 个孩子，相反，有很多 ID 只生育了 1 个或 2 个孩子。即对于绝大多数观测样本来说，子女的数据均为缺失，因而需要从数据中剔除，最后剩余的样本量为 24820 人。

第四步：对子女的样本进行分类。本研究的重点分析对象为随迁子女，而对照组是户籍人口子女和留守子女，故需要根据调查数据 ID 及子女的现居地（q403g）辨识出随迁子女、户籍人口子女和留守子女。数据显示，这三类子女的样本量分别为 10731 人、6614 人、6391 人。

第五步：保留年龄为 3～18 岁的随迁子女、户籍人口子女和留守子女样本。本研究的分析对象为 3～18 岁子女，故需要剔除 3 岁以下及 18 岁以上的子女，最后剩余的样本量合计为 14724 人，其中随迁子女 7203 人，户籍人口子女 3091 人，留守子女 4430 人（见表 4-1）。

表 4 – 1　样本的选择步骤与方法

样本选择标准	流动人口 样本量（人）	本地户籍人口 样本量（人）	留守子女 样本量（人）	合计 （人）
专题调查的初始样本量	16878 （16～59 岁）	7500 （16～59 岁）	—	—
第一步：数据合并	—	—	—	24378
第二步：宽数据转换为长数据	—	—	—	97512
第三步：剔除有缺失的样本	—	—	—	24820
第四步：对子女样本进行分类	10731 （随迁子女）	6614 （户籍人口子女）	6391 （留守子女）	23736
第五步：仅保留 3～18 岁的随迁子女、户籍人口子女和留守子女样本	7203 （随迁子女）	3091 （户籍人口子女）	4430 （留守子女）	14724

在以上样本选择的基础上，本研究基于在学情况、就读学校性质、受教育年限三个因变量的具体情况，对样本又做了一些筛选，即不同因变量的样本量存在一些差异。在因变量为在学情况的分析中，包括在学和不在学样本；在 3～6 岁次样本中，考虑到数据中有些年龄为 3 岁、4 岁的子女填报的学校类型（q403j）为小学，而这与我国的学制不符，故剔除了该次样本中上小学的样本；基于与 3～6 岁次样本相同的原因，剔除了 7～15 岁次样本中在上幼儿园、高中、大专及以上的样本，在 16～18 岁次样本中剔除了在上小学、初中和大专及以上的样本，在 3～18 岁总样本中剔除了大专及以上样本。

在因变量为就读学校性质的分析中，仅包括在学样本，这与因变量——在学情况有所不同。但在幼儿园、义务教育、高中各次样本及总样本中，具体的样本选择方法与因变量——在学情况完全相同。

在因变量为受教育年限的分析中，16～18 岁样本的选择方法与因变量为在学情况的 16~18 岁次样本完全相同。

4.2 变量的定义与操作

本研究重点探讨制度、家庭和个体因素对随迁子女在学情况、就读学校性质、受教育年限的影响。为了回答这一研究问题，在上一章已构建了随迁子女受教育状况影响因素的理论分析框架、提出了研究假设，接下来需要借助明确的、可观察的变量，采用定量研究方法来对其进行验证。为此，下面将对因变量、主要自变量和控制变量进行具体定义。

4.2.1 因变量

本研究从三个层面测量随迁子女的受教育状况，即是否在学、上什么性质的学校和受过几年教育。与此相对应的三个因变量分别为：在学情况、就读学校性质、受教育年限，对其定义见表 4－2。

表 4－2 因变量及其定义

变量的名称	变量的定义
在 学 情 况	1＝在学；0＝不在学
就读学校类型	1＝公立学校；0＝私立和打工子弟学校
受 教 育 年 限	连续变量，将 13 年及以上删截为 12 年，将 5 年及以下替换为 6 年

4.2.1.1 在学情况

在学情况是反映教育机会的重要指标，在本研究中主要指适龄的随迁子女、户籍人口子女和留守子女的在学情况。该问题源于调查问卷的 q403h "在学情况"，选项包括 "1 在学" "2 不在学"，本研究将该变量转化为虚拟变量，1 代表在学，0 代表不在学。随迁子女、户籍人口子女和留守子女的在学情况会直接影响其人力资本的积累，因此，对该变量进行研究具有重要的意义。

4.2.1.2　就读学校性质

就读学校性质是反映教育机会的另一重要指标，主要指在学的随迁子女、户籍人口子女和留守子女的就读学校性质。该问题源于调查问卷的 q403k，选项包括 "1 公立" "2 私立" "3 打工子弟"。由于在打工子弟学校就读的随迁子女比例很低（在 3～18 岁随迁子女中，该比例不到 5%），也因随迁子女就读的私立学校通常是办学条件和师资力量等方面与打工子弟学校相当的学校，故本研究将其选项进行合并、生成一个二分类的虚拟变量，1 代表公立学校，0 代表私立学校和打工子弟学校（后文简称非公立学校）。公立学校和非公立学校在办学的硬件和软件方面差异较大，而这可能会影响学生的教育结果。

4.2.1.3　受教育年限

在现存研究中，受教育年限是反映教育结果的最常用指标。本研究主要指随迁子女、户籍人口子女和留守子女接受正规教育的年限（即受教育年限仅从小学一年级算起，在幼儿园上学的年数不计算在内），是一个连续变量。该问题源于调查问卷的 q403i，调查对象为不在学的子女（包括从未入学或已离开学校的子女）。由于我国基本普及了九年义务教育，故而这一适龄子女的受教育年限差异很小，因此本研究重点关注 16～18 岁子女的受教育年限。

由于在调查中仅调查了不在学的 16～18 岁子女的受教育年限，为了获得在学的 16～18 岁子女的受教育年限，本研究结合我国的学制、子女的在学情况及其年龄，对其受教育年限做了填补。具体方法为：如果子女在学，且其年龄为 6 岁或 7 岁，则将其受教育年限赋值 1 年；如果子女在学，且其年龄为 8 岁，则将其受教育年限赋值 2 年；如果子女在学，且其年龄为 9 岁，则将其受教育年限赋值 3 年；依此类推，一直把在学的 18 岁及以下子女的受教育年限填补完整为止。通过以上填补方法，不仅获得了不在学的 16～18 岁子女的受教育年限，而且获得了在学的 16～

18 岁子女的受教育年限。

在 16 ~ 18 岁子女中，有少量样本的受教育年限为 0 年、1 年、2 年、3 年、14 年、15 年、16 年等，而这与我国的学制和现实不符，故需要对这些样本进行清理。具体方法为：将受教育年限为 13 年及以上删截为 12 年，将受教育年限为 5 年及以下替换为 6 年。

4.2.2　主要自变量

从前一章构建的理论分析框架和研究假设中可知，随迁子女的受教育状况受到诸多因素的影响，但本研究重点关注制度因素的影响。正如前文所述，随迁子女的户籍地点、户籍类型，以及父母的流入城市、流动范围、居住时间等流动特征变量都是直接或间接测量制度因素的变量。下面将对这些变量进行定义（见表 4 - 3）。

表 4 - 3　主要自变量及其定义

变量的类型和名称	变量的定义
户籍地点	
户籍人口子女	1 = 户籍人口子女；0 = 其他
随迁子女	1 = 流动人口子女；0 = 其他
留守子女	1 = 留守子女；0 = 其他
乡—城随迁子女	1 = 乡—城随迁子女；0 = 其他
父母流入（所在）城市	
松江区	1 = 松江区；0 = 其他
无锡市	1 = 无锡市；0 = 其他
苏州市	1 = 苏州市；0 = 其他
泉州市	1 = 泉州市；0 = 其他
武汉市	1 = 武汉市；0 = 其他
长沙市	1 = 长沙市；0 = 其他
西安市	1 = 西安市；0 = 其他
咸阳市	1 = 咸阳市；0 = 其他

续表

变量的类型和名称	变量的定义
省内流动	1 = 省内流动；0 = 其他
父母居住时间	
1 年及以下	1 = 1 年及以下；0 = 其他
2 ~ 5 年	1 = 2 ~ 5 年；0 = 其他
6 ~ 10 年	1 = 6 ~ 10 年；0 = 其他
10 年以上	1 = 10 年以上；0 = 其他

4.2.2.1　户籍地点

户籍地点是一个包括随迁子女、户籍人口子女、留守子女的三分类变量，主要根据调查数据 ID、子女的现居住地 （q403g）来生成。首先，根据问卷 ID 把样本分成流动子女 （包括随迁子女和留守子女） 样本及户籍人口子女样本，0 代表户籍人口子女 （ID < 10000），1 代表流动子女 （ID > 10000）。其次，根据子女的现居住地 （q403g） 剔除流动人口样本中居住地为其他地方、死亡的样本 （即 q403g = 3 或 q403g = 4），并将子女的现居住地为本地 （即 q403g = 1） 的定义为随迁子女，将子女的现居住地为户籍地 （即 q403g = 2） 的定义为留守子女。

4.2.2.2　户籍类型

在本研究中，户籍类型仅适用于随迁子女。该变量是一个二分类的虚拟变量，0 代表城—城随迁子女，1 代表乡—城随迁子女。该变量的具体生成方法如下：首先，根据数据 ID 及子女的现居住地 （q403g） 找出随迁子女样本；然后，根据随迁子女的户口性质 （本研究通过 q403 和 q101 的出生年月信息匹配得到）将其生成一个二分类的虚拟变量。若随迁子女的户口性质为非农业 （zf = 2），则将其赋值为 0，代表城—城随迁子女；若随迁子女的户口性质为农业 （zf = 1），则将其赋值为 1，代表乡—城随迁子女。

4.2.2.3　父母流入 （所在） 城市

如前文所述，受地区之间经济、社会和文化发展水平差异的影响，各地区的随迁子女规模、教育发展水平、教育制度也存在一些差异。这肯定会导致（随迁）子女的受教育状况在不同城市存在差异。父母流入（所在）城市源于调查数据中的变量 city8，该变量共有 8 个选项，1 代表上海市松江区，2 代表无锡市，3 代表苏州市，4 代表泉州市，5 代表武汉市，6 代表长沙市，7 代表西安市，8 代表咸阳市。通过对父母流入（所在）城市的考察，可以发现不同城市随迁子女受教育状况的差异，也可间接反映各城市对随迁子女在流入地接受教育的制度排斥程度，从而为最后一章中政策建议的提出提供参照。

4.2.2.4　父母流动范围

以往研究表明，流动范围不同的流动人口其生存发展状况和社会融合水平存在差异。流动范围是否会对随迁子女的受教育状况产生显著影响？这是本研究即将验证的一个研究假设。流动范围源于调查数据中的变量 q101j1，共有三个选项，1 代表跨省流动，2 代表省内跨市流动，3 代表市内跨县流动。因市内跨县流动的样本量较少，故本研究将变量 q101j1 的三个选项合并为两个类别，0 代表跨省流动，1 代表省内流动。

4.2.2.5　父母居住时间

居住时间源于调查问卷的 q101ky1，即本次流入本地的年份。对该变量的处理分为两步：首先，计算出本次流入现居地的居住时间，即用调查的年份（2013 年）与本次流入本地的年份相减，变量的属性为连续变量；然后，把该连续变量转变为一个四分类的变量，1 代表 1 年及以下，2 代表 2 ~ 5 年，3 代表 6 ~ 10 年，4 代表 10 年以上。对该变量的分析有助于发现居住时间长短不同的父母对随迁子女受教育状况的影响。在 2013 年"流动人口动态监测调查"中，若父母双方为流动人口，可获得父母双方在流入地的居住时间，在这种情况下，本研究选择更长的居住时间来代表父母居住时间；若父母双方中只有一方为流动人口，则以流动一方的居住时间来代表父母居住时间。

4.2.3　控制变量

现有研究表明，家庭的经济资本、文化资本、社会资本、阶层位置等家庭因素，子女的兄弟姐妹数量、性别、年龄、教育阶段等个体因素会对教育产生重要影响。本研究为了探讨制度因素对随迁子女在学情况、就读学校性质、受教育年限的净影响，将对这些变量进行控制。

4.2.3.1　家庭因素

在本研究中，家庭因素主要指家庭的经济资本、文化资本、社会资本和家庭的社会阶层位置。经济资本主要采用家庭月收入来测量，该变量源自调查问卷的 q218，包括工资收入、经营收入、财产收入、转移收入等，是一个以"元"为单位的连续变量。本研究对该变量的极值做了处理，将家庭月收入 30000 元以上删截为 30000 元。

与经济资本相比，现有研究对文化资本和社会资本的测量存在更大的不一致性。李春玲（2010）曾经用父亲受教育年限来测量，也曾用父亲的受教育程度来测量（李春玲，2003）。本研究参考她的研究成果，采用父母的受教育程度来测量家庭的文化资本。该变量源自调查问卷 q101e61，共有 8 个选项，1 代表未上过学，2 代表小学，3 代表初中，4 代表高中，5 代表中专，6 代表大学专科，7 代表大学本科，8 代表研究生。考虑到未上过学、小学、大专及以上的人数很少，故将以上八类合并为三类，1 代表小学及以下，2 代表初中，3 代表高中及以上。在 2013 年"流动人口社会融合调查"中，可获得父母双方的受教育程度，本研究选择更高一方的受教育程度来代表家庭的文化资本。

社会资本用主要邻居是谁来测量，这是因为邻居为谁直接影响其在日常生活中的交往对象（本地人、流动人口），进而会影响其社会网络规模的大小和社会资本质量的高低。该变量源自调查问卷的 q517，共有四个类别，1 代表外地人，2 代表本地市民，

3 代表前两类人口差不多，4 代表不清楚。本研究结合国内实际情况，将这四个选项合并生成一个二分类虚拟变量，0 代表外地人和不清楚（后文简称外地人），1 代表本地市民或前两类人口差不多（后文简称本地市民）。

家庭的社会阶层位置用父母职业来测量。该变量源自调查问卷 q2061，共有 8 大类选项，10 为国家机关、党群组织、企事业单位负责人，20 为专业技术人员，30 为公务员、办事人员和有关人员，41～48 分别为经商、商贩、餐饮、家政、保洁、保安、装修、其他商业服务业人员，50 为农、林、牧、渔、水利业生产人员，61～64 分别为生产、运输、建筑、其他生产运输设备操作人员及有关人员，70 为无固定职业，80 为其他。根据各大职业的性质以及本数据的特点，将以上八大类选项合并为三类，1 为管理技术办事员，2 为商业服务业人员，3 为工人及其他。

4.2.3.2　个体因素

个体因素主要指子女的兄弟姐妹数量、性别、年龄、教育阶段等因素。兄弟姐妹数量在原始数据中未提供，是参考杨菊华（2008：177）的命令后新生成的一个连续变量，即根据子女兄弟姐妹的实际数据，对该变量进行赋值。

性别是个体因素的重要变量之一。该变量源自调查问卷 q403a，1 代表男孩，2 代表女孩。本研究将其生成一个二分类虚拟变量，0 代表女孩，1 代表男孩。

年龄源自调查问卷 q403b，即出生年份。对该变量的处理分为两步：首先，计算出子女的年龄，即用调查年份（2013 年）与出生年份相减，变量的属性为连续变量；然后，把该连续变量转变为一个三分类变量，1 代表 3～6 岁，2 代表 7～15 岁，3 代表 16～18 岁。需要指出的是，本研究在 3～18 岁总样本的分析中，用三分类变量；在幼儿园和高中次样本的分析中，用的也是分类变量（即每岁为一个类别）。

教育阶段源自调查问卷 q403j，共有六个选项，1 代表幼儿园，2 代表小学，3 代表初中，4 代表高中，5 代表中专/职高，6 代表大专及以上。根据我国的学制以及本研究的目的，将其合并为幼儿园、义务教育（包括小学、初中）、高中（包括高中、中专/职高）三个阶段。

表 4 - 4 列出了本研究使用的家庭特征和个体特征等控制变量的定义。

表 4 - 4　控制变量及其定义

变量的类型和名称	变量的定义
家庭特征	
家庭月收入	连续变量，将 30000 元及以上删截为 30000 元
父母受教育程度	
小学及以下	1 = 未上过学，小学；0 = 其他
初中	1 = 初中；0 = 其他
高中及以上	1 = 高中、中专、大学专科、大学本科、研究生；0 = 其他
父母职业	
管理技术办事员	1 = 国家机关、党群组织、企事业单位负责人，专业技术人员，及公务员、办事人员和有关人员；0 = 其他
商业服务业人员	1 = 商业服务业人员；0 = 其他
工人及其他	1 = 生产、运输、建筑、其他生产运输设备操作人员及有关人员，农、林、牧、渔、水利业生产人员，无固定职业，及其他；0 = 其他
本地市民	1 = 本地市民或前两类人口差不多；0 = 其他
个体特征	
兄弟姐妹数量	连续变量
男孩	1 = 男孩；0 = 其他
年龄	
3 ~ 6 岁	1 = 3 ~ 6 岁；0 = 其他
7 ~ 15 岁	1 = 7 ~ 15 岁；0 = 其他
16 ~ 18 岁	1 = 16 ~ 18 岁；0 = 其他
教育阶段	
幼儿园	1 = 幼儿园；0 = 其他

变量的类型和名称	变量的定义
义务教育	1 = 小学、初中；0 = 其他
高中教育	1 = 高中、中专/职高；0 = 其他
义务教育阶段	
小学	1 = 小学；0 = 其他
初中	1 = 初中；0 = 其他

4.3 分析方法

4.3.1 定量资料分析方法

本研究采用以定量研究为主，又与定性研究相结合的混合研究方法，探讨随迁子女在学情况、就读学校性质、受教育年限等不同层面的受教育状况及其影响因素。下面将分别对以上两大研究范式的资料分析方法进行具体介绍。

定量研究使用了描述性分析和模型分析两大类方法。描述性分析是定量研究中最基础也最常用的方法之一。本研究首先采用单变量的频数、比例、均值、最小值和最大值、方差和标准差、峰度和偏度等统计量来熟悉、认识和了解数据（因变量和自变量）的分布特征；然后采用双变量的交叉分析、两个独立样本的T检验、一元方差分析、相关分析等方法探索变量之间（各自变量与因变量）的相关关系，以上方法旨在帮助笔者决定是否有必要对数据做进一步的处理和分析（杨菊华，2013：18）。双变量分析方法的选择取决于变量的测量水平：当两个变量均为定类/定序变量时采用交叉分析方法；当一个变量为定距变量，另一个变量为二分类变量时，采用两个独立样本的T检验分析方法；当一个变量为定距变量，一个为三分类及以上的分类变量时，采用一元方差分析方法；当两个变量均为定距变量时，采用相关分析方法。不过，交叉分析、一元方差分析等双变量方法的描述性分析结果是在未控制任何其他变量的情况下得出的，变量之间的关系很可能会受到其他变量的干扰。

为了探讨变量之间的独立关系（即排除其他因素的干扰），本研究还采用了模型分析方法，具体包括二分类的 Logistic 回归和多元线性回归。二分类的 Logistic 回归是一种非线性模型，它的因变量为二分类变量。与二分类的 Logistic 回归分析相比，多元线性回归在社会科学领域虽然也得到了广泛应用，但它的限制条件多于前者。比如多元线性回归要求因变量的测量水平为定距变量。可见，和双变量分析方法类似，模型的选择也必须依因变量的测量水平而定。

在本研究中，共有三个因变量，两个用于测量教育机会，一个用于测量教育结果。测量教育机会的第一个因变量为在学情况，是一个二分类的变量，1 代表在学，0 代表不在学；测量教育机会的第二个因变量为就读学校性质，也是一个二分类变量，1 代表公立学校，0 代表非公立学校（私立学校和打工子弟学校），因此适合采用二分类的 Logistic 回归方法对数据进行模型分析。测量教育结果的变量为受教育年限，它是一个连续变量，且自变量与因变量之间存在线性关系，因此适合采用多元线性回归方法对数据进行模型分析（见表 4 - 5）。

表 4 - 5　本研究采用的定量研究模型

因变量	二分类 Logistic 回归	多元线性回归
在学情况		
3 ~ 18 岁子女的在学情况	✓	
3 ~ 6 岁子女的在学情况	✓	
16 ~ 18 岁子女的在学情况	✓	
就读学校性质		
3 ~ 18 岁在学子女的就读学校性质	✓	
幼儿园子女的就读学校性质	✓	

续表

因变量	二分类 Logistic 回归	多元线性回归
义务教育子女的就读学校性质	✓	
受教育年限		
16~18 岁子女的受教育年限		✓

2013 年"流动人口社会融合调查"采取的是分层、多阶段的 PPS 抽样方法，故该数据存在多层次结构，即同一层次的样本之间不完全独立，而这可能会导致分析结果存在偏差。为了控制各城市样本之间的聚类性，本研究采用了两种方法：一是控制父母流入（所在）城市，二是使用稳健标准误。

4.3.2 定性资料分析方法

与定量研究采用演绎法不同，定性研究主要采用归纳法。访谈法是一种很古老且很普遍的用来收集资料的方法，访谈资料是在访问者和被访者面对面的社会互动过程中产生的（袁方，1997：268）。访谈法作为一种定性研究方法，包括结构式访谈、半结构式访谈、非结构式访谈三种方式。本研究采用介于结构式访谈和非结构式访谈之间的半结构式访谈方式对家长、学校老师、教育部门工作人员进行个案访谈，以对定量研究的分析结果进行验证、补充和深度诠释。

在定性资料分析中，研究者的主观作用很大，这使得定性资料的具体分析方法具有多样性（风笑天，2001：310）。本研究主要采用求同法和求异法对访谈资料进行整理及分析，求同法即寻找访谈资料的共同性，求异法即寻找访谈资料的差异性。比如随迁子女在流入地上学是否都要"被捐资助学"，随迁子女在流入地是否都不能参加高考，家庭文化资本多的随迁子女的受教育状况是否好于家庭文化资本少的家庭。从访谈资料中找出某些具有共同性、普遍性以及差异性和特殊性的现象，再结合定量研究发现，对该现象进行解释并挖掘其背后的深层原因。可见，定性研究一方面可对定量分析结果进行验证、补充和完善，另一方面又可对定量分析结果进行深度解释。

4.4　样本的基本分布特征

4.4.1　因变量的基本分布特征

4.4.1.1　在学情况

3~18 岁随迁子女的总样本量为 7203 人，在学比例平均为84.30%。其中，3~6 岁随迁子女和 16~18 岁随迁子女次样本的在学比例较接近，分别为 64.71%、62.00%；7~15 岁随迁子女次样本的在学比例则高达 98.83%（见图 4-1）。显然，3~18 岁随迁子女总样本的在学比例较高主要是 7~15 岁义务教育阶段适

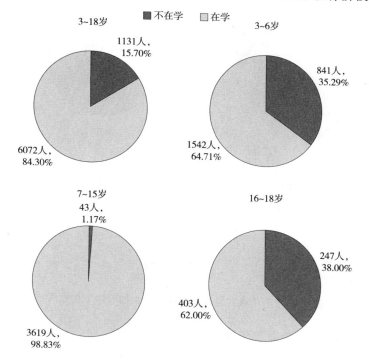

图 4-1　不同年龄随迁子女的在学情况

龄随迁子女接受义务教育的比例很高所致，这说明在对3~18岁随迁子女总样本的在学情况进行分析的同时，还需要进一步考察不同教育阶段适龄随迁子女的在学情况，否则可能会掩盖群体内部的巨大差异。

4.4.1.2 就读学校性质

3~18岁在学随迁子女的总样本量为6020人，在公立学校就读的比例平均为74.85%。其中，3~6岁在学随迁子女在公立幼儿园就读的比例不到四成；7~15岁在学随迁子女在公立学校接受义务教育的比例达88.13%；16~18岁在学随迁子女在公立学校接受高中教育的比例高达92.27%（见图4-2）。由此可知，教育阶段越高，随迁子女在公立学校就读的比例越高。

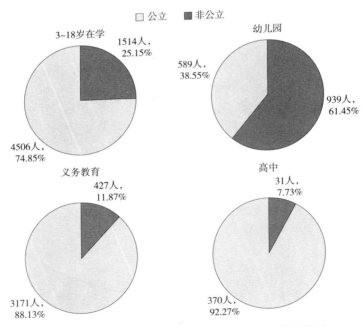

图4-2 不同教育阶段在学随迁子女的就读学校性质

4.4.1.3 受教育年限

八城市16~18岁随迁子女的样本量共有650人，其受教育年限平均为10.36年。从受教育年限的具体分布来看，8年及以下的比例较低, 只有 5.38%; 9 年的比例为 23.54%; 10 年的比例为 20.00%; 11 年的比例为 25.69%; 12 年的比例为 25.38% (见图 4 - 3)。

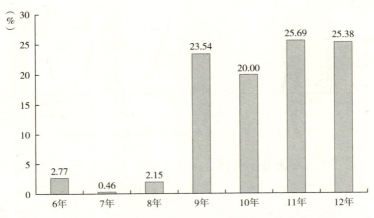

图 4 - 3　16 ~ 18 岁随迁子女受教育年限的分布

4.4.2　主要自变量的基本分布特征

在描述了因变量的基本分布特征后, 下面将展示主要自变量和控制变量的基本分布特征。除户籍地点是针对全部子女而言外, 其余自变量均是针对随迁子女而言的。由于本研究考察在学情况和受教育年限两个因变量时, 分析对象包括在学和不在学的全部随迁子女; 而考察就读学校性质时, 分析对象仅为在学的随迁子女, 因此下面将同时关注这两个不同群体自变量的分布情况。

4.4.2.1　户籍地点

从图 4 - 4 中可知, 在 3 ~ 18 岁全部子女总样本中, 户籍人口子女的比例最低, 只有 20.99%; 随迁子女的比例最高, 为 48.92%; 留守子女的比例介于户籍人口子女和随迁子女之间, 为 30.09%。在 3 ~ 6 岁、7 ~ 15 岁、16 ~ 18 岁三个全部子女次样本中, 也呈现本地人口子女比例最低、随迁子女比例最高、留守子女比例居中的特征, 但具体数值存在样本差异。

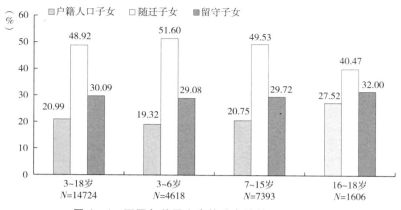

图 4-4　不同年龄子女户籍地点的基本分布特征

对于在学的随迁子女而言，在 3～18 岁全部子女总样本、幼儿园和义务教育次样本中，随迁子女的比例较高，为 50% 左右，留守子女的比例次之，为 28% 左右，户籍人口子女的比例最低，为 20% 左右。相比之下，高中次样本中户籍地点的分布较为均衡，均为 33% 左右（见图 4-5）。

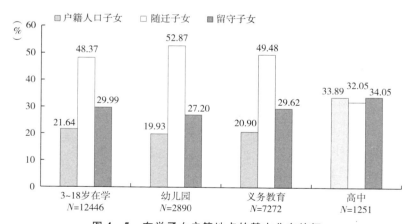

图 4-5　在学子女户籍地点的基本分布特征

4.4.2.2　户籍类型

根据户籍类型，可把随迁子女区分为城—城随迁子女和乡—城随迁子女。从表 4-6、表 4-7 可知，乡—城随迁子女为随迁子女的主体，其占比为九成左右，城—城随迁子女则仅约一成。

4.4.2.3　父母流入城市

随迁子女家长在各城市的分布存在较大的差异。以 3～18 岁（在学）随迁子女总样本为例，流入苏州市的比例最高，武汉市的比例次之，无锡市的比例位居第三，西安市、泉州市的比例分别位居第四、第五，样本比例位居最后三位的分别为长沙市、松江区、咸阳市。与 3～18 岁随迁子女总样本相比，3～6 岁、7～15 岁、幼儿园和义务教育随迁子女次样本中父母流入各城市的比例排序与之类似；但 16～18 岁、高中随迁子女次样本中父母流入各城市的比例与之存在一些差异（见表 4－6、表 4－7）。

表 4－6　不同年龄随迁子女主要自变量的基本分布特征

单位：%

变　　量	3～18 岁	3～6 岁	7～15 岁	16～18 岁
户籍类型				
城—城随迁子女	10.02	11.93	9.41	7.95
乡—城随迁子女	89.98	88.07	90.59	92.05
父母流入城市				
松江区	9.29	11.20	8.16	7.85
无锡市	14.83	12.46	16.06	15.85
苏州市	20.69	23.75	20.04	13.85
泉州市	12.23	11.62	13.03	11.23
武汉市	16.42	17.46	14.83	22.31
长沙市	9.32	8.43	10.04	9.85
西安市	13.66	12.72	13.93	12.15
咸阳市	3.57	2.35	3.93	6.92
父母流动范围				
跨省流动	55.63	57.07	55.43	50.92
省内流动	44.37	42.93	44.57	49.08

变　　量	3～18岁	3～6岁	7～15岁	16～18岁
父母居住时间				
1年及以下	15.09	17.42	13.36	17.66
2～5年	39.82	44.69	37.48	34.83
6～10年	27.37	25.98	28.59	24.24
10年以上	17.72	11.90	20.57	23.27
样本量	7203	2383	3662	650

表4-7　在学随迁子女主要自变量的基本分布特征

单位:%

变　　量	3～18岁在学	幼儿园	义务教育	高　　中
户籍类型				
城—城随迁子女	10.13	11.90	9.46	12.23
乡—城随迁子女	89.87	88.10	90.54	87.77
父母流入城市				
松江区	8.37	9.62	7.95	4.99
无锡市	15.08	12.50	16.23	13.72
苏州市	19.77	22.05	19.98	8.98
泉州市	12.23	12.43	13.06	5.49
武汉市	16.10	16.62	14.81	27.18
长沙市	9.78	8.97	10.06	12.97
西安市	14.77	14.86	13.95	17.71
咸阳市	3.90	2.95	3.95	8.98
父母流动范围				
跨省流动	54.34	55.96	55.25	36.66
省内流动	45.66	44.04	44.75	63.34
父母居住时间				
1年及以下	14.58	16.96	13.40	18.06
2～5年	39.45	45.66	37.58	30.89
6～10年	27.33	24.90	28.51	24.61
10年以上	18.64	12.48	20.51	26.44
样本量	6020	1528	3598	401

4.4.2.4　父母流动范围

表 4-6 和表 4-7 的数据显示，在 3~18 岁（在学）随迁子女总样本中，跨省流动者的比例超过省内流动者比例，前者比后者高 10 个百分点左右。就各次样本而言，跨省流动者比例呈现随着教育阶段的升高而依次递减的趋势。以 16~18 岁随迁子女次样本为例，跨省流动者的比例为 50.92%，比 3~6 岁随迁子女的这一比例低 6.15 个百分点。

4.4.2.5　父母居住时间

就父母居住时间而言，在流入地居住长期化的特点十分明显。以 3~18 岁（在学）随迁子女总样本为例，居住 1 年及以下的比例只有 15% 左右，居住 2~5 年的比例则接近四成，居住 6~10 年的比例接近三成，在流入地居住 10 年及以上的比例超过 17%。当然，居住时间的分布因不同的次样本而异。相比之下，3~6 岁随迁子女次样本的居住时间短于 7~15 岁和 16~18 岁随迁子女次样本；幼儿园随迁子女次样本的居住时间短于义务教育和高中随迁子女次样本（见表 4-6、表 4-7）。

4.4.3　控制变量的基本分布特征

4.4.3.1　家庭特征

（1）家庭月收入

3~18 岁（在学）随迁子女总样本的家庭月收入平均为 6700 多元，但因不同的次样本而异。其中 3~6 岁、幼儿园随迁子女次样本的家庭月收入最高，超过了 7000 元，而 7~15 岁和 16~18 岁随迁子女次样本、义务教育和高中次样本的家庭月收入为 6600 元左右（见表 4-8、表 4-9）。

（2）父母受教育程度

父母受教育程度以初中教育为主，其占比为 60% 左右；但接受过小学及以下、高中及以上教育的比例在各随迁子女次样本中存在一些差异。总体而言，3～6岁随迁子女父母的受教育程度高于7～15岁和16～18岁随迁子女父母的受教育程度；幼儿园随迁子女父母的受教育程度高于义务教育和高中随迁子女父母的受教育程度（见表4-8、表4-9）。

表4-8　不同年龄随迁子女控制变量的基本分布特征

单位:%，元

变　量	3～18岁	3～6岁	7～15岁	16～18岁
家庭特征				
家庭月收入	6743.90	7034.24	6566.94	6632.89
父母受教育程度				
小学及以下	8.44	4.53	9.67	14.33
初中	58.07	53.98	59.65	63.15
高中及以上	33.49	41.48	30.68	22.52
父母职业				
管理技术办事员	6.57	9.17	5.63	2.27
商业服务业人员	58.61	57.75	58.42	64.12
工人及其他	34.82	33.08	35.94	33.60
主要邻居				
外地人	39.12	40.12	38.15	42.77
本地市民	60.88	59.88	61.85	57.23
个体特征				
兄弟姐妹数量	0.63	0.51	0.69	0.74
性别				
女孩	43.16	44.73	41.92	45.69
男孩	56.84	55.27	58.08	54.31
年龄				
3～6岁	34.71	—	—	—
7～15岁	53.62	—	—	—
16～18岁	11.68	—	—	—
样本量	7203	2383	3662	650

表 4 – 9　在学随迁子女控制变量的基本分布特征

单位：%，元

变　　量	3～18岁在学	幼儿园	义务教育	高　中
家庭特征				
家庭月收入	6726.23	7131.46	6565.09	6574.90
父母受教育程度				
小学及以下	8.05	4.16	9.48	6.72
初中	58.19	53.80	59.52	62.79
高中及以上	33.76	42.04	31.00	30.49
父母职业				
管理技术办事员	6.35	8.83	5.64	2.36
商业服务业人员	59.65	58.87	58.40	76.70
工人及其他	34.01	32.29	35.95	20.94
主要邻居				
外地人	37.99	38.74	38.02	36.16
本地市民	62.01	61.26	61.98	63.84
个体特征				
兄弟姐妹数量	0.63	0.49	0.69	0.64
性别				
女孩	42.89	44.50	41.94	47.13
男孩	57.11	55.50	58.06	52.87
教育阶段				
幼儿园	28.09	—	—	—
义务教育	64.63	—	—	—
高中	7.28	—	—	—
义务教育阶段				
小学	—	—	78.13	—
初中	—	—	21.87	—
样本量	6020	1528	3598	401

（3）父母职业

不管是在（在学）随迁子女总样本中，还是在各次样本中，父母职业均以商业服务业人员为主，占六成左右；其次为工人及其他，占三成半左右；而从事管理技术办事人员的比例最低，不到一成。当然，父母职业在各次样本中仍然存在一些差异。以管理技术办事人员为例，16~18 岁随迁子女次样本、高中随迁子女次样本中的管理技术办事人员不到 3%，是所有次样本中最低的（见表 4-8、表 4-9）。

（4）主要邻居

主要邻居是外地人的比例不高，占四成左右。换言之，大部分流动人口的主要邻居是本地市民，这透视出流动人口居住隔离的现象不严重（见表 4-8、表 4-9）。

4.4.3.2 个体特征

（1）兄弟姐妹数量

自 20 世纪 70 年代实施计划生育政策以来，我国的生育率持续下降，2010 年妇女平均活产子女数只有 1.35 个。[①] 本研究的定量数据也显示随迁子女的兄弟姐妹数量较少，其均值为 0.51~0.74。

（2）随迁子女性别

不管是在 3~18 岁（在学）随迁子女总样本中，还是在各次样本中，随迁男孩的比例均超过随迁女孩，但两者的比例差异因不同的次样本而异（见表 4-8、表 4-9）。

（3）年龄

从年龄分布来看，3~6 岁随迁子女超过 1/3；7~15 岁随迁子女的比例最高，超过 1/2；16~18 岁随迁子女的比例最低，不到 12%（见表 4-8）。

（4）教育阶段

从教育阶段分布来看，接受义务教育的随迁子女占据主体地位，占所有在学随迁子女的 64.63%；就读幼儿园的随迁子女比例次之，为 28.09%；就读高中的随迁子女比例最低，不到 10%（见表 4-9）。

---

① 数据来自国务院人口普查办公室、国家统计局人口和就业统计司《中国 2010 年人口普查资料》，中国统计出版社，2012，表 6-11 各地区 15~64 岁妇女平均活产子女数和平均存活子女数。

第5章 在学情况

本研究主要从是否在学、上什么性质的学校、获得几年教育三个方面来考察随迁子女在流入地的受教育状况及其影响因素。其中，是否在学是体现教育机会的最重要变量，因而是测量教育机会的最基本和最常用的指标。本章内容将系统分析随迁子女的在学情况。具体内容安排如下：首先，采用交叉分析、两个独立样本的 T 检验等方法探讨主要自变量、控制变量与因变量之间的相关关系；其次，采用二分类 Logistic 回归模型探讨主要自变量、控制变量与因变量之间的独立关系；最后，对数据的分析结果进行总结与讨论。

为详细了解和准确把握随迁子女的受教育状况及其影响因素，本研究在重点关注随迁子女样本的同时，也关注包括户籍人口子女、随迁子女、留守子女在内的所有子女样本。具体而言，在双变量的描述性统计分析中，主要以随迁子女为分析对象（户籍地点变量除外）。模型分析的对象既包括全部子女样本，也包括随迁子女样本。

5.1 双变量的描述性统计

5.1.1 主要自变量与在学情况的相关分析

上一章的单变量描述性分析展示了本研究中各因变量和自变

量（包括主要自变量和控制变量）的基本分布特征，为本章内容的双变量分析和模型分析奠定了良好基础。为了解自变量与因变量之间的相关关系，本节内容将对其进行双变量分析。双变量分析方法主要包括交叉分析和两个独立样本的 T 检验。首先展示主要自变量与因变量的相关分析结果，然后展示控制变量与因变量的相关分析结果。

5.1.1.1 户籍地点

从交叉分析的结果来看，户籍地点与在学情况显著相关，但这一结论仅适用于 3～18 岁全部子女总样本、3～6 岁和 16～18 岁全部子女次样本。具体而言，在 3～18 岁全部子女总样本中，户籍人口子女的在学比例最高，其次为留守子女，而随迁子女的在学比例最低；在 16～18 岁全部子女次样本中，也呈现类似的特征，但户籍人口子女、留守子女和随迁子女的在学比例差异大大超过了 3～18 岁全部子女总样本中的这一比例差异。3～6 岁全部子女次样本呈现与前述样本迥然不同的特点，随迁子女的在学比例最高、户籍人口子女的在学比例次之，留守子女的在学比例最低；尽管他们之间的在学比例差异很小，但在统计上显著。7～15 岁全部子女次样本也非常值得一提，在该样本中，户籍人口子女、随迁子女和留守子女的在学比例均在 98% 以上，且在统计上不存在显著差异，这表明在义务教育法的保护下，以及伴随"以流入地政府为主、以流入地公办学校为主"的"两为主"政策的贯彻执行与落实，不同户籍地点子女的义务教育入学率都保持在较高水平，同时，这也透视出我国义务教育的普及率不断提高的现状（见图 5－1）。

若聚焦到随迁子女这一特殊群体上，可发现其在学比例呈现中间高、两头低的倒 U 形曲线。3～18 岁随迁子女总样本的在学比例平均为 84.30%。其中，7～15 岁随迁子女的在学比例最高，为 98.83%；3～6 岁随迁子女的在学比例次之，为 64.71%；

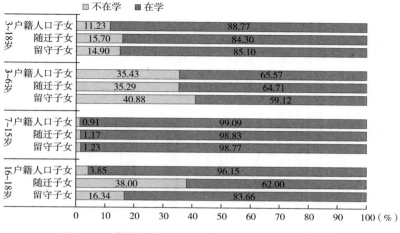

图 5-1 户籍地点与全部子女在学情况的双变量分析

16～18 岁随迁子女的在学比例最低，为 62.00%。2012 年全国教育事业发展统计公报显示，幼儿园毛入园率为 64.50%，小学净入学率为 99.85%，初中毛入学率为 102.10%，高中毛入学率为 85.00%。若与以上全国适龄子女的入学率相比，16～18 岁随迁子女就读高中的比例较低，其在学比例还有很大的提升空间。此外，本研究发现 3～6 岁子女就读幼儿园的比例较低，再结合我国 2012 年全国教育事业发展统计公报数据，两者均表明，我国的学前教育在整个教育体系中还很薄弱。

从随迁子女与户籍人口子女、留守子女的在学比例差异来看，3～6 岁和 7～15 岁子女的在学比例差异小；16～18 岁子女的在学比例差异大，即随迁子女的在学比例比户籍人口子女、留守子女分别低 34.15 个百分点和 21.66 个百分点。可见，在不同户籍地点的 3～18 岁子女中，随迁子女（尤其是 16～18 岁随迁子女）的教育弱势地位明显。

5.1.1.2 户籍类型

在 16～18 岁随迁子女次样本中，随迁子女的户籍类型与其在学情况显著相关，乡—城随迁子女的在学比例只有 58.45%，城—城随迁子女的在学比例则高达93.75%，前者比后者低35.30个百分点。但在3~18岁随迁子女总样本、3~6岁和7~15岁随迁子女次样本中，乡—城随迁子女和城—城随迁子女的在学比例没有显著差异（见图5-2）。

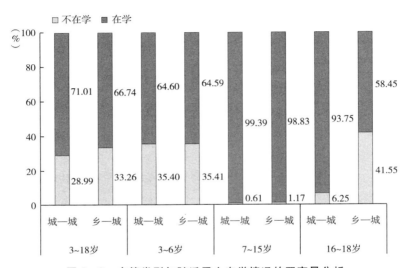

图 5-2　户籍类型与随迁子女在学情况的双变量分析

5.1.1.3　父母流入城市

父母流入城市与随迁子女的在学情况显著相关（7~15岁随迁子女次样本除外）。在3~18岁随迁子女总样本中，在学比例从高到低排在前六位的城市依次为咸阳市（92.61%）、西安市（91.26%）、长沙市（88.08%）、无锡市（85.30%）、泉州市（84.00%）、武汉市（82.67%），而在学比例最低和次低的城市分别是松江区（77.73%）和苏州市（80.27%）（见图5-3a）。

3~6岁随迁子女次样本的在学比例在八城市的排序与3~18岁随迁子女总样本存在一些共性。在学比例位居第一、第二、第六、第七和第八的城市依旧分别为咸阳市（82.14%）、西安市（75.58%）、武汉市（61.06%）、苏州市（59.72%）、松江区

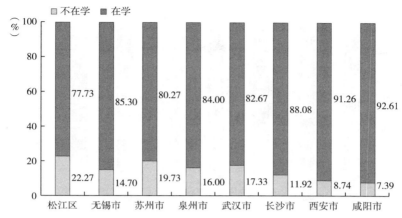

图 5 – 3a　流入城市与 3 ~ 18 岁随迁子女在学情况的双变量分析

（57. 30％）。排在第三位至第五位的城市虽然还是泉州市、长沙市和无锡市，但排序已发生变化，其在学比例均为 64％ ~ 70％（见图 5 – 3b）。

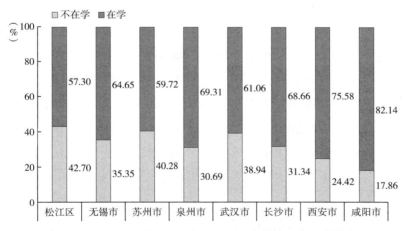

图 5 – 3b　流入城市与 3 ~ 6 岁随迁子女在学情况的双变量分析

在 7 ~ 15 岁随迁子女次样本中，在学比例在八城市之间的差异不明显。从图 5 – 3c 中可知，不管是在哪个城市，其在学比例都非常高，均为 98％ 左右。这表明义务教育随迁子女上学难的问题在八城市均得到有效解决。

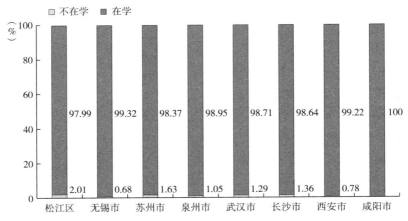

图 5 – 3c   流入城市与 7 ~ 15 岁随迁子女在学情况的双变量分析

在 16 ~ 18 岁随迁子女次样本中，随迁子女的在学情况呈现一些不同于 3 ~ 18 岁随迁子女总样本，3 ~ 6 岁、7 ~ 15 岁随迁子女样本的独特特点。一是各城市之间的在学比例差异扩大，在学比例最高和最低的城市之间相差 59.73 个百分点，而前三个样本的这一比例差异分别只有 14.88 个、24.84 个和 2.01 个百分点。二是在学比例在各城市的排序发生了较大的变化：在学比例最高的西安市，接近 90%；位居第二和第三的城市分别是长沙市和咸阳市，分别为 81.25%、80.00%；排在第四位的是武汉市，这一比例为 75.17%；排在第五位的是无锡市，在学比例略超过 50%；排在第六位和第七位的分别是松江区和苏州市，其在学比例为 40% 左右；排在最后的是泉州市，在学比例只有 30.14%（见图 5 – 3d）。

5.1.1.4   父母流动范围

如图 5 – 4 所示，跨省流动随迁子女的在学比例低于省内流动随迁子女的在学比例，但两者的差异因不同样本而异。在 3 ~ 18 岁随迁子女总样本中，两者相差 4.21 个百分点；在 3 ~ 6 岁、7 ~ 15 岁、16 ~ 18 岁随迁子女次样本中，两者分别相差 2.23 个、0.57 个、34.60 个百分点。卡方检验结果显示，只有在 3 ~ 18

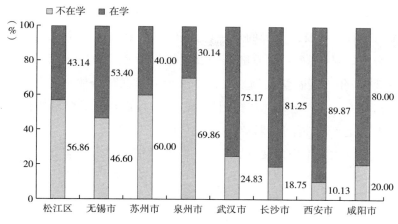

图5-3d 流入城市与16~18岁随迁子女在学情况的双变量分析

岁随迁子女总样本及16~18岁随迁子女次样本中，这一差异在统计上才具有显著性（见图5-4）。

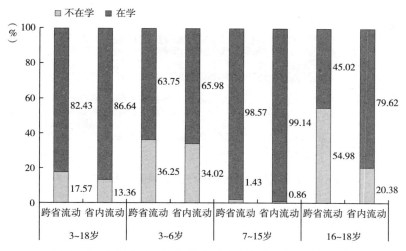

图5-4 父母流动范围与随迁子女在学情况的双变量分析

5.1.1.5 父母居住时间

在3~18岁随迁子女总样本、16~18岁随迁子女次样本中，父母居住时间与随迁子女的在学情况显著相关。对于3~18岁随迁子女总样本而言，其父母居住时间越长，在学比例越高，父母在流入地居住 2～5 年、6～10 年、10 年以上者的在学比例分别比父母居住 1 年及以下者的这一比例高 7.26 个、3.12 个、1.94 个百分点。对于 16～18 岁随迁子女次样本而言，父母在流入地居住 2～5 年者的在学比例最低，不到 55%；父母居住 1 年及以下与居住 6～10 年者的在学比例相对较高，接近 63%；父母居住 10 年及以上者的在学比例最高，超过 70%。但在 3～6 岁、7～15 岁随迁子女次样本中，父母居住时间与在学情况没有显著相关（见图 5－5）。

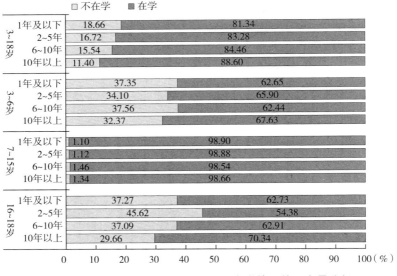

图 5－5　父母居住时间与随迁子女在学情况的双变量分析

5.1.2　控制变量与在学情况的相关分析

5.1.2.1　家庭特征

家庭月收入与随迁子女的在学情况没有显著相关。就父母受教育程度而言，基本上呈现其受教育程度越高，其随迁子女的在学比例也越高的特点，而且在统计上具有显著性（3～6 岁随迁子女次样本除外）。以 16～18 岁随迁子女次样本为例，父母接受过初中、高中及以上教育者，其在高中上学的比例比小学及以下者分别高 32.53 个和 53.95 个百分点。父母职业与随迁子女在学情况的相关关系仅在 3 ～ 18 岁随迁子女总样本及 16 ～ 18 岁随迁子女次样本中显著。在 16 ～ 18 岁随迁子女次样本中，父母是商业服务业人员者其在学比例最高（74.18%），其次为父母是管理技术人员者（64.29%），父母是工人及其他人员者的在学比例最低（39.61%）。无论是在总样本，还是在次样本中，主要邻居为外地人者，其在学比例低于主要邻居为本地市民者，但这一差异也仅在 3 ～ 18 岁随迁子女总样本及 16 ～ 18 岁随迁子女次样本中显著（见表 5 - 1）。

5.1.2.2　个体特征

兄弟姐妹数量与在学情况的关系因不同样本而异。在 3 ～ 18 岁随迁子女总样本、3 ～ 6 岁随迁子女次样本中，在学人口和不在学人口的兄弟姐妹数量没有显著差别；但在 7 ～ 15 岁、16 ～ 18 岁随迁子女次样本中，在学人口的兄弟姐妹数量显著少于不在学人口。随迁男孩和随迁女孩在各样本中的在学比例没有明显差别。

从年龄来看，7 ～ 15 岁随迁子女的在学比例最高，比 3 ～ 6 岁随迁子女高 34.12 个百分点；16 ～ 18 岁随迁子女的在学比例最低，比 3 ～ 6 岁随迁子女低 2.17 个百分点（见表 5 - 1）。

通过比较各教育阶段自变量与因变量的相关分析结果可知，除兄弟姐妹数量、父母受教育程度以外，所有的主要自变量和控制变量与 7 ～ 15 岁随迁子女的在学情况的相关关系均不显著。这表明我国义务教育的普及水平很高，没有流入地户籍的 7 ～ 15 岁随迁子女基本上都能在流入地接受义务教育。考虑到 7 ～ 15 岁随迁子女在学情况的差异非常小，本章在下面的模型分析中，将不再专门分析 7 ～ 15 岁随迁子女次样本（但在 3 ～ 18 岁总样本中包括该次样本）的在学情况。

表5-1 随迁子女在学情况与控制变量的相关分析

单位:%、元、个

变量	3~18岁		3~6岁		7~15岁		16~18岁	
	不在学	在学	不在学	在学	不在学	在学	不在学	在学
家庭特征								
家庭月收入	6772.65	6738.53	6830.43	7145.8	5876.74	6575.2	6732.25	6572.03
父母受教育程度								
小学及以下	19.67	80.33	39.25	60.75	3.14	96.86	71.43	28.57
初中	15.42	84.58	35.79	64.21	1.16	98.84	38.90	61.10
高中及以上	15.45	84.55	34.42	65.58	0.54	99.46	17.48	82.52
父母职业								
管理技术办事员	17.81	82.19	36.96	63.04	1.07	98.93	35.71	64.29
商业服务业人员	13.26	86.74	32.27	67.73	1.13	98.87	25.82	74.18
工人及其他	16.90	83.10	35.84	64.16	1.17	98.83	60.39	39.61
主要邻居								
外地人	18.10	81.90	37.34	62.66	1.43	98.57	47.84	52.16
本地市民	14.16	85.84	33.92	66.08	1.02	98.98	30.65	69.35
个体特征								
兄弟姐妹数量	0.63	0.63	0.54	0.50	0.98	0.69	0.88	0.65
性别								
女孩	16.21	83.79	35.74	64.26	1.04	98.96	36.03	63.97
男孩	15.32	84.68	34.93	65.07	1.27	98.73	39.66	60.34
年龄								
3~6岁	35.29	64.71	—	—	—	—	—	—
7~15岁	1.17	98.83	—	—	—	—	—	—
16~18岁	38.00	62.00	—	—	—	—	—	—

5.2　模型分析结果

5.2.1　3～18 岁总样本

上一节的双变量分析结果显示，许多自变量与因变量都存在显著相关，但这一结果是在未控制其他变量的情况下得出的。为控制其他变量的干扰与调节，下面采用二分类 Logistic 回归模型探讨自变量与因变量之间的独立关系，并依次对 3～18 岁总样本，3～6 岁、16～18 岁次样本的模型分析结果进行阐释。

5.2.1.1　3～18 岁全部子女总样本在学情况的模型分析

从前文可知，户籍地点将 3～18 岁全部子女总样本区分为户籍人口子女、随迁子女和留守子女，而且这三个不同类别子女的在学比例存在显著差异（户籍人口子女的在学比例最高，随迁子女的在学比例最低）。在其他条件相同的情况下，户籍地点是否仍显著影响子女的在学概率？

表 5-2 展示了 3～18 岁全部子女总样本在学情况的二分类 Logistic 回归模型分析结果，该表中共有两个套嵌模型，模型 1a 是在未控制任何变量、模型 1b 是在控制了家庭和个体特征变量的情况下考察户籍地点对因变量的影响。模型 1a 的分析结果和前文的相关分析结果一致，即在未控制任何变量的情况下，户籍地点显著影响子女的在学概率。具体而言，随迁子女的在学概率最小，只有户籍人口子女的 68%，留守子女的在学概率虽然大于随迁子女，但也只有户籍人口子女 72%。从模型 1b 中可知，在控制家庭和个体特征后，随迁子女的在学概率仍然显著小于对照组，其在学概率仅有对照组的 75%。若仅从偏回归系数来看，留守子女的在学概率也小于对照组，但这一差异在统计上不显著。

表 5 – 2　3 ~ 18 岁全部子女在学情况的模型分析结果

变　量	模型 1a		模型 1b	
	风险比	稳健标准误	风险比	稳健标准误
流动特征				
户籍地点（对照组：户籍人口子女）				
随迁子女	0.68	0.04 ***	0.75	0.07 **
留守子女	0.72	0.05 ***	0.88	0.09
父母所在城市（对照组：松江区）				
无锡市			1.16	0.13
苏州市			0.91	0.09
泉州市			1.14	0.13
武汉市			0.96	0.11
长沙市			1.18	0.15
西安市			1.73	0.22 ***
咸阳市			2.09	0.38 ***
家庭特征				
家庭月收入			1.00	0.00
父母受教育程度（对照组：小学及以下）				
初中			1.74	0.21 ***
高中及以上			1.79	0.23 ***
父母职业（对照组：管理技术办事员）				
商业服务业人员			1.10	0.11
工人及其他			0.89	0.09
本地市民			1.11	0.07
个体特征				
兄弟姐妹数量			0.91	0.05
男孩			0.99	0.06
年龄（对照组：3 ~ 6 岁）				
7 ~ 15 岁			54.16	6.75 ***
16 ~ 18 岁			2.69	0.19 ***
常数	7.91	0.45 ***	1.12	0.22
样本量	14724		12951	
Log likelihood	– 6081. 4744		– 3857. 3041	
Wald chi^2	35. 3300		1262. 0600	
Pseudo R^2	0.0031		0.2668	

＊$p < 0.05$，＊＊$p < 0.01$，＊＊＊$p < 0.001$。

模型 1b 还展示了各控制变量对因变量的独立影响。父母所在城市显著影响随迁子女的在学概率：西安市和咸阳市的在学概率相对较大，前者是对照组的 1.73 倍，后者是对照组的 2.09 倍；其他城市的在学概率与对照组没有显著差异。父母受教育程度越高，随迁子女在学概率也越大。即父母接受过初中、高中及以上教育者，随迁子女在学概率分别比父母接受过小学及以下者高74% 和 79%。子女年龄是影响其在学概率的一个重要变量，7 ~ 15 岁子女的在学概率是对照组的 54.16 倍，16 ~ 18 岁子女的在学概率是对照组的 2.69 倍。家庭月收入、父母职业、主要邻居等家庭特征变量，以及兄弟姐妹数量、性别等个体特征变量对因变量的影响不显著。

5.2.1.2　3 ~ 18 岁随迁子女总样本在学情况的模型分析

表 5 - 2 是对 3 ~ 18 岁全部子女总样本的分析，数据显示，在控制其他变量的情况下，随迁子女的在学概率最小。因为模型控制了家庭和个体特征变量的干扰与调节，依旧显著的在学概率差异可归之于户籍地点的作用，换言之，是否拥有流入地户籍确实是影响随迁子女在学概率的要素之一。以上针对全部样本的分析也存在不足之处：首先，可能会掩盖不同自变量对户籍人口子女、随迁子女和留守子女在学概率的不同影响；其次，由于流动特征变量只适用于随迁子女，故无法考察流动特征变量对随迁子女在学概率的影响。因本研究重点关注随迁子女受教育状况的影响因素，故下面仅对随迁子女进行模型分析。

如前所述，户籍地点并非影响在学概率的唯一因素。相关分析结果表明，大部分流动特征、家庭特征和个体特征变量都与随迁子女的在学概率存在一定程度的相关。那么，在控制其他变量的情况下，以上变量是否仍显著影响随迁子女的在学概率？

表 5 - 3 的两个模型分别展示了主要自变量、控制变量对因变量的独立影响。考虑到流入松江区的流动人口全部为跨省流动人口、流入长沙市的流动人口高达 96.13% 为省内流动人口，因

流入城市与流动范围两个变量有较强的相关关系，故而不适宜将他们同时纳入模型中进行分析。为了考察这两个变量对因变量的独立影响，笔者将其分别纳入模型 1c 和模型 1d 中。① 模型 1c 的二分类 Logistic 回归分析结果显示，流入城市显著影响随迁子女的在学概率。除了苏州市与对照组没有显著差异外，无锡市、泉州市、武汉市、长沙市、西安市和咸阳市随迁子女的在学概率都显著大于对照组，这与相关分析结果（松江区、苏州市的在学概率在八城市中较低）一致。模型 1d 的二分类 Logistic 回归分析结果显示，省内流动者的在学概率是跨省流动者的 1.35 倍。其他主要自变量、控制变量对因变量的影响在模型 1c 和模型 1d 中基本一致（指影响性质一致，但显著性水平存在差异），故下面主要以模型 1c 为例，解释自变量对因变量的影响。

表 5 - 3 3 ~ 18 岁随迁子女在学情况的模型分析结果

变　　量	模型 1c		模型 1d	
	风险比	稳健标准误	风险比	稳健标准误
流动特征				
乡 - 城随迁子女	0.89	0.13	0.98	0.14
父母流入城市（对照组：松江区）				
无锡市	1.66	0.28 **	—	—
苏州市	0.98	0.15	—	—
泉州市	1.71	0.30 **	—	—
武汉市	1.52	0.26 *	—	—
长沙市	2.04	0.42 ***	—	—
西安市	3.87	0.78 ***	—	—
咸阳市	3.49	1.04 ***	—	—
省内流动	—	—	1.35	0.12 **

---

① 本研究在模型 1c 中纳入的"父母流入城市"变量可在一定程度上减少数据聚类性可能带来的分析结果偏差，故在考察自变量对因变量的影响时主要看模型 1c 的分析结果。而模型 1d 仅用于考察流动范围对因变量的独立影响。

续表

变　　量	模型 1c		模型 1d	
	风险比	稳健标准误	风险比	稳健标准误
父母居住时间（对照组：1 年及以下）				
2 ~ 5 年	1.21	0.15	1.15	0.14
6 ~ 10 年	1.52	0.21**	1.22	0.16
10 年以上	2.02	0.32***	1.55	0.23**
家庭特征				
家庭月收入	1.00	0.00*	1.00	0.00
父母受教育程度（对照组：小学及以下）				
初中	1.68	0.27**	1.68	0.26**
高中及以上	1.70	0.30**	1.73	0.30**
父母职业（对照组：管理技术办事员）				
商业服务业人员	1.24	0.20	1.41	0.23*
工人及其他	1.08	0.18	1.13	0.19
本地市民	1.26	0.11**	1.28	0.11**
个体特征				
兄弟姐妹数量	0.85	0.06*	0.87	0.06
男孩	1.03	0.09	1.04	0.09
年龄（对照组：3 ~ 6 岁）				
7 ~ 15 岁	48.71	8.71***	49.15	8.78***
16 ~ 18 岁	1.09	0.11	1.17	0.11
常数	0.47	0.15*	0.63	0.18
样本量	5956		5956	
Log likelihood	−1805.1953		−1843.1554	
Wald chi^2	592.5100		538.1500	
Pseudo R^2	0.2843		0.2692	

　$* p < 0.05$，$** p < 0.01$，$*** p < 0.001$。

　　在控制家庭特征和个体特征变量后，乡—城随迁子女的在学概率仅从系数上看是小于城—城随迁子女，但在统计上不显著。就父母居住时间而言，在其他条件相同的情况下，父母在流入地居住 2 ~ 5 年者与居住 1 年及以下者没有显著差别；但父母居住

6～10 年、10 年以上者的在学概率显著高于居住 1 年及以下者，在学概率分别是后者的 1.52 倍和 2.02 倍。

在其他变量相同的情况下，家庭月收入越高，在学概率也越大。父母受教育程度越高，在学概率也越大。主要邻居为本地市民的在学概率高于主要邻居为外地人的在学概率。兄弟姐妹数量越多，在学概率越小。从子女年龄来看，7～15 岁随迁子女的在学概率显著大于 3～6 岁随迁子女；但 16～18 岁随迁子女的在学概率与 3～6 岁随迁子女没有显著差异，这一分析结果有别于 3～18 岁全部样本的分析结果。

5.2.2　3～6 岁次样本

以上是将 3～6 岁、7～15 岁、16～18 岁三个次样本放在一起做的分析，而这有可能会掩盖不同要素对不同年龄子女在学概率的不同影响。为了深入分析流动特征、家庭特征、个体特征对 3～6 岁和 16～18 岁子女在学概率的独立影响，下面将分别对这两个次样本进行模型分析。

5.2.2.1　3～6 岁全部子女次样本在学情况的模型分析

幼儿园作为学制的最初环节，对学龄前孩子的身心健康、习惯养成、智力发展具有重要意义，可为孩子一生的发展奠定基础。那么，有哪些因素会影响幼儿园适龄人口的入园概率？表 5-4 展示了 3～6 岁全部子女总样本在学概率的模型分析结果。和表 5-2 中 3～18 岁全部子女总样本的分析思路相同，模型 2a 是在未控制任何变量、模型 2b 是在控制了家庭特征和个体特征的情况下分析户籍地点对 3～6 岁子女在学概率的影响。数据分析结果显示，不管是否控制其他变量，3～6 岁随迁子女的幼儿园在学概率与户籍人口子女没有显著差异。在未控制任何变量的情况下，留守子女的幼儿园在学概率显著小于户籍人口子女；在控制了家庭特征和个体特征后，留守子女的幼儿园在学概率与户籍人口子女没有显著差别。以上分析结果表明，户籍地点对幼儿园在学概率的影响会受到家庭特征或个体特征变量的干扰和调节。

表 5 – 4　3 ~ 6 岁全部子女在学情况的模型分析结果

变　量	模型 2a		模型 2b	
	风险比	稳健标准误	风险比	稳健标准误
流动特征				
户籍地点（对照组：户籍人口子女）				
随迁子女	1.01	0.08	1.06	0.13
留守子女	0.79	0.07 **	0.85	0.12
父母所在城市（对照组：松江区）				
无锡市			1.35	0.22
苏州市			0.96	0.13
泉州市			1.55	0.24 **
武汉市			1.41	0.24 *
长沙市			1.56	0.29 *
西安市			2.87	0.50 ***
咸阳市			3.64	1.01 ***
家庭特征				
家庭月收入			1.00	0.00 **
父母受教育程度（对照组：小学及以下）				
初中			1.12	0.25
高中及以上			1.16	0.27
父母职业（对照组：管理技术办事员）				
商业服务业人员			0.96	0.13
工人及其他			0.85	0.12
本地市民			0.96	0.08
个体特征				
兄弟姐妹数量			0.75	0.06 ***
男孩			1.01	0.08
年龄（对照组：3 岁）				
4 岁			7.55	0.76 ***

续表

变　　量	模型 2a		模型 2b	
	风险比	稳健标准误	风险比	稳健标准误
5 岁			22.70	2.73 ***
6 岁			33.58	4.77 ***
常数	1.82	0.13 ***	0.18	0.06 ***
样本量	4618		3966	
Log likelihood	−3035.3861		−1923.7879	
Wald chi^2	12.5700		947.2500	
Pseudo R^2	0.0021		0.2588	

* $p < 0.05$, ** $p < 0.01$, *** $p < 0.001$。

从模型 2b 中可知，泉州市、武汉市、长沙市、西安市、咸阳市 3~6 岁子女的幼儿园在学概率显著大于松江区，分别是对照组的 1.55 倍、1.41 倍、1.56 倍、2.87 倍、3.64 倍；但父母在无锡市、苏州市的幼儿园在学概率与对照组没有显著差异。家庭月收入越高以及兄弟姐妹数量越少、年龄越大的子女，幼儿园在学概率也越大；但父母受教育程度、父母职业、主要邻居，以及子女性别对幼儿园在学概率没有显著影响（见表 5 - 4）。

5.2.2.2　3~6 岁随迁子女次样本在学情况的模型分析

流动特征是否会对随迁子女的幼儿园在学概率产生影响？为了准确回答这一问题，本研究对 3~6 岁随迁子女做套嵌模型进行分析（见表 5 -5）。

表 5 - 5　3~6 岁随迁子女在学情况的模型分析结果

变　　量	模型 2c		模型 2d	
	风险比	稳健标准误	风险比	稳健标准误
流动特征				
乡—城随迁子女	1.30	0.25	1.41	0.26
父母流入城市（对照组：松江区）				
无锡市	1.35	0.32	—	—

续表

变　　　量	模型 2c		模型 2d	
	风险比	稳健标准误	风险比	稳健标准误
苏州市	0.93	0.19	—	—
泉州市	1.92	0.52 *	—	—
武汉市	1.40	0.36	—	—
长沙市	2.42	0.73 **	—	—
西安市	4.73	1.32 ***	—	—
咸阳市	4.02	1.90 **	—	—
省内流动	—	—	1.18	0.15
父母居住时间（对照组：1 年及以下）				
2~5 年	1.23	0.22	1.10	0.19
6~10 年	1.19	0.24	0.86	0.16
10 年以上	1.78	0.44 *	1.18	0.27
家庭特征				
家庭月收入	1.00	0.00 ***	1.00	0.00 **
父母受教育程度（对照组：小学及以下）				
初中	1.05	0.31	1.20	0.34
高中及以上	1.05	0.32	1.24	0.37
父母职业（对照组：管理技术办事员）				
商业服务业人员	1.03	0.22	1.22	0.25
工人及其他	1.09	0.24	1.13	0.24
本地市民	1.09	0.13	1.12	0.13
个体特征				
兄弟姐妹数量	0.59	0.06 ***	0.62	0.07 ***
男孩	1.07	0.13	1.09	0.13
年龄（对照组：3 岁）				
4 岁	8.24	1.22 ***	7.62	1.11 ***
5 岁	28.63	5.31 ***	24.86	4.46 ***
6 岁	38.92	8.16 ***	34.44	7.06 ***
常数	0.08	0.04 ***	0.12	0.05 ***
样本量	1890		1890	
Log likelihood	−871.8640		−901.2468	
Wald chi^2	485.1300		470.6600	
Pseudo R^2	0.2821		0.2579	

　　* $p < 0.05$，** $p < 0.01$，*** $p < 0.001$。

首先展示主要自变量对因变量的影响。从户籍类型来看，无论是在模型 2c 还是在模型 2d 中，乡—城随迁子女的幼儿园在学概率与城—城随迁子女的幼儿园在学概率没有显著差异。从父母流入城市来看，泉州市、长沙市、西安市和咸阳市随迁子女的幼儿园在学概率显著大于对照组，分别是松江区的 1.92 倍、2.42 倍、4.73 倍、4.02 倍。流动范围对 3~6 岁随迁子女的幼儿园在学概率没有显著影响。父母居住时间对因变量的影响在两个模型中略有差异，模型 2c 的数据分析结果显示，父母在流入地居住 10 年及以上者的幼儿园在学概率显著大于对照组，但模型 2d 不支持这一结论。模型分析结果的差异是由于父母居住时间对因变量的影响受到了流动范围的干扰和调节。

接下来展示控制变量对因变量的影响。家庭月收入越高、兄弟姐妹数量越少、年龄越大的随迁子女，其幼儿园在学概率越大。父母受教育程度、父母职业、主要邻居对随迁子女幼儿园在学概率的影响在统计上不显著。性别对因变量也没有显著影响（见表 5 - 5）。可见，各控制变量对因变量的影响性质在 3~6 岁全部子女次样本和 3~6 岁随迁子女次样本中一致。

5.2.3 16~18 岁次样本

通过对 2013 年"流动人口社会融合调查"数据的分析，发现 16~18 岁的子女正处于接受高中/中专/职高（或称中等教育）教育的时间。高中/中专/职高（由于在 3~18 岁全部样本中，接受中专/职高的比例只有 1.86%，同时为了简洁起见，后文简称高中）作为义务教育结束后的一个更高层级的教育，是连接义务教育（或称初等教育）和大学教育（或称高等教育）的桥梁，学制通常为三年。只有接受过高中教育的子女才有可能上大学，因此，这个阶段是影响子女人力资本积累的关键阶段和重要时期。下文将对 16~18 岁子女高中在学概率的影响因素进行深入探讨。

5.2.3.1　16～18 岁全部子女次样本在学情况的模型分析

数据显示，在 16～18 岁全部子女次样本中，23.05% 的子女不在学，76.95% 的子女在学。那么，不同户籍地点、家庭特征和个体特征的子女的高中在学概率是否存在显著差异？如表 5 - 6 所示，不管是否控制其他变量，户籍地点均显著影响随迁子女高中的在学概率。在其他变量相同的情况下，16～18 岁随迁子女高中的在学概率只有对照组的 8%；16～18 岁留守子女高中的在学概率虽高于随迁子女，但也只有对照组的 46%。下面以全模型（模型 3b）为例，解释各自变量对因变量的独立影响。

表 5 - 6　16～18 岁全部子女在学情况的模型分析结果

变　量	模型 3a		模型 3b	
	风险比	稳健标准误	风险比	稳健标准误
流动特征				
户籍地点（对照组：户籍人口子女）				
随迁子女	0.07	0.02 ***	0.08	0.03 ***
留守子女	0.20	0.06 ***	0.46	0.17 *
父母所在城市（对照组：松江区）				
无锡市			1.25	0.36
苏州市			1.10	0.30
泉州市			0.63	0.19
武汉市			1.68	0.55
长沙市			1.82	0.71
西安市			2.77	1.07 **
咸阳市			2.51	1.05 *
家庭特征				
家庭月收入			1.00	0.00
父母受教育程度（对照组：小学及以下）				
初中			2.21	0.46 ***
高中及以上			5.82	1.57 ***
父母职业（对照组：管理技术办事员）				
商业服务业人员			1.77	0.76

续表

变　　量	模型 3a		模型 3b	
	风险比	稳健标准误	风险比	稳健标准误
工人及其他			0.97	0.40
本地市民			1.39	0.22 *
个体特征				
兄弟姐妹数量			0.62	0.08 ***
男孩			0.78	0.12
年龄（对照组：16 岁）				
17 岁			0.76	0.15
18 岁			0.42	0.08 ***
常数	25.00	6.19 ***	9.17	5.64 ***
样本量	1606		1432	
Log likelihood	− 732.5846		− 551.3510	
Wald chi^2	148.4200		261.2800	
Pseudo R^2	0.1273		0.2705	

　　$* p < 0.05$，$** p < 0.01$，$*** p < 0.001$。

　　全部子女的高中在学概率在八个城市存在一些差异，父母所在城市为西安市和咸阳市的在学概率显著大于对照组，分别为后者的 2.77 倍和 2.51 倍。父母受教育程度为初中、高中及以上者的在学概率显著大于父母受教育程度为小学及以下者，前二者分别为后者的 2.21 倍和 5.82 倍。主要邻居为本地市民的高中在学概率比主要邻居为外地人的高 39%。兄弟姐妹数量、年龄则与较高的在学概率呈显著的负向相关。具体而言，兄弟姐妹数量每增加一个，高中的在学概率就会下降 38%；年龄为 18 岁者的高中在学概率比 16 岁者的这一概率下降 58%。家庭月收入、父母职业，以及子女性别对高中在学概率没有显著影响。

5.2.3.2　16～18 岁随迁子女次样本在学情况的模型分析

　　与对 3～6 岁随迁子女次样本的分析思路类似，本部分将探讨 16～18 岁随迁子女高中在学概率的影响因素。从对模型 3c 和模型 3d 的分析结果比较中可知，自变量对因变量的影响具有高度的一致性。为此，下文主要以模型 3c 为例，阐述自变量对因变量的影响（见表 5 – 7）。

表 5 – 7　16～18 岁随迁子女在学情况的模型分析结果

变　　量	模型 3c		模型 3d	
	风险比	稳健标准误	风险比	稳健标准误
流动特征				
乡—城随迁子女	0.12	0.08**	0.15	0.10**
流入城市（对照组：松江区）				
无锡市	2.53	1.21*	—	—
苏州市	0.94	0.47	—	—
泉州市	1.25	0.69	—	—
武汉市	4.35	2.12**	—	—
长沙市	6.34	3.59**	—	—
西安市	14.53	8.79***	—	—
咸阳市	9.16	5.70***	—	—
省内流动	—	—	3.43	0.76***
父母居住时间（对照组：1 年及以下）				
2～5 年	0.71	0.23	0.71	0.22
6～10 年	1.40	0.50	1.14	0.37
10 年以上	3.04	1.13**	2.10	0.73*
家庭特征				
家庭月收入	1.00	0.00	1.00	0.00
父母受教育程度（对照组：小学及以下）				
初中	2.45	0.79**	2.39	0.73**
高中及以上	3.67	1.53**	4.14	1.68***
父母职业（对照组：管理技术办事员）				
商业服务业人员	1.99	1.45	2.41	1.57
工人及其他	1.16	0.86	0.94	0.62
本地市民	1.78	0.39**	1.75	0.36**
个体特征				
兄弟姐妹数量	0.75	0.15	0.80	0.14
男孩	0.74	0.17	0.84	0.19
年龄（对照组：16 岁）				
17 岁	0.65	0.18	0.73	0.19

变　　量	模型 3c		模型 3d	
	风险比	稳健标准误	风险比	稳健标准误
18 岁	0.31	0.08 ***	0.33	0.09 ***
常数	1.48	1.66	2.11	2.06
样本量	551		551	
Log likelihood	−268.6996		−279.6280	
Wald chi^2	134.5000		105.5200	
Pseudo R^2	0.2709		0.2412	

　　* $p < 0.05$，** $p < 0.01$，*** $p < 0.001$。

　　户籍类型显著影响随迁子女的高中在学概率。控制其他变量后，乡—城随迁子女的在学概率显著小于城—城随迁子女，前者的在学概率比后者下降 88%。父母流入城市为无锡市、武汉市、长沙市、西安市和咸阳市的高中在学概率显著大于松江区。其中，西安市的高中在学概率最大，为对照组的 14.53 倍；咸阳市的高中在学概率次之，为对照组的 9.16 倍；长沙市的高中在学概率再次，为对照组的 6.34 倍；武汉市的高中在学概率位居第四，为对照组的 4.35 倍；无锡市的高中在学概率位居第五，为对照组的 2.53 倍。而苏州市和泉州市的高中在学概率与对照组没有显著差异。与 3~6 岁随迁子女次样本不同，父母流动范围显著影响随迁子女的高中在学概率，省内流动随迁子女的高中在学概率是跨省流动随迁子女的 3.43 倍。控制其他变量后，父母居住时间为 10 年以上者的高中在学概率显著大于父母居住时间为 1 年及以下者，前者是后者的 3.04 倍。

　　父母受教育程度会显著提升随迁子女的高中在学概率。父母受教育程度为初中者，其高中在学概率是小学及以下者的 2.45 倍；父母受教育程度为高中及以上者，其高中在学概率是小学及以下者的 3.67 倍。主要邻居为本地市民者，其在学概率比主要邻居为外地人者高 78%。18 岁随迁子女的高中在学概率比 16 岁随迁子女下降 69%。家庭月收入、父母职业等家庭特征变量，以及随迁子女的兄弟姐妹数量、性别等个体特征变量对高中在学概率没有显著影响。此外，除兄弟姐妹数量这个变量外，其余控制变量对因变量的影响与 16～18 岁全部子女次样本的分析结果相同。

5.3 总结与讨论

以上两节内容分别对 3～18 岁总样本、不同年龄次样本在学情况的特点及其影响因素做了双变量的描述性分析和二分类的 Logistic 回归模型分析。现将主要研究发现总结如下。

其一，随迁子女的在学比例呈现中间高、两头低的倒 U 形曲线。7～15 岁随迁子女的在学比例很高，为 98.83%；而 3～6 岁和 16～18 岁随迁子女的在学比例较低，分别为 64.71% 和 62.00%。从随迁子女与户籍人口子女、留守子女的在学比例差异来看，3～6 岁和 7～15 岁子女的在学比例差异小；16～18 岁子女的在学比例差异大，随迁子女的在学比例比户籍人口子女、留守子女分别低 34.15 个百分点和 21.66 个百分点。可见，在不同户籍地点的 3～18 岁子女中，随迁子女（尤其是 16～18 岁随迁子女）的教育弱势地位明显。

其二，户籍地点对在学概率的影响因样本而异。在 3～18 岁全部子女总样本中，控制其他变量后，随迁子女的在学概率显著小于户籍人口子女；在 16～18 岁全部子女次样本中，随迁子女和留守子女的在学概率均显著小于户籍人口子女，随迁子女为最低，留守子女为次低。以上现象可能存在三种原因：一是没有流入地户籍导致适龄随迁子女未能顺利和及时入学；二是受流动人口父母不重视子女教育问题等因素的影响而导致随迁子女和留守子女入学的年龄比户籍人口子女大或较早辍学；三是在 16～18 岁的随迁子女中，有一部分人群是在流出地辍学后进入流入地务工经商，由于数据原因，本研究无法剔除这些样本，而这会在一定程度上降低随迁子女的在学概率。各模型中随迁子女的在学概率均小于留守子女的现象折射出我国户籍制度和教育制度对随迁子女在学概率的负面影响，即流入地在保障 16～18 岁子女接受高中教育时存在内外有别的教育政策。户籍地点对 7～15 岁全部子女次样本的在学概率没有显著影响，这主要是因为《中华人民共和国义务教育法》（1986 年颁布与实施、2006 年又做了重大修订）、《流动儿童少年就学暂行办法》（1998 年发布）、《中国儿童发展纲要》（2001 年发布、2011 年又印发了新纲要）、《国家中长期教育改革和发展规划纲要（2010～2020 年）》（2010 年发布）、《国务院办公厅关于积极稳妥推进户籍管理制度改革的通知》（2012 年发布）等系列法律法规的出台和实施，使我国的义务教育得到迅速发展，适龄的户籍人口子女、随迁子女和留守子女均有机会接受并完成九年义务教育。3～6 岁随迁子女的幼儿园在学概率与户籍人口子女没有显著差异，一方面是因为 3～6 岁户籍人口子女上幼儿园的比例也不高；另一方面，与流动人口中有高达 90.10% 因务工经商而流动有关，即他们为了不影响就业而把随迁子女送入幼儿园（因幼儿园的私立化水平较高，故虽没有流入地户籍，但入园的障碍相对较少）。以上结论部分证实了第 3 章提出的研究假设 1a。由上可知，尽管中央及地方政府自 1990 年末就开始重视和解决随迁子女在流入地上学的问题，但时至今日，仅在义务教育阶段取得了很好的政策效果，在高中阶段仍然存在较强的制度和政策排斥。

其三，户籍类型显著影响 16～18 岁随迁子女的在学概率。在 3～18 岁随迁子女总样本、3～6 岁和 7～15 岁随迁子女次样本中，城—城随迁子女的在学概率与乡—城随迁子女没有显著差异；但在 16～18 岁随迁子女次样本中，户籍类型会显著影响其在学概率，具体而言，乡—城随迁子女的高中在学概率只有城—城随迁子女的 12%。这一分析结果部分证实了本研究第 3 章提出的研究假设 2a。以上数据表明，因义务教育得到较好的发展，故初等教育的普及率非常高，不管是城—城还是乡—城随迁子女都能适龄接受义务教育。在 3～6 岁随迁子女次样本中，城—城随迁子女和乡—城随迁子女的在学概率没有显著差异的原因在于，他们父母的流动原因都主要为务工经商（该比例分别为 87.59% 和 90.41%），为了实现就业的目的，有一定比例的城—城流动父母和乡—城流动父母均把适龄子女送入幼儿园上学，且幼儿园阶段私立化程度比较高，进入私立幼儿园几乎没有户籍的限制。但是，在普及率不是很高的中等教育阶段（高中/中专/中职），乡—城流动人口的在学概率与城—城流动人口存在显著差异。乡—城随迁子女由于同时受到户籍地点和户籍类型的双重排斥，在学概率不仅小于户籍人口子女，也大大低于城—城随迁子女。由此可以推断，在普及率更低、精英化的高等教育阶段，在学概率在乡—城随迁子女与城—城随迁子女之间的差异必将更大。这一现象与我国长期存在的城乡二元教育体制密切相关。当前我国城市和农村的教育发展水平极不均衡，城镇和农村人口的教育机会也存在较大不平等，这导致不同户籍类型流动人口的受教育程度存在较大差异。本研究也发现，城—城流动人口的教育程度普遍高于乡—城流动人口，而且父母的受教育程度对随迁子女的在学概率具有显著影响，所以 16～18 岁城—城随迁子女的高中在学概率大于乡—城随迁子女。

其四，父母流入城市显著影响随迁子女的在学概率。在 3～18 岁随迁子女总样本中，相对于松江区而言，西安市的在学概率最大、咸阳市次之、长沙市再次，泉州市、无锡市、武汉市分别居第四、第五、第六位，苏州市的在学概率与松江区没有显著差异。在 3～6 岁随迁子女次样本中，相对于松江区而言，西安市、咸阳市、长沙市和泉州市的在学概率依旧分别位居第一至第四，其余城市与对照组没有显著差异。在 16～18 岁随迁子女次样本中，相对于松江区而言，西安市的在学概率位居第一，咸阳市的在学概率位居第二，长沙市、武汉市、无锡市分别位居第三、第四、第五；而泉州市、苏州市与对照组的差异在统计上不显著。这一发现支持本研究第 3 章提出的研究假设 3a。父母流入城市对不同年龄随迁子女在学概率的影响呈现复杂的情况，从中可总结出以下特点。第一，义务教育的普及水平及均衡化程度较高，即在八个城市中 7 ~ 15 岁随迁子女接受义务教育的问题已得到较好的解决。第二，流入西安市、咸阳市、长沙市、泉州市的 3 ~ 6 岁随迁子女上幼儿园的问题比流入松江区和苏州市的可得到更好的解决。第三，流入西安市、咸阳市、长沙市、武汉市的 16 ~ 18 岁随迁子女上高中的问题比流入松江区和苏州市的可得到更好的解决。概而言之，随迁子女在流入地的上学问题与该城市的经济发展水平和社会发展水平（用城市化率测量）没有必然的联系。如西安和咸阳市的地区人均生产总值在八城市中分别位居第七和第八，城市化率在八城市中分别位居第四和第八。它更可能与以下两个因素有关：一是教育资源的供给情况，如武汉市、西安市的中等教育资源[①]在八城市中分别位居第一和第二，这可为随迁子女在流入地接受中等教育（高中/中专）提供现实条件；二是流入城市教育制度和相关政策对随迁子女的接纳程度。若流入城市对随迁子女在流入地上学的制度限制少，入学手续简单，不需要缴纳借读费和赞助费，则随迁子女的在学概率就会更大。定量数据也显示，在学概率比较大的城市是省内流动人口居多的城市。如咸阳市、长沙市和武汉市 3 ~ 18 岁的省内随迁子女比例均在 70% 及以上，长沙市更是高达 96.13%。在我国现行的教育体制之下，由于省内流动随迁子女在流入地就学受到的制度和政策

---

① 中等教育资源按每十万人口中接受高中/中专教育的人数来衡量。2012 年八城市的统计年鉴数据显示，每十万人口中接受高中/中专教育的人数在松江区有 19081 人，无锡市有 17805 人，苏州市有 20175 人，泉州市有 11759 人，武汉市有 21782 人，长沙市有 17643 人，西安市有 20662 人，咸阳市有 16462 人。

排斥小于跨省流动随迁子女，故而咸阳市、长沙市和武汉市随迁子女的在学概率大于以跨省流动人口为主的松江区和苏州市。

其五，父母流动范围对随迁子女在学概率的显著影响仅限于3～18 岁随迁子女总样本、16～18 岁随迁子女次样本，即省内流动随迁子女的在学概率大于跨省流动随迁子女的在学概率，这一研究发现部分证实了本研究第 3 章提出的假设 4a。这再次表明，教育资源供给不足且高公立化水平的高中教育阶段，跨省流动随迁子女面临的入学障碍（主要是制度障碍）大于省内流动随迁子女。可见，父母流动范围对因变量的影响与户籍地点、户籍类型、父母流入城市对因变量的影响交相辉映、相互验证。

其六，父母居住时间对在学概率有显著影响。在 3～18 岁随迁子女总样本中，父母居住时间为 6～10 年、10 年及以上者的在学概率显著大于父母居住时间为 1 年及以下者。但在 3～6 岁、16～18 岁随迁子女次样本中，只有父母在流入地居住 10 年及以上者的在学概率才显著大于父母在流入地居住 1 年及以下者。这一分析结果验证了本研究第 3 章提出的研究假设 5a。父母居住时间作用于随迁子女在学概率的原因及机制在于以下几方面。首先，父母在流入地居住的时间越长，流动人口及其随迁子女受到的制度排斥会减少，享受当地公共服务的概率会增大。如当前一些城市出台的流动人口积分落户政策都与居住时间挂钩，上海和广东要求持有居住证满 7 年，宁波要求持浙江省居住证连续居住和工作满 5 年。在广东省，若积分达到一定分值（虽然还没有达到落户条件），随迁子女可以在该流入地就读公立的幼儿园、小学、中学，还可以参加高考（赵德余，2013）。其次，父母在流入地的居住时间越长，接受现代城市文明的机会越大，这无疑有助于他们形成城市先进的教育理念和教育方式，而这有可能使他们愿意为子女创造更多和更好的教育机会。最后，父母在流入地的居住时间越长，越有助于扩大其社会交往网络、积累更多社会资本。而社会资本功能的发挥，有助于解决随迁子女在流入地的上学难问题。

以上流动特征变量的分析结果表明，户籍制度和教育制度对因变量的影响因不同的样本而异，总体而言，制度因素对 16～18 岁随迁子女次样本的影响最大，其次是 3～6 岁随迁子女次样本，而对 7～15 岁随迁子女次样本则没有显著影响。

其七，家庭资本对随迁子女在学概率的影响因不同的样本而异。在其他变量相同的情况下，经济资本会影响 3～18 岁随迁子女总样本、3～6 岁随迁子女次样本的在学概率，但对 7～15 岁、16～18 岁随迁子女次样本的在学概率没有显著影响。文化资本会影响 3～18 岁随迁子女总样本，7～15 岁、16～18 岁随迁子女次样本的在学概率，但对 3～6 岁随迁子女次样本的在学概率没有显著影响。社会资本会影响 3～18 岁随迁子女总样本、16～18 岁随迁子女次样本的在学概率，但对 3～6 岁、7～15 岁随迁子女次样本的在学概率没有显著影响。这一分析发现部分验证了本研究第 3 章提出的研究假设 6a、7a 和 8a。为什么三类家庭资本对不同年龄随迁子女在学概率的影响存在差异？首先，在《中华人民共和国义务教育法》以及"两为主"等相关法律和政策的有效执行下，我国义务教育的普及水平较高，随迁子女在流入地基本可接受九年义务教育，故而经济资本、社会资本对 7～15 岁随迁子女的在学概率没有显著影响。其次，16～18 岁随迁子女在流入地接受教育时受到制度因素的影响较大，再加上高中的私立化水平大大低于幼儿园和义务教育，故他们能否在流入地上（公立）高中（样本中上公立高中的比例高达 92.27%）主要取决于其父母能否找到熟人（关系）让随迁子女到学校报名注册，而不是家庭经济资本可以解决的问题。通常，文化资本较多的家庭，社会资本也会相对较多。因此，文化资本和社会资本对 16～18 岁随迁子女在学概率的影响显著。最后，目前幼儿园的市场化、私立化程度很高，使适龄随迁子女入园时面临的制度障碍较小。因此，在这一阶段中，经济资本发挥的作用较大。只要随迁子女的父母有送其上幼儿园的意愿并愿意支付学费，基本可以顺利入园。综上可知，家庭的经济资本、文化资本和社会资本会影响子女的受教育状况，但不同资本在教育的各个阶段发挥的作用有别。这与现有研究结论存在一定的偏差，归结起来可能存在如下原因。一是分析对象存在差异。首先，以往研究的分析对象主要是普通人群，而本研究的分析对象是随迁子女；其次，即使有少量研究的分析对象为随迁子女，其分析对象的年龄（或受教育阶段）划分与本研究也并不完全相同，本研究分析对象的年龄为 3~18 岁，在具体考察家庭资本对因变量的影响时，又再细为分 3~6 岁、7~15 岁、16~18 岁三个次样本。二是考察的因变量存在差异。测量受教育状况的变量有很多，以往证实家庭资本对受教育状况有影响的研究大多分析的是教育表现（如学习成绩）和教育获得（如是否上大学）等变量，而本章的因变量为在学概率。三是对家庭资本的测量存在差异。以往研究对家庭资本的测量方法有很多（详见本研究第 2 章和第 3 章），而本研究是在借鉴以往研究的基础上，基于数据的可及性，分别采用家庭月收入、父母受教育程度、主要邻居来测量经济资本、文化资本和社会资本。四是调查数据的差异。首先，调查数据的年代不同，本研究使用的是2013 年"流动人口社会融合调查"数据，与以往研究并不相同。其次，调查的样本量和区域也存在差异。

其八，兄弟姐妹数量对随迁子女的影响因样本而异。根据资源稀释理论，在家庭资源有限的情况下，兄弟姐妹数量越多，每个子女所能分享到的家庭资源越少，而这可能导致其在学的概率越小。本研究的数据分析结果表明，兄弟姐妹数量越多，3~6 岁随迁子女上幼儿园的概率越小，但兄弟姐妹数量对 16~18 岁随迁子女的在学概率没有显著影响。前者验证了资源稀释理论，后者则不支持该理论。究其原因，主要在于 3~6 岁随迁子女上幼儿园的概率受家庭经济资本的影响较大，而兄弟姐妹数量越多，对家庭经济资本的稀释就越大，故而在学概率会越小。相比之下，16～18 岁随迁子女的在学概率主要受制于制度因素，只要制度不接纳随迁子女在流入地上高中，无论兄弟姐妹数量多少，其在学概率都难以提高。该分析结果部分证实了第 3 章提出的研究假设 9a。性别对随迁子女的在学概率没有显著影响。这主要是因为在计划生育政策推行了 30 多年的情况下，每个家庭可生育的孩子数量有限。生育数量的减少使每个子女在家庭中都非常珍贵，再加上传统重男轻女性别偏好的弱化、家庭收入水平的提高、基础教育成本的降低，随迁女孩能和随迁男孩一样均等享有接受学前教育、初等教育和中等教育的机会。这一分析结果证实了第 3 章提出的研究假设 10a。

综上所述，随迁子女的在学概率受到制度因素、家庭因素和个体因素的综合影响；而且这些因素不仅影响 3～6 岁、7～15 岁和 16～18 岁随迁子女的在学概率，还有可能影响随迁子女在幼儿园、义务教育和高中等教育阶段的就读学校的性质以及 16～18 岁随迁子女的受教育年限。故而本研究在接下来的两章（第 6 章、第 7 章）将采用定量研究方法探讨制度因素、家庭因素和个体因素对就读学校性质、受教育年限两个因变量的影响，以全面了解和深入把握随迁子女的受教育状况及其影响因素。

第6章　就读学校性质

上一章对 3~18 岁随迁子女的在学情况做了双变量的描述性分析以及模型分析，从中详细了解了适龄随迁子女在学情况的现状和影响因素。本章将对在学随迁子女的就读学校性质进行探讨。在对内容展开深入分析之前，先介绍本章与上一章存在的相似性和差异性。

就相似性而言，有两个方面。一是统计分析方法相同：包括采用双变量的描述性分析以及二分类的 Logistic 回归模型分析。二是分析思路相似：先分析总样本，再探究次样本；先考察全部子女样本，再考察随迁子女样本。

就差异性而言，有三个方面。一是分析对象不同：上一章的分析对象为 3~18 岁子女，既包括在学子女，也包括不在学子女；而本章的分析对象仅为 3~18 岁在学子女。二是探讨的因变量不同：上一章的因变量为在学情况，本章的因变量为就读学校性质。虽然这两个因变量都是测量教育机会的指标，但程度不同，后者比前者更深入一步。三是模型分析中关注的次样本略有差异：上一章因 7~15 岁随迁子女的在学比例很高、双变量相关分析结果不显著等，未对其做模型分析；本章由于 16~18 岁高中在学随迁子女的样本太少、多数双变量分析结果不显著等，未对该次样本做模型分析。

6.1 双变量的描述性统计

6.1.1 主要自变量与就读学校性质的相关分析

从本研究的理论分析框架中可知，主要自变量有测量制度因素的户籍地点、户籍类型、父母流入城市、父母流动范围、父母居住时间等流动特征变量；控制变量有反映家庭和个体因素的家庭月收入、父母受教育程度、父母职业、主要邻居、兄弟姐妹数量、性别、教育阶段等变量。那么，各主要自变量、控制变量与因变量之间是否存在相关关系？相关关系在统计上是否显著？

6.1.1.1 户籍地点

户籍地点与就读学校性质显著相关（高中次样本除外）。在3~18岁在学全部子女总样本中，虽然不同户籍地点子女均是以就读公立学校为主，但差异仍然存在，户籍人口子女就读公立学校的比例最高（88.60%）、留守子女的这一比例次之（86.45%）、随迁子女的这一比例最低（74.85%）。义务教育在学全部子女就读公立学校的比例高于总样本的平均水平，但依旧呈现户籍人口子女就读公立学校的比例最高（94.87%）、留守子女次之（94.71%）、随迁子女最低（88.13%）的特点。就读公立学校的比例在不同户籍地点的差异虽然不大，但这一差异在统计上显著。在幼儿园在学全部子女次样本中，就读公立学校的比例大大低于前述样本，而且不同户籍地点子女就读公立学校的比例差异很大。具体而言，户籍人口子女在公立幼儿园就读的比例最高，但也只有65.10%；留守子女就读公立幼儿园的比例次之，为58.14%；随迁子女就读公立幼儿园的比例最低，仅有38.55%。在高中在学全部子女次样本中，虽然也是户籍人口子女就读公立学校的比例最高（96.23%）、留守子女次之（93.90%）、随迁子女最低（92.27%），但两个变量的相关关系

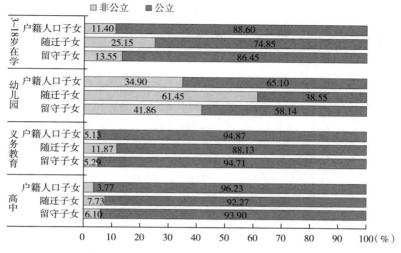

图 6－1　户籍地点与在学全部子女就读学校性质的双变量分析

在统计上不显著（见图 6－1）。

若聚焦到随迁子女这一群体上，可发现其就读公立学校的比例在幼儿园、义务教育、高中阶段依次升高。随迁子女就读公立幼儿园的比例较低，这与幼儿园教育是我国教育体系中的薄弱环节密切相关——全国公立幼儿园的比例较低。20 世纪 90 年代以后，大部分国有企业及事业单位为了减负，停办了大量公立幼儿园，这不仅导致公立幼儿园的数量减少，而且降低了公立幼儿园的比例（宋月萍、李龙，2012）。义务教育阶段随迁子女就读公立学校的比例较高，这与《中华人民共和国义务教育法》的全面贯彻、落实及"以流入地政府管理为主、以流入地公办学校为主"的"两为主"政策的有效实施密切相关。但高中阶段随迁子女就读公立学校的比例超过九成，让人出乎意料。其原因可能有两个：一方面，与幼儿园阶段不同，政府对高中的教育投入大大多于幼儿园，故公立高中的比例极高；另一方面，高中教育的市场化水平较低，私立高中的比例很低。

随迁子女在不同教育阶段就读公立学校的较大比例差异暗示我们，在分析其就读学校性质时，除了要分析 3～18 岁在学子女的总体情况外，还需要分教育阶段展开分析，否则可能会掩盖各教育阶段的较大差异。若结合在学情况和就读学校性质两个因变量来判断，16～18岁随迁子女存在低在学比例、高就读公立学校比例的矛盾现象。这说明在分析随迁子女的受教育状况时，很有必要从多个层面进行探讨，否则可能会得出以偏概全，甚至错误的观点。如在对16～18岁随迁子女次样本的分析中，若仅考察其就读学校性质，会得出其受教育状况很好（即公立学校可及性水平在各教育阶段中最高）的结论；但结合其在学情况来判断，则可发现其受教育状况并不乐观。

6.1.1.2 户籍类型

从图6-2可知，在幼儿园在学随迁子女次样本中，城—城随迁子女就读公立学校的比例显著高于乡—城随迁子女，前者在公立学校就读的比例超过五成，后者的这一比例不到四成，两者相差13.41个百分点。在3～18岁在学随迁子女总样本和义务教育在学随迁子女次样本中，也均是城—城随迁子女就读公立学校的比例高于乡—城随迁子女，但两者的差异不显著。在高中在学随迁子女次样本中，乡—城随迁子女就读公立学校的比例略高于城—城随迁子女，但这一差异也不显著。高中在学随迁子女次样本的分析结果不同于其他样本，主要是该样本中城—城随迁子女的样本量过少而使数据的分析结果不稳定所致。

6.1.1.3 父母流入城市

父母流入城市与随迁子女的就读学校性质显著相关。在3～18岁在学随迁子女总样本中，就读公立学校比例从高到低排在前六的城市依次为无锡市（89.54%）、咸阳市（80.00%）、长沙市（75.55%）、泉州市（75.41%）、西安市（74.80%）、武汉市（71.31%）；而就读公立学校比例次低和最低的分别是苏州市和松江区，分别为70.76%和60.91%（见图6-3a）。

3～6岁随迁子女不仅就读公立学校的比例较低，而且八城

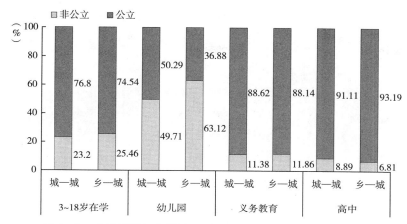

图 6 - 2　户籍类型与在学随迁子女就读学校性质的双变量分析

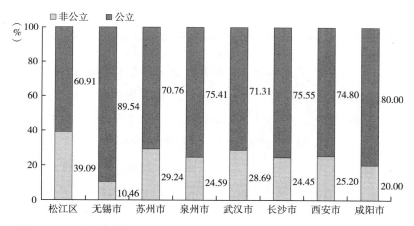

图 6 - 3a　流入城市与 3 ~ 18 岁在学随迁子女就读学校性质的双变量分析

市还存在巨大差异。其中，流入无锡市的随迁子女有近75%可以进入公立学校上学，该比例大大超过八城市的平均水平（38.55%），比进入公立学校上学比例最低的长沙市高55.37个百分点。就读公立学校比例超过八城市平均水平的还有苏州市（48.37%）、松江区（42.18%）和咸阳市（40.00%），他们在八城市中分别位居第二、第三和第四。其余四城市随迁子女就读公立学校的比例均低于八城市平均水平，如西安市的这一比例为33.04%、泉州市的这一比例为26.84%，而武汉市和长沙市的这一比例排在最后两位，只有 20% 左右（见图 6 - 3b）。

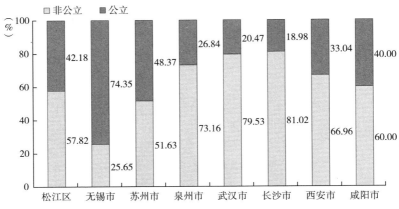

图 6 - 3b 流入城市与幼儿园在学随迁子女就读学校性质的双变量分析

总体而言，义务教育次样本在公立学校就读的比例大大高于幼儿园次样本，且随迁子女就读公立学校的比例在八城市的差异较小。就读公立学校比例最高的四个城市依次为长沙市（93.65%）、泉州市（93.62%）、无锡市（93.32%）、西安市（92.63%），且四个城市的这一比例非常接近，相差不到 1 个百分点。就读公立学校比例排在第五位和第六位的武汉市和咸阳市，这一比例为 89% 左右。排在第七位的苏州市，随迁子女就读公立学校的比例也超过 80%。就读公立学校比例最低的是松江区，这一比例不到 70%，比位居第一的长沙市低 24.07 个百分点（见图 6 - 3c）。松江区义务教育阶段随迁子女就读公立学校的比例较低，与上海市近两年收紧义务教育、要求民办学校参与解决随迁子女义务教育上学难问题有关。

虽然高中阶段随迁子女就读公立学校的比例在各次样本中最高，但不同城市存在一些差异。相比之下，无锡市和泉州市随迁子女全部在公立高中就读；咸阳市、武汉市、长沙市和松江区的随迁子女在公立学校就读的比例也较高，均在 90% 及以上；西安

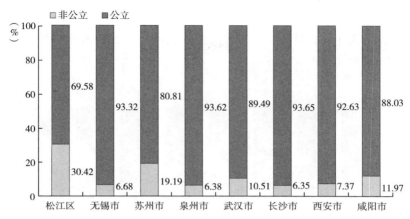

图 6 - 3c 流入城市与义务教育在学随迁子女就读学校性质的双变量分析

市有 87.32% 的随迁子女在公立学校就读，这一比例在八城市中位居第七；苏州市只有 77.78% 的随迁子女在公立学校就读，这一比例在八城市中位居最后（见图 6 - 3d）。

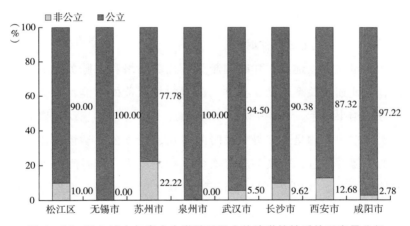

图 6 - 3d 流入城市与高中在学随迁子女就读学校性质的双变量分析

6.1.1.4 父母流动范围

父母流动范围与随迁子女就读学校性质的相关关系因不同的样本而异。在 3 ~ 18 岁在学随迁子女总样本和高中次样本中，两个变量的相关关系不显著；但在幼儿园和义务教育两个次样本中，这一相关关系显著。具体而言，在幼儿园次样本中，跨省流动者就读公立学校的比例高于省内流动者；但在义务教育次样本中，呈现相反的趋势，即跨省流动者就读公立学校的比例低于省内流动者（见图 6-4）。

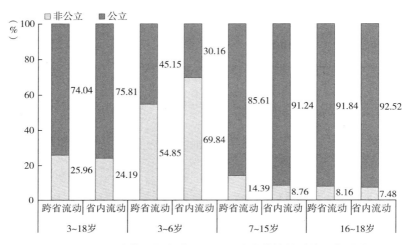

图 6-4　父母流动范围与在学随迁子女就读学校性质的双变量分析

6.1.1.5　父母居住时间

父母在流入地的居住时间越长，社交网络和人脉关系可能越广，因此通过关系帮助子女进入公立学校就读的可能性越大。数据分析结果显示，在 3~18 岁在学随迁子女总样本、幼儿园和高中次样本中，均呈现父母居住时间越长，就读公立学校的比例越高的态势。不过，在义务教育次样本中，父母居住时间与就读学校性质没有显著相关（见图 6-5）。这也间接说明，大部分随迁子女都能进入公立学校接受义务教育。

6.1.2　控制变量与就读学校性质的相关分析

6.1.2.1　家庭特征

和第 5 章的分析结果略有不同，家庭月收入与 3~18 岁在学随迁子女就读学校性质显著相关，即就读公立学校随迁子女的家庭月收入低于就读私立学校的随迁子女的家庭月收入，前者比后

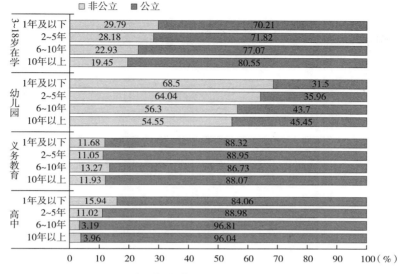

图 6 - 5　父母居住时间与在学随迁子女就读学校性质的双变量分析

者低 266.06 元；不过，在幼儿园、义务教育和高中次样本中，不同就读学校性质的家庭月收入没有明显差异。父母受教育程度与随迁子女就读学校性质之间的相关关系因不同的样本而异。在 3 ~ 18 岁在学随迁子女总样本及高中次样本中，不同父母受教育程度者的就读学校性质之间没有显著差异；但这一差异在幼儿园和义务教育次样本中显著，两者的区别在于前者是非线性关系（父母受教育程度为高中及以上者就读公立学校的比例最高，父母受教育程度为初中者就读公立学校的比例最低），后者是线性关系（父母受教育程度越高，就读公立学校的比例越高）。无论是在总样本还是次样本中，父母职业与随迁子女就读学校性质之间的相关关系在统计上均不显著。父母职业对随迁子女就读学校性质没有显著影响，这一方面可能与父母职业的同质性较强有关，即主要为商业服务业人员、工人及其他人员；另一方面，可能与控制了父母的受教育程度有关，即受教育程度较高者，其职业声望也会相对较高。主要邻居为外地人者，其就读公立学校的比例低于主要邻居为本地市民者（见表 6 - 1）。

表 6 - 1 随迁子女就读学校性质与控制变量的相关分析

单位:%, 元, 个

变 量	3~18 岁在学		幼儿园		义务教育		高中	
	非公立	公 立	非公立	公 立	非公立	公 立	非公立	公 立
家庭特征								
家庭月收入	6925.44	6659.38	7101.58	7179.06	6545.74	6567.70	6636.67	6569.86
父母受教育程度								
小学及以下	21.97	78.03	60.32	39.68	14.54	85.46	7.69	92.31
初中	25.64	74.36	64.62	35.38	12.76	87.24	9.05	90.95
高中及以上	25.34	74.66	57.86	42.14	9.26	90.74	5.93	94.07
父母职业								
管理技术办事员	27.99	72.01	56.03	43.97	13.59	86.41	0.00	100.00
商业服务业人员	24.75	75.25	63.91	36.09	11.50	88.50	7.51	92.49
工人及其他	23.78	76.22	58.73	41.27	12.37	87.63	8.75	91.25
主要邻居								
外地人	28.38	71.62	66.22	33.78	14.25	85.75	8.97	91.03
本地市民	23.17	76.83	58.44	41.56	10.40	89.60	7.03	92.97
个体特征								
兄弟姐妹数量	0.56	0.65	0.47	0.52	0.70	0.68	0.61	0.65

续表

变　　量	3~18岁在学		幼儿园		义务教育		高　中	
	非公立	公　立	非公立	公　立	非公立	公　立	非公立	公　立
性别								
女孩	24.36	75.64	61.18	38.82	10.21	89.79	4.76	95.24
男孩	25.74	74.26	61.67	38.33	13.07	86.93	10.38	89.62
教育阶段								
幼儿园	61.45	38.55	—	—	—	—	—	—
义务教育	11.87	88.13	—	—	—	—	—	—
高中	7.73	92.27	—	—	—	—	—	—
义务教育阶段								
小学	—	—	—	—	12.98	87.02	—	—
初中	—	—	—	—	7.88	92.12	—	—

6.1.2.2 个体特征

兄弟姐妹数量与就读学校性质的相关关系在不同样本中存在一些差异。在幼儿园、高中随迁子女次样本中，就读公立学校和非公立学校随迁子女的兄弟姐妹数量没有显著差异，前者的分析结果与第5章相同，后者的分析结果与第5章不同。但在3~18岁在学随迁子女总样本、义务教育随迁子女次样本中，以上两个变量之间的相关关系在统计上显著，但关系的性质不同。前者是就读公立学校随迁子女的兄弟姐妹数量多于就读非公立学校随迁子女的兄弟姐妹数量，后者是就读公立学校随迁子女的兄弟姐妹数量少于就读非公立学校随迁子女的兄弟姐妹数量。分性别来看，在3~18岁在学随迁子女总样本、幼儿园次样本中，随迁子女的性别与其就读学校性质无显著相关，这表明随迁男孩和随迁女孩在公立学校就读的比例在统计上没有显著差异；不过在义务教育和高中次样本中，随迁女孩就读公立学校的比例明显高于随迁男孩。分教育阶段来看，幼儿园随迁子女次样本在公立学校上学的比例为38.55%，即以就读非公立学校为主；义务教育和高中随迁子女次样本的这一比例较高，分别接近90%和超过90%，即两者以就读公立学校为主。对义务教育阶段的随迁子女来说，在初中就读公立学校的比例高于小学，前者比后者高5.10个百点（见表6-1）。

本研究在下一节的模型分析中不再对高中次样本做单独分析（但在3~18岁总样本中包括该次样本）。这主要是基于以下两个原因。一是16~18岁在学随迁子女的样本量只有401个，样本量太小导致自变量与因变量交互分类后，很多单元格都为5以下的数字，而这可能导致分析结果的不稳定。二是多数自变量与就读学校性质的相关关系不显著，但父母的流入城市、流动范围及随迁子女的性别除外。

6.2　模型分析结果

6.2.1　3~18 岁在学子女总样本

通过上一节分析的内容，我们对自变量与因变量之间的相关关系有了全面了解，并为本节内容的模型分析奠定了基础。接下来将采用二分类 Logistic 回归模型，探讨在其他条件相同的情况下，自变量对因变量的独立影响。首先将展示 3~18 岁在学子女总样本的分析结果，然后再分别展示幼儿园和义务教育次样本的分析结果。

6.2.1.1　3~18 岁在学全部子女总样本就读学校性质的模型分析

从表 6-2 展示的 3~18 岁在学全部子女总样本就读学校性质的模型分析结果中可知，在没有控制任何变量的情况下（模型1a），3~18 岁随迁子女就读公立学校的概率较小，仅有对照组的38%；留守子女就读公立学校的概率虽然大于随迁子女，但也只有对照组的 82%，这一结果与图 6-1 的分析结果类似。在家庭特征和个体特征都相同的情况下（模型 1b），3~18 岁随迁子女就读公立学校的概率依旧显著小于户籍人口子女，只有对照组的39%；但留守子女就读公立学校的概率与对照组没有显著差异。

表 6-2　3~18 岁在学全部子女总样本就读学校性质的模型分析结果

变　　量	模型 1a		模型 1b	
	风险比	稳健标准误	风险比	稳健标准误
流动特征				
户籍地点（对照组：户籍人口子女）				
随迁子女	0.38	0.03***	0.39	0.04***
留守子女	0.82	0.06**	0.87	0.09
父母所在城市（对照组：松江区）				
无锡市			3.27	0.48***

续表

变　　量	模型 1a		模型 1b	
	风险比	稳健标准误	风险比	稳健标准误
苏州市			1. 10	0. 13
泉州市			1. 12	0. 14
武汉市			0. 72	0. 09 **
长沙市			0. 71	0. 09 **
西安市			0. 76	0. 10 *
咸阳市			0. 79	0. 12
家庭特征				
家庭月收入			1. 00	0. 00
父母受教育程度（对照组：小学及以下）				
初中			1. 17	0. 15
高中及以上			1. 43	0. 19 **
父母职业（对照组：管理技术办事员）				
商业服务业人员			0. 91	0. 10
工人及其他			0. 91	0. 10
本地市民			1. 30	0. 08 ***
个体特征				
兄弟姐妹数量			1. 07	0. 06
男孩			0. 95	0. 06
教育阶段（对照组：幼儿园）				
义务教育			11. 54	0. 71 ***
高中			16. 55	2. 26 ***
常数	7. 77	0. 47 ***	1. 20	0. 26
样本量	12446		11003	
Log likelihood	− 5831. 8232		− 3994. 3162	
Wald chi^2	312. 8700		1946. 4200	
Pseudo R^2	0. 0275		0. 2399	

$* p < 0.05$，$** p < 0.01$，$*** p < 0.001$。

　　下面以模型 1b 为例，介绍家庭特征和个体特征变量对 3 ~ 18 岁子女就读学校性质的独立影响。从父母所在城市来看，无锡市就读公立学校的概率显著大于松江区，前者是后者的 3.27 倍。但长沙市、武汉市和西安市就读公立学校的概率显著小于松江区，分别只有对照组的 71%、72%、76%。父母受教育程度显著影响子女的就读学校性质，父母接受过高中及以上教育者，其子女就读公立学校的概率是父母接受过小学及以下教育者的 1.43 倍。主要邻居为本地市民者，其社会资本可能多于、社会融合可能好于主要邻居为外地人者，而这有助于子女获得更好的教育资源，因此，其子女就读公立学校的概率显著大于后者。在控制其他变量后，教育阶段仍然显著影响子女的就读学校性质，接受义务教育和高中教育者就读公立学校的概率大于接受幼儿园教育者，前二者分别是后者的 11.54 倍、16.55 倍。在其他条件相同的情况下，家庭月收入、父母职业、兄弟姐妹数量、子女性别对就读学校性质的影响不显著。

6.2.1.2 3~18 岁在学随迁子女总样本就读学校性质的模型分析

相关分析结果显示，大部分流动特征、家庭特征和个体特征变量与随迁子女的就读学校性质显著相关。那么，在控制其他变量的情况下，他们之间的相关关系在统计上是否还显著？为了进一步考察以上变量对就读学校性质的独立影响，笔者对 3~18 岁在学随迁子女总样本进行了模型分析（见表 6-3）。

表 6-3 3~18 岁在学随迁子女就读学校性质的模型分析结果

变　　量	模型 1c		模型 1d	
	风险比	稳健标准误	风险比	稳健标准误
流动特征				
乡—城随迁子女	0.79	0.12	0.89	0.13
父母流入城市（对照组：松江区）				
无锡市	7.51	1.56 ***	—	—
苏州市	1.70	0.29 **	—	—
泉州市	2.56	0.46 ***	—	—
武汉市	1.70	0.30 **	—	—

续表

变　量	模型 1c		模型 1d	
	风险比	稳健标准误	风险比	稳健标准误
长沙市	1.91	0.36 ***	—	—
西安市	2.04	0.37 ***	—	—
咸阳市	2.05	0.53 **	—	—
省内流动	—	—	1.02	0.08
父母居住时间（对照组：1 年及以下）				
2～5 年	1.01	0.12	1.08	0.12
6～10 年	1.25	0.16	1.27	0.16 *
10 年以上	1.24	0.18	1.24	0.17
家庭特征				
家庭月收入	1.00	0.00	1.00	0.00
父母受教育程度（对照组：小学及以下）				
初中	1.11	0.18	1.05	0.17
高中及以上	1.67	0.30 **	1.47	0.25 *
父母职业（对照组：管理技术办事员）				
商业服务业人员	0.92	0.16	0.87	0.15
工人及其他	0.87	0.16	1.02	0.18
本地市民	1.28	0.10 **	1.37	0.11 ***
个体特征				
兄弟姐妹数量	1.04	0.07	1.07	0.07
男孩	0.90	0.07	0.93	0.07
教育阶段（对照组：幼儿园）				
义务教育	12.20	1.02 ***	11.39	0.91 ***
高中	21.20	4.58 ***	19.93	4.21 ***
常数	0.25	0.08 ***	0.48	0.14 *
样本量	5013		5013	
Log likelihood	− 2121.0502		− 2201.1076	
Wald chi^2	1028.9500		1048.7600	
Pseudo R^2	0.2451		0.2167	

　　* $p < 0.05$，* * $p < 0.01$，* * * $p < 0.001$。

从第 5 章中可知，父母流入城市与父母流动范围有较强的相关性，不适合同时放入模型中进行分析。表 6 – 3 共有两个模型。模型 1c 中纳入的"父母流入城市"变量可在一定程度上减少数据聚类性可能带来的分析结果偏差，故在考察自变量对因变量的影响时主要看这个模型的分析结果。模型 1d 仅用于考察流动范围对因变量的独立影响。

模型分析结果显示，3 ~ 18 岁在学的城—城与乡—城随迁子女就读公立学校的概率没有显著差异。父母流入无锡市、泉州市、咸阳市、西安市、长沙市、武汉市和苏州市的 3 ~ 18 岁在学随迁子女就读公立学校的概率显著大于松江区。换言之，松江区 3 ~ 18 岁在学随迁子女就读公立学校的概率最小。父母流动范围、父母居住时间对 3 ~ 18 岁在学随迁子女的就读学校性质没有显著影响，即不管父母是省内流动还是跨省流动，在流入地的居住时间是较长还是较短，他们就读公立学校的概率基本相同。

就控制变量而言，父母受教育程度为高中及以上者，其就读公立学校的概率显著大于父母受教育程度为小学及以下者，前者就读公立学校的概率比后者高 67.00%。主要邻居为本地市民者，其就读公立学校的概率比主要邻居为外地人者高 28.00%。和前面的描述性分析结果一致，义务教育和高中在学随迁子女就读公立学校的概率大于幼儿园随迁子女在公立学校就读的概率，分别为对照组的 12.20 倍和 21.20 倍。此外，家庭月收入、父母职业、兄弟姐妹数量、性别对 3 ~ 18 岁在学随迁子女就读学校性质的影响在统计上不显著，这一分析结果与表 6 – 2 完全相同。

6.2.2　幼儿园次样本

以上对 3 ~ 18 岁在学子女总样本的分析，是将幼儿园、义务教育和高中三个次样本放在一起做的综合考察，而这有可能会掩盖不同要素对不同教育阶段子女就读学校性质的不同影响。为了深入探究流动特征、家庭特征和个体特征等变量对不同教育阶段子女就读学校性质的独立影响，下面分别对幼儿园和义务教育次样本进行模型分析。分析思路与 3～18 岁在学子女总样本相同，即先考察在学全部子女次样本，然后再分析在学随迁子女次样本。

6.2.2.1 幼儿园在学全部子女次样本就读学校性质的模型分析

从前文可知，3～6 岁的户籍人口子女、随迁子女和留守子女就读公立幼儿园的比例都较低。那么，有哪些因素会影响子女就读公立幼儿园的概率？为了准确回答这一问题，在表 6－4 中做了两个模型，分别为模型 2a 和模型 2b。从这两个模型中可知，不管是否控制家庭和个体特征变量，户籍地点均显著影响幼儿园在学全部子女就读公立学校的概率。在模型 2b 中，随迁子女在公立幼儿园上学的概率最小，只有对照组的 25%；留守子女在公立幼儿园上学的概率大于随迁子女，但也只有对照组的 54%。这一组数据的背后透视出两个教育问题：一是在我国当前公立幼儿园资源比较紧张的情况下，流入地在招生时基本实行本地人优先的原则，作为外来人的随迁子女进入公立幼儿园就读的难度非常大；二是受我国长期存在的二元教育体制的影响，政府对经济欠发达地区的教育投入很少，学前教育尤为如此，这导致学龄前留守儿童虽然在户籍地接受教育，但就读公立幼儿园的概率仍然只有流入地户籍人口子女的一半左右。

父母所在城市显著影响子女就读幼儿园的性质。具体而言，无锡市子女就读公立幼儿园的概率最大，是松江区的 2.01 倍；在其他条件相同的情况下，长沙市、武汉市、咸阳市、西安市和泉州市子女就读公立幼儿园的概率均显著小于松江区。此外，苏州市子女在公立幼儿园就读的概率与松江区没有显著差别。父母受教育程度显著影响子女就读公立幼儿园的概率，若仅从发生比来看，父母接受过初中教育者上公立幼儿园的概率比对照组高7%，虽然在统计上没有显著差异。父母接受过高中及以上教育者上公立幼儿园的概率比对照组高 35%，而且这一差异在统计上显著。主要邻居为本地市民者，就读公立幼儿园的概率比主要邻居为外地人者显著高 29%。兄弟姐妹数量与较高的在公立幼儿园就读的概率正向相关。家庭月收入、父母职业、子女性别对就读学校性质没有显著影响，这与 3~18 岁在学子女总样本的分析结果一致（见表 6-4）。

表 6-4　幼儿园全部子女就读学校性质的模型分析结果

变　　量	模型 2a		模型 2b	
	风险比	稳健标准误	风险比	稳健标准误
流动特征				
户籍地点（对照组：户籍人口子女）				
随迁子女	0.34	0.03***	0.25	0.03***
留守子女	0.74	0.08**	0.54	0.08***
父母所在城市（对照组：松江区）				
无锡市			2.01	0.39***
苏州市			0.98	0.15
泉州市			0.38	0.06***
武汉市			0.18	0.04***
长沙市			0.11	0.02***
西安市			0.34	0.06***
咸阳市			0.26	0.07***
家庭特征				
家庭月收入			1.00	0.00
父母受教育程度（对照组：小学及以下）				
初中			1.07	0.28
高中及以上			1.35	0.37*
父母职业（对照组：管理技术办事员）				
商业服务业人员			0.90	0.13
工人及其他			0.78	0.12
本地市民			1.29	0.13**
个体特征				
兄弟姐妹数量			1.30	0.11***

续表

变　　量	模型 2a		模型 2b	
	风险比	稳健标准误	风险比	稳健标准误
男孩			1.00	0.09
常数	1.87	0.16 ***	3.82	1.36 ***
样本量	2890		2511	
Log likelihood	−1925.5869		−1478.3492	
Wald chi^2	149.3600		391.8200	
Pseudo R^2	0.0386		0.1505	

* $p < 0.05$，* * $p < 0.01$，* * * $p < 0.001$。

6.2.2.2　幼儿园在学随迁子女次样本就读学校性质的模型分析

幼儿园在学随迁子女就读学校性质的影响因素是本研究重点关注的问题之一，为此，下面将通过模型 2c、模型 2d 来展示流动特征、家庭特征和个体特征等变量对幼儿园在学随迁子女就读学校性质的独立影响。模型 2c 与模型 2d 的区别和模型 1c 与模型 1d 的区别相同，因前文已述其区别，此处不再重述。

表 6 - 5　幼儿园随迁子女就读学校性质的模型分析结果

变　　量	模型 2c		模型 2d	
	风险比	稳健标准误	风险比	稳健标准误
流动特征				
乡—城随迁子女	0.67	0.14	0.67	0.13 *
父母流入城市（对照组：松江区）				
无锡市	4.76	1.33 ***	—	—
苏州市	1.24	0.29	—	—
泉州市	0.55	0.15 *	—	—
武汉市	0.29	0.08 ***	—	—
长沙市	0.24	0.08 ***	—	—
西安市	0.61	0.16	—	—
咸阳市	0.78	0.32	—	—

续表

变　　量	模型 2c		模型 2d	
	风险比	稳健标准误	风险比	稳健标准误
省内流动	—	—	0.51	0.06 ***
父母居住时间（对照组：1 年及以下）				
2~5 年	0.84	0.16	1.14	0.21
6~10 年	0.83	0.18	1.39	0.28
10 年以上	0.73	0.19	1.36	0.32
家庭特征				
家庭月收入	1.00	0.00	1.00	0.00
父母受教育程度（对照组：小学及以下）				
初中	0.81	0.28	0.69	0.21
高中及以上	1.30	0.46	1.01	0.32
父母职业（对照组：管理技术办事员）				
商业服务业人员	1.02	0.24	0.81	0.18
工人及其他	0.81	0.20	0.95	0.22
本地市民	1.41	0.19 *	1.45	0.18 **
个体特征				
兄弟姐妹数量	1.29	0.15 *	1.21	0.13
男孩	1.00	0.13	1.04	0.13
常数	1.07	0.54	1.03	0.46
样本量	1231		1231	
Log likelihood	−718.1464		−784.13158	
Wald chi^2	157.5400		63.8800	
Pseudo R^2	0.1237		0.0432	

　　* $p < 0.05$，　* * $p < 0.01$，　* * * $p < 0.001$。

　　在其他变量相同的情况下，乡—城随迁子女就读公立幼儿园的概率小于城—城随迁子女，前者进入公立幼儿园的概率只有后者的 67%，不过这一差异在统计上不显著。就父母流入城市而言，无锡市随迁子女就读公立幼儿园的概率最大，是对照组的 4.76 倍；长沙市、武汉市和泉州市随迁子女就读公立幼儿园的概率显著小于对照组，分别只有对照组的24%、29%和55%。父母流动范围显著影响随迁子女的就读学校性质，省内流动者就读公立学校的概率只有跨省流动者的51%。但父母居住时间对其就读学校性质没有显著影响。

主要邻居为本地市民者就读公立学校的概率显著大于主要邻居为外地人者，前者就读公立学校的概率是后者的1.41倍。兄弟姐妹数量越多，随迁子女进入公立幼儿园的概率也相对更大。家庭月收入、父母受教育程度、父母职业等家庭特征变量，以及随迁子女的性别等个体特征变量对幼儿园在学随迁子女的就读学校性质没有显著影响。

6.2.3　义务教育次样本

与幼儿园次样本相比，义务教育次样本就读公立学校的概率大大提升，这主要归因于《中华人民共和国义务教育法》的实施，中共中央、国务院在2001年颁布的《关于基础教育改革与发展的决定》首次提出"以流入地区政府管理为主，以全日制公办中小学为主，采取多种形式，依法保障流动人口子女接受义务教育的权利"的"两为主"政策，以及《国家中长期教育改革和发展规划纲要（2010~2020）》等多部法律法规对"两为主"政策的重申和强调。不过，虽然义务教育在学子女在公立学校就读的比例总体较高，但从前文的相关分析可知，具有不同流动特征、家庭特征和个体特征的义务教育在学子女就读公立学校的比例仍然存在差异。为此，本部分将在控制其他变量的情况下，探讨以上因素对义务教育在学子女就读学校性质的独立影响。

6.2.3.1　义务教育在学全部子女次样本就读学校性质的模型分析

表6-6展示了义务教育在学全部子女就读学校性质的模型分析结果。模型3a仅考察了户籍地点对因变量的影响，由于该模型没有控制任何变量，故分析结果与图6-1的相关分析结果类似，差

异在于后者给出了 Log likelihood、Wald chi^2、Pseudo R^2 等统计量。

表 6-6　义务教育在学全部子女就读学校性质的模型分析结果

变　量	模型 3a		模型 3b	
	风险比	稳健标准误	风险比	稳健标准误
流动特征				
户籍地点（对照组：户籍人口子女）				
随迁子女	0.40	0.05 ***	0.54	0.08 ***
留守子女	0.97	0.15	1.61	0.30 *
父母所在城市（对照组：松江区）				
无锡市			4.34	0.84 ***
苏州市			1.29	0.18 *
泉州市			3.70	0.70 ***
武汉市			2.54	0.48 ***
长沙市			4.54	1.04 ***
西安市			2.05	0.37 ***
咸阳市			2.16	0.51 **
家庭特征				
家庭月收入			1.00	0.00
父母受教育程度（对照组：小学及以下）				
初中			1.06	0.17
高中及以上			1.39	0.25
父母职业（对照组：管理技术办事员）				
商业服务业人员			1.10	0.19
工人及其他			1.31	0.24
本地市民			1.39	0.13 **
个体特征				
兄弟姐妹数量			0.90	0.07
男孩			0.84	0.08
初中			1.16	0.13
常数	18.49	2.15 ***	3.91	1.22 ***
样本量	7272		6465	
Log likelihood	-2064.2481		-1749.8184	
Wald chi^2	97.7900		213.6000	
Pseudo R^2	0.0249		0.0687	

*p < 0.05，**p < 0.01，***p < 0.001。

从模型 3b 中可知，在义务教育在学全部子女次样本中，随迁子女就读公立学校的概率最小，只有对照组的 54%，这与随迁子女因没有流入地户口而不能平等享有流入地的公立教育资源相关。留守子女就读公立学校的概率不仅大于随迁子女，也大于户籍人口子女，这可能与流入地户籍人口更愿意对子女进行人力资本投资有关，即经济条件较好的家庭更有可能将其子女送入教学质量好的私立贵族学校接受教育。从父母所在城市来看，相对于松江区而言，长沙市子女就读公立学校的概率最大，其次为无锡市，再次为泉州市，排在第四至第七位的分别为武汉市、咸阳市、西安市、苏州市。也就是说，松江区子女就读公立学校的比例为八城市中最低。

在家庭和个体特征方面，主要邻居为本地市民者就读公立学校的概率比主要邻居为外地人者显著高 39%。家庭收入、父母受教育程度、父母职业对子女就读学校性质没有显著影响，即就读学校性质在不同家庭月收入、不同父母受教育程度、不同父母职业的子女之间没有明显的差别。此外，随迁子女的兄弟姐妹数量、性别、教育阶段等个体特征变量对其就读学校性质也没有显著影响。

6.2.3.2 义务教育在学随迁子女次样本就读学校性质的模型分析

在了解了户籍地点等相关变量对义务教育在学全部子女影响的基础上，本部分将以义务教育随迁子女为分析对象，探讨流动特征、家庭特征和个体特征等变量对就读学校性质的影响性质及影响程度。

表 6-7 展示了义务教育随迁子女就读学校性质的模型分析结果。模型 3c 与模型 3d 的区别和模型 1c 与模型 1d 的区别相同，因前文已经提及，故此处不赘述。模型 3c 的数据分析结果显示，在家庭特征和个体特征等变量完全相同的情况下，乡—城随迁子女在义务教育阶段的就读学校性质与城—城随迁子女没有显著差异。但父母流入城市显著影响义务教育在学随迁子女的就读学校

性质。在其他条件相同的情况下，相对于松江区而言，就读公立学校概率最大的是长沙市（为对照组的 8.29 倍），其次为泉州市（为对照组的 7.58 倍），其后依次为无锡市（为对照组的 6.69 倍）、西安市（为对照组的 5.70 倍）、武汉市（为对照组的 4.61 倍）、咸阳市（为对照组的 3.11 倍）和苏州市（为对照组的 1.85 倍）。父母流动范围对义务教育在学随迁子女的就读学校性质有显著影响，省内流动随迁子女就读公立学校的概率比跨省流动随迁子女高 64%。从父母居住时间来看，在流入地居住 2～5 年、6～10 年者，其随迁子女就读公立学校的概率与居住 1 年及以下者没有显著差异；只有在流入地居住 10 年及以上者，其随迁子女就读公立学校的概率才比对照组高 60%，而且这一差异在统计上显著。

表 6 - 7　义务教育随迁子女就读学校性质的模型分析结果

变　　量	模型 3c		模型 3d	
	风险比	稳健标准误	风险比	稳健标准误
流动特征				
乡—城随迁子女	0.97	0.23	1.15	0.26
父母流入城市（对照组：松江区）				
无锡市	6.69	1.60 ***	—	—
苏州市	1.85	0.33 ***	—	—
泉州市	7.58	1.95 ***	—	—
武汉市	4.61	1.04 ***	—	—
长沙市	8.29	2.57 ***	—	—
西安市	5.70	1.43 ***	—	—
咸阳市	3.11	1.01 ***	—	—
省内流动	—	—	1.64	0.21 ***
父母居住时间（对照组：1 年及以下）				
2～5 年	1.16	0.22	1.02	0.19
6～10 年	1.29	0.26	0.89	0.17
10 年以上	1.60	0.35 *	0.96	0.20

续表

变　量	模型 3c		模型 3d	
	风险比	稳健标准误	风险比	稳健标准误
家庭特征				
家庭月收入	1.00	0.00	1.00	0.00
父母受教育程度（对照组：小学及以下）				
初中	1.00	0.19	0.96	0.18
高中及以上	1.63	0.38 *	1.41	0.32
父母职业（对照组：管理技术办事员）				
商业服务业人员	1.02	0.27	1.22	0.30
工人及其他	1.12	0.31	1.38	0.35
本地市民	1.29	0.15 *	1.35	0.16 **
个体特征				
兄弟姐妹数量	0.90	0.09	1.02	0.10
男孩	0.78	0.09 *	0.80	0.10
初中	1.67	0.27 **	1.69	0.27 **
常数	1.15	0.54	3.20	1.36 **
样本量	3033		3033	
Log likelihood	−1022.0352		−1082.3248	
Wald chi^2	154.8100		51.8400	
Pseudo R^2	0.0801		0.0258	

$* p < 0.05$，$** p < 0.01$，$*** p < 0.001$。

在控制其他变量后，父母受教育程度为初中者，就读公立学校的概率与父母受教育程度为小学及以下者没有显著差异；但父母教育程度为高中及以上者，就读公立学校的概率比对照组显著高 63%。主要邻居为本地市民者，其就读公立学校的概率比主要邻居为外地人者显著高 29%。从性别来看，随迁男孩就读公立学校的概率比女孩显著低 22%。初中随迁子女就读公立学校的概率比小学随迁子女显著高 67%。当然，也有一些变量对义务教育在学随迁子女的就读学校性质没有显著影响，如家庭月收入、父母职业、兄弟姐妹数量。

6.3　总结与讨论

　　受大多数流动家庭没有流入地户籍、社会经济地位较低等因素的影响，随迁子女就读的非公立学校通常是办学硬件条件简陋、师资力量薄弱、教学质量较差的打工子弟学校或与之类似的民办/私立学校，有些甚至是未经教育主管部门审批的学校，如在流动人口聚集的城乡接合部、城中村等地存在大量"黑园"或"山寨园"。因此，对于随迁子女来说，在公立学校就读通常意味着比在非公立学校就读拥有更好的教育机会①。本章对随迁子女的就读学校性质做了深入分析，现将主要研究发现总结如下。

　　其一，随迁子女就读公立学校的比例因不同的教育阶段而异，呈现教育阶段越高，就读公立学校的比例也越高的特点。具体而言，随迁子女就读公立幼儿园的比例只有 38.55%，就读公立小学和初中的比例平均为 88.13%，就读公立高中的比例高达 92.27%。但随着教育阶段的升高，随迁子女与户籍人口子女就读公立学校的比例差异呈现梯次递减的趋势，幼儿园、义务教育和高中阶段随迁子女就读公立学校的比例分别比相应户籍人口子女低 26.55 个、6.74 个和 3.96 个百分点，且均大于留守子女与户籍人口子女之间的相应差异。

　　其二，户籍地点显著影响子女的就读学校性质。在 3~18 岁在学全部子女总样本中，随迁子女就读公立学校的概率显著小于户籍人口子女和留守子女。在幼儿园和义务教育次样本中，随迁子女就读公立学校的概率依旧显著小于户籍人口子女和留守子女。这表明，户籍地点对随迁子女就读学校性质有消极影响，会

----

　　①　本地户籍人口子女就读的私立（非公立）学校可能不同于随迁子女就读的私立（非公立）学校，前者通常在办学条件、师资、教学质量等方面好于或至少相当于公立学校。

减小其就读公立学校的概率。即使在普及率很高的义务教育阶段，这一影响也仍然存在。这一研究发现符合常理，也支持本研究第3章提出的研究假设1b。究其原因，主要归之于户籍制度以及与此相关的教育制度，即随迁子女由于没有流入地户口，故而在进入公立学校就读时会遇到比户籍人口子女更多的障碍。幼儿园阶段的障碍尤为明显（如随迁子女在公立幼儿园就读的比例比户籍人口子女低近30个百分点），故而随迁子女的教育机会还有很大的改善空间。事实上，随迁子女与户籍人口子女在就读学校性质层面的差异大于定量分析结果，因为以往文献和访谈结果发现，流入地并不向随迁子女开放所有的公立学校，已开放的公立学校通常是位于城乡接合部且生源较差的学校，一些教学质量较好的学校或重点学校不向随迁子女开放。

其三，户籍类型对随迁子女的就读学校性质没有显著影响。这一分析结果不支持本研究第3章提出的研究假设2b。得出这一分析结果的原因可能是多方面的。首先，在义务教育阶段，不同类型随迁子女就读公立学校的比例没有差异符合常理。中央政府出台的一系列与"两为主"政策有关的法律、法规等，有力地保障了随迁子女在流入地"以公立学校为主"接受义务教育，故而包括乡—城随迁子女在内的所有随迁子女在公立学校接受义务教育的权利均可在较大程度上得到实现。其次，在幼儿园阶段，中央及地方政府的相关部门几乎没有出台任何有关教育的政策、法规等来保护随迁子女就读公立幼儿园的权利，在公立幼儿园供给十分有限的情况下，不管是城—城还是乡—城随迁子女都难以进入公立幼儿园就读。再次，在高中阶段，虽然国家在近几年已将流动人口随迁子女异地高考问题提上了议事日程，如2010年将山东、重庆和湖南三个省作为国家教改试点，又如2012年国务院办公厅发出文件要求各地在年底之前出台异地高考的具体办法，但那些政策要么还停留在纸面上，要么改革的力度非常小，城—城和乡—城随迁子女在流入地就读高中、参加高考依然面临巨大的制度障碍。以上因素再次表明，户籍制度和教育制度等制度因素对随迁子女就读学校性质的影响很大。

　　其四，父母流入城市显著影响随迁子女的就读学校性质。在幼儿园在学随迁子女次样本中，无锡市随迁子女就读公立学校的概率最大，显著大于对照组（松江区）；长沙市、武汉市和泉州市随迁子女就读公立学校的概率则排在最后三位，显著小于对照组。义务教育在学随迁子女就读公立学校的概率在八城市之间的排序与幼儿园次样本有较大差异。与对照组（松江区）相比，其余七城市随迁子女就读公立学校的概率显著更大，（从大到小排序）位居第一的是长沙市（该城市是随迁子女就读公立幼儿园概率最小的城市）、第二是泉州市、第三是无锡市（该城市随迁子女就读公立幼儿园的概率排在第一）、第四是西安市、第五是武汉市（该城市随迁子女就读公立幼儿园的概率排在第六）、第六是咸阳市、第七是苏州市、第八是松江区（该区随迁子女就读公立幼儿园的概率排在第二）。以上分析结果表明，松江区、苏州市等城市虽然义务教育随迁子女就读公立学校的概率位居八城市后两位，但幼儿园随迁子女就读公立学校的概率位居前列；长沙市虽然义务教育随迁子女在公立学校就读的概率位居第一，但幼儿园随迁子女就读公立学校的概率排在最后。综合幼儿园和义务教育而言，无锡市和西安市随迁子女在公立学校接受教育的概率较大。简言之，父母流入城市与随迁子女就读学校性质呈现较为复杂的关系。以上分析结果验证了本研究第 3 章提出的研究假设 3b。父母流入城市可能从两方面同时作用于随迁子女的就读学校性质：一方面，与不同城市的教育发展水平、教育资源的供给和需求情况密切相关，在公立教育资源比较充足的地区，随迁子女就读公立学校的概率可能更大；另一方面，与不同城市响应中央政府颁布和出台的随迁子女教育政策的力度和政策执行情况有关，若该城市响应上级政策的积极性高、政策的执行和监督较好，则随迁子女进入公立学校时受到的制度排斥就可能越少，进而更可能顺利进入公立学校就读。

其五，流动范围对随迁子女就读学校类型的影响因不同样本而异。在其他变量相同的情况下，在幼儿园和义务教育次样本中，就读公立学校的概率在跨省流动随迁子女与省内流动随迁子女之间存在显著差异。在幼儿园次样本中为省内随迁子女就读公立幼儿园的概率小于跨省随迁子女，在义务教育次样本中为省内随迁子女就读公立学校的概率大于跨省随迁子女。可见，本研究第3章提出的研究假设4b被部分证实。省内随迁子女就读公立幼儿园的概率小于跨省随迁子女，这个分析结果出人意料。其原因在于省内流动人口较多的城市如长沙市和武汉市随迁子女就读公立幼儿园的比例在八城市中排在最后两位，而跨省流动人口较多的城市如无锡市、苏州市和松江区随迁子女就读公立幼儿园的比例则排在八城市中前三位。其背后透视出经济发达城市的政府部门对学前教育的经费投入可能更多，公立幼儿园的供给大于经济相对不发达的城市。在义务教育次样本中，省内随迁子女就读公立学校的概率大于跨省随迁子女的现象说明，随迁子女"义务教育有学上"的问题虽得到较好解决，但"义务教育上好学"的问题仍然存在一定的障碍，而且跨省随迁子女就读公立学校时面临的障碍大于省内流动随迁子女。

其六，父母居住时间对随迁子女就读学校性质的影响因不同的样本而异。在3~18岁在学随迁子女总样本、幼儿园在学随迁子女次样本中，控制其他变量后，父母居住时间对随迁子女就读学校性质没有显著影响。这可能有以下两个原因。一是幼儿园作为义务教育前阶段，政府对学前教育的财政投入相对较少，幼儿园的教育资源一直处于供不应求的状况，公立幼儿园更是如此。在这一情况下，流入地公立幼儿园招生时基本实行的是本地人优先的原则。因此，不管居住多长时间的流动人口，都会因没有流入地户口而将其随迁子女排除在分享当地有限的公立幼儿园资源之外。二是流动父母受惯习以及周围教育环境等因素的影响，对幼儿园教育尚不够重视，还未认识到幼儿园对培养子女个性、开发子女潜能的重要作用，故而多数家长送 3 ~ 6 岁随迁子女入园的比例不是很高，而且入园时多考虑学费、便利性等因素，少考虑幼儿园的办学条件和办学性质。以上两个因素的综合作用，使父母居住时间对幼儿园在学随迁子女的就读学校性质没有显著影响。但就义务教育在学随迁子女次样本而言，父母在流入地居住10 年以上者，其就读公立学校的概率会显著高于对照组。义务教育由于具有强制性、普及性、免费性等特点，再加上随迁子女在小学和初中的学习表现会直接影响其上高中、上大学的概率，甚至影响其一生的教育获得，因此父母对义务教育的重视程度远超幼儿园。由于随迁子女义务教育阶段"上学难"的问题基本得到解决，在此基础上，家长们更进一步考虑的是办学条件、师资力量、学校资源的问题，教学质量较高的公立学校无疑是家长们追逐的对象。但是受流入地公立教育资源供给小于需求的影响，通常是那些积累了一定社会资本的家庭更有可能让子女进入公立学校就读。父母在流入地居住10 年以上者，有足够长的时间以及更多机会认识和结交流入地的朋友，而这对社会网络的扩大和社会资本的积累有着重要影响。这一分析结果也与本文的"社会资本对随迁子女就读学校性质有显著影响"的结论交相呼应、相互验证。综上，本研究第 3 章提出的研究假设 5b 得到部分证实。

其七，家庭特征变量对随迁子女就读学校性质的影响因不同变量和教育阶段而异。在其他变量相同的情况下，经济资本对不同教育阶段在学随迁子女的就读学校性质没有显著影响。文化资本对幼儿园在学随迁子女的就读学校性质没有显著影响，但对义务教育在学随迁子女的就读学校性质有显著影响。相比之下，社会资本对随迁子女就读学校性质的影响程度大于经济资本和文化资本，即不管在哪个阶段的教育中，父母社会资本较多者的随迁子女就读公立学校的概率相应更高。以上分析结果使本研究第 3 章提出的研究假设 6b 和假设 8b 完全得到证实，而研究假设 7b 得到部分证实。经济资本对就读学校性质没有显著影响的分析结果可能存在两个原因：一是不同家庭经济资本的随迁子女能平等地享有流入地公立学校的教育资源；二是制度因素对随迁子女进入公立学校就读的阻碍很大而导致经济资本的影响不显著。但文化资本、社会资本对随迁子女就读学校性质有显著影响的结论否定了以上提到的第一个原因，并证实了第二个原因的合理性。我国政府暂未将幼儿园纳入义务教育范畴，也未出台保障随迁子女在流入地公立幼儿园接受教育的任何法律、法规，以及相关的政策文件，故而随迁子女进入公立幼儿园就读的主要影响因素是制度。同时，不同文化资本的家庭对学前教育的重视程度普遍不高（至少不及义务教育和高中），这也导致文化资本不同的家庭的随迁子女就读幼儿园的方式基本一致，即主要就读私立幼儿园。就义务教育阶段的随迁子女而言，一方面制度因素对就读学校性质的影响小于幼儿园阶段，另一方面文化资本较高的家庭更重视子女的教育，故而文化资本较高的家庭其子女进入公立学校的概率也更大。当然，在公立学校教育资源有限的条件下，社会资本较多的家庭通过熟人（强关系、弱关系）可以在一定程度上突破制度的藩篱，从而帮助子女获得进入公立学校就读的机会和资格，这正是社会资本对各教育阶段随迁子女就读学校性质有显著影响的原因。概而言之，社会资本对随迁子女就读学校性质的影响最大，文化资本的影响次之，经济资本的影响最小。

其八，个体特征变量对随迁子女就读学校性质的影响。就兄弟姐妹数量而言，较多的兄弟姐妹数量会显著提高其就读公立幼儿园的概率，这一分析结果有悖于现存研究，也与常理不符，因此，这一分析结果及其原因在以后的研究中还有待继续关注。但兄弟姐妹数量对义务教育在学随迁子女就读学校性质的影响不显著。这与义务教育随迁子女就读公立学校的比例本身很高（接近

90%）有关，即不管兄弟姐妹数量有多少，大多数都能进入公立学校就读。就性别而言，在幼儿园阶段，随迁男孩与随迁女孩就读公立幼儿园的概率没有显著差别；但在义务教育阶段，男孩就读公立学校的概率显著小于女孩。可见，第 3 章提出的研究假设 9b 和假设 10b 得到部分证实。这一研究发现不支持现存研究中"中国教育存在男孩好于女孩"的观点，究其原因，与随迁女孩的学习成绩好于随迁男孩，而流入地公立学校在接收随迁子女时通常愿意接收学习成绩较好的随迁子女有关。

第7章　受教育年限

在第5章、第6章全面、系统地分析随迁子女在学情况和就读学校性质的基础上，本章将对教育结果指标——受教育年限进行深入探讨，以全面把握和深入认识随迁子女受教育状况的特点和影响因素。与前两章的分析指标相比，受教育年限是一个更为综合的测量指标，通过对该指标的考察，一是可以从总体上把握随迁子女的教育结果情况，二是可以推断某一年龄段随迁子女的在学或辍学情况，三是可以间接推断随迁子女适龄入学和学业的连续性情况。考虑到我国义务教育的普及率很高，不同人群在这一阶段的受教育年限差异很小；同时考虑到目前我国各地学校普遍执行的是截至当年8月31日，年满6周岁或7周岁的儿童可以报名入读小学一年级的规定，因此，完成义务教育后的年龄应在15岁或以上。故本章仅对16～18岁随迁子女的受教育年限展开分析。

本章对2013年国家卫生和计划生育委员会组织实施的"流动人口社会融合调查"数据的定量分析，旨在回答以下三个问题：一是16～18岁人口的受教育年限有什么特点；二是主要自变量——流动特征变量对16～18岁随迁子女的受教育年限是否有影响；三是控制变量——家庭特征和个体特征等变量对16～18岁随迁子女的受教育年限是否有影响。

7.1　双变量的描述性统计

7.1.1　主要自变量与受教育年限的相关分析

双变量的分析方法依不同变量的属性而异。在因变量为连续变量的情况下，若自变量为三分类及以上变量，采用一元方差分析方法；若自变量为二分类变量，采用两个独立样本的 T 检验方法；若自变量也为连续变量，则采用相关分析方法。本节内容主要采用了以上三种统计分析方法探讨两个变量的相关关系。

7.1.1.1　户籍地点

一元方差分析结果显示，户籍地点与 16～18 岁子女的受教育年限显著相关。其中，户籍人口子女的受教育年限最高，为11.02 年；留守子女的受教育年限次之，为 10.88 年；随迁子女的受教育年限最短，为 10.36 年，分别比户籍人口子女和留守子女短 0.66 年、0.52 年（见图 7 – 1）。

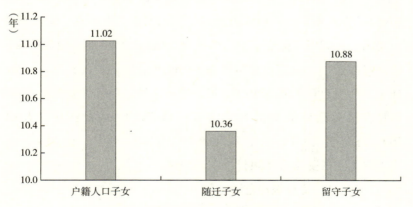

**图 7 – 1　户籍地点与 16～18 岁全部子女受教育
年限的双变量分析**

7.1.1.2　户籍类型

图 7 – 2 展示了户籍类型与随迁子女受教育年限之间的相关分析结果。两个独立样本的 T 检验分析结果显示，不同户籍类型

随迁子女的受教育年限存在显著差异，乡—城随迁子女的受教育年限较短，只有 10.32 年；城—城随迁子女的受教育年限相对较长，为 10.88 年。相比之下，前者比后者短 0.56 年。

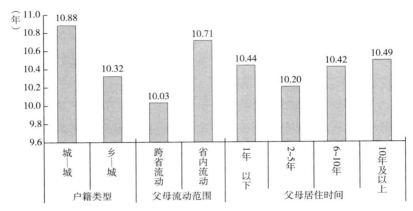

图 7－2　户籍类型等与 16～18 岁随迁子女受教育年限的双变量分析

7.1.1.3　父母流入城市

父母流入城市与随迁子女的受教育年限亦有显著相关（见图 7－3）。在八城市中，西安市随迁子女的受教育年限为 10.99 年，位居第一；咸阳市随迁子女的受教育年限为 10.96 年，位居第二；长沙市随迁子女的受教育年限为 10.84 年，位居第三；武汉市随迁子女的受教育年限为 10.61 年，位居第四。随迁子女受教育年限排在最后四位的依次为无锡市（10.24 年）、松江区（9.80年）、苏州市（9.78 年）、泉州市（9.67 年）。显然，中、西部城市随迁子女的受教育年限长于东部城市。

7.1.1.4　父母流动范围

父母流动范围与随迁子女受教育年限的相关关系在统计上高度显著，若父母为跨省流动者，随迁子女的受教育年限为 10.03年；若父母为省内流动者，随迁子女的受教育年限为 10.71 年，两者相差 0.68 年。可见，跨省流动随迁子女的受教育年限短于省内流动随迁子女的受教育年限（见图 7－2）。

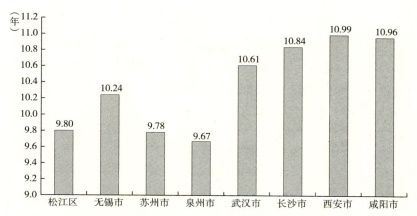

图 7 - 3 父母流入城市与 16 ~ 18 岁随迁子女受教育年限的双变量分析

7.1.1.5 父母居住时间

从父母居住时间来看，父母在流入地居住 10 年及以上者，随迁子女的受教育年限最长，为 10.49 年；其次为父母在流入地居住 1 年及以下者，受教育年限为 10.44 年；再次为父母在流入地居住 6 ~ 10 年者，受教育年限为 10.42 年；排在最后的为父母在流入地居住 2 ~ 5 年者，受教育年限只有 10.20 年（见图 7 - 2）。总体来看，以上几者的差异较小；卡方检验结果显示，这些差异在统计上也不显著。

7.1.2 控制变量与受教育年限的相关分析

7.1.2.1 家庭特征

家庭月收入不仅与 16 ~ 18 岁随迁子女的在学情况、就读学校性质没有显著相关，与其受教育年限也没有显著相关。但父母受教育程度与 16 ~ 18 岁随迁子女受教育年限的相关关系在统计上显著，即呈现父母受教育程度越高，随迁子女的受教育年限越长的趋势，如父母接受过小学及以下、初中、高中及以上教育者，随迁子女受教育年限梯次上升，分别为 9.55 年、10.35 年和 10.87 年。父母职业声望越高，随迁子女受教育年限也越长。具体而言，若父母为管理技术办事员，随迁子女受教育年限最长，为 10.86 年；若父母为商业服务业人员，随迁子女受教育年限次长，为 10.65 年；若父母为工人及其他人员，随迁子女的受教育年限最短，只有 9.87 年（见图 7 - 4）。主要邻居与受教育年限也有较强的相关关系，主要邻居为本地市民者，随迁子女受教育年限（10.47 年）长于主要邻居为外地人者（10.22 年），两者之间相差 0.25 年（见图 7 - 5）。

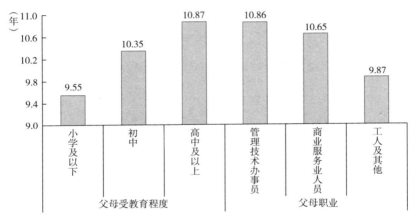

图 7 - 4　父母受教育程度、职业与 16 ~ 18 岁随迁子女受教育年限的双变量分析

7.1.2.2　个体特征

根据资源稀释理论，在家庭资源有限的情况下，兄弟姐妹数量与受教育年限负向相关，即兄弟姐妹数量越多，随迁子女的受教育年限越短。年龄是影响受教育年限长短的一个重要自然属性变量，因此，其与受教育年限呈正向相关关系。从性别来看，随迁男孩的受教育年限为 10.35 年，随迁女孩的受教育年限为 10.38 年，两者仅相差 0.03 年，而且这一差异在统计上不显著（见图 7 - 5）。这表明在我国教育水平得到较快发展的情况下，在子女数量较少、女性社会经济地位得到逐步提高的时期，随迁女孩能和随迁男孩一样平等接受初等和中等教育。

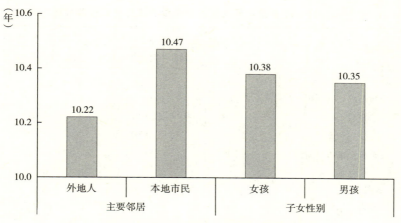

图 7-5　主要邻居、子女性别与 16～18 岁随迁子女
受教育年限的双变量分析

7.2　模型分析结果

7.2.1　16～18 岁全部子女样本

表 7-1 展示了全部子女受教育年限的线性回归模型分析结果。模型 1a 只纳入户籍地点这个变量，该模型的样本量为 1606人。模型 1b 在模型 1a 的基础上，加入了家庭特征和个体特征变量，由于某些样本的家庭层面变量有缺失值，最后进行模型分析的样本量为 1432 人。在模型 1a 中，户籍地点解释了因变量变异的 5.70%；在模型 1b 中，户籍地点、家庭特征和个体特征变量共同解释了因变量变异的 35.27%。R^2 从 5.70% 上升到 35.27%，说明家庭特征和个体特征变量的加入提升了模型的适应性。

本部分特别关注户籍地点在两个嵌套模型中如何随之变化或者不变。从表 7-1 的分析结果可知，在没有控制任何变量的情况下（模型 1a），与户籍人口子女相比，随迁子女的受教育年限最短，比对照组短 0.66 年；留守子女的受教育年限虽略长于

表 7 - 1　16～18 岁全部子女受教育年限的线性回归模型分析结果

变　　量	模型 1a		模型 1b	
	系数	稳健标准误	系数	稳健标准误
流动特征				
户籍地点（对照组：户籍人口子女）				
随迁子女	- 0.66	0.07***	- 0.42	0.07***
留守子女	- 0.15	0.07*	0.15	0.07*
父母所在城市（对照组：松江区）				
无锡市			0.18	0.12
苏州市			0.07	0.12
泉州市			- 0.07	0.14
武汉市			0.21	0.13
长沙市			0.31	0.11**
西安市			0.28	0.11*
咸阳市			0.24	0.11*
家庭特征				
家庭月收入			0.00	0.00
父母受教育程度（对照组：小学及以下）				
初中			0.55	0.12***
高中及以上			0.74	0.12***
父母职业（对照组：管理技术办事员）				
商业服务业人员			0.17	0.07**
工人及其他			- 0.12	0.07
本地市民			0.02	0.07
个体特征				
兄弟姐妹数量			- 0.20	0.05***
男孩			- 0.09	0.05
年龄（对照组：16 岁）				
17 岁			0.87	0.05***
18 岁			1.50	0.06***
常数	11.02	0.04***	9.42	0.19***
样本量	1606		1432	
F	47.6100		57.9800	
R^2	0.0570		0.3527	

　　* $p < 0.05$，** $p < 0.01$，*** $p < 0.001$。

随迁子女，但也比对照组短 0. 15 年。在控制了家庭特征和个体特征变量后，户籍地点的系数发生了一些变化，随迁子女的受教育年限依旧显著短于户籍人口子女，两者之间的差异为 0. 42 年；但留守子女的受教育年限比户籍人口子女长 0. 15 年，而且这一差异在统计上显著。以上数据表明，没有流入地户口的随迁子女在流入地接受教育时处于劣势地位。

从模型 1b 中还可知，在家庭月收入、父母受教育程度、父母职业、主要邻居等家庭特征和个体特征变量相同的情况下，父母所在城市对子女的受教育年限有显著影响。父母所在城市为长沙市、西安市和咸阳市者，其受教育年限显著长于松江区，分别比对照组长 0. 31 年、0. 28 年、0. 24 年；无锡市、苏州市、泉州市、武汉市四城市子女的受教育年限与对照组没有显著差别。父母受教育程度与受教育年限之间呈正向的梯次递进关系，父母受教育程度为初中、高中及以上者，其受教育年限分别比对照组（父母受教育程度为小学及以下者）显著长 0. 55 年和 0. 74 年。就父母职业而言，在家庭特征和个体特征变量相同的情况下，父母职业为商业服务业人员者，其受教育年限比父母职业为管理技术办事员者长 0. 17 年。此外，家庭月收入、主要邻居对子女的受教育年限没有显著影响。

在其他变量相同的情况下，兄弟姐妹数量显著影响子女的受教育年限，即兄弟姐妹数量每增加一个，受教育年限就减短 0. 20 年。子女年龄也显著影响其受教育年限，但两者是正向相关关系，即子女年龄越大，受教育年限越长。具体来说，17 岁随迁子女的受教育年限比 16 岁随迁子女长 0. 87 年，18 岁随迁子女的受教育年限比 16 岁随迁子女长 1. 50 年。男孩的受教育年限比女孩短 0. 09 年，但这一差异在统计上不显著。

7. 2. 2　16~18 岁随迁子女样本

为了深入探讨随迁子女受教育年限的影响因素，本部分针对随迁子女做了两个模型，分别为表 7 - 2 中的模型 1c、模型 1d。模型 1c 中纳入的"父母流入城市"变量可在一定程度上缓解数据聚类性可能带来的分析结果偏差，故在考察自变量对因变量的影响时主要看这个模型的分析结果。模型 1d 仅用于考察流动范围对因变量的独立影响。如表 7 - 2 所示，模型 1c 有 551 个样本，模型在 0.001 的水平上显著，流动特征、家庭特征和个体特征变量共同解释了因变量变异的 27.17%。模型 1d 的样本量与模型 1c 相同，模型也在 0.001 的水平上显著，但主要自变量和控制变量对因变量的解释能力小于模型 1c，判定系数（coefficient of determination）显示，回归方程解释了因变量变异的 23.84%。下面将结合各个变量的 T 检验结果分析各自变量对因变量的独立影响。

表 7 - 2 16 ~ 18 岁随迁子女受教育年限的模型分析结果

变　量	模型 1c		模型 1d	
	系数	稳健标准误	系数	稳健标准误
流动特征				
乡—城随迁子女	- 0.30	0.14 *	- 0.18	0.13
父母流入城市（对照组：松江区）				
无锡市	0.37	0.28	—	—
苏州市	- 0.17	0.28	—	—
泉州市	0.00	0.30	—	—
武汉市	0.47	0.27	—	—
长沙市	0.75	0.27 **	—	—
西安市	0.80	0.26 **	—	—
咸阳市	0.79	0.30 **	—	—
省内流动	—	—	0.34	0.12 **
父母居住时间（对照组：1 年及以下）				
2 ~ 5 年	- 0.15	0.16	- 0.15	0.16
6 ~ 10 年	0.09	0.15	0.02	0.15
10 年以上	0.36	0.16 *	0.24	0.16

续表

变　　量	模型 1c		模型 1d	
	系数	稳健标准误	系数	稳健标准误
家庭特征				
家庭月收入	0.00	0.00	0.00	0.00
父母受教育程度（对照组：小学及以下）				
初中	0.47	0.18**	0.48	0.18**
高中及以上	0.67	0.19***	0.78	0.19***
父母职业（对照组：管理技术办事员）				
商业服务业人员	-0.03	0.31	0.10	0.30
工人及其他	-0.44	0.32	-0.49	0.31
本地市民	0.04	0.11	0.06	0.11
个体特征				
兄弟姐妹数量	-0.23	0.10*	-0.24	0.10*
男孩	-0.13	0.11	-0.09	0.11
年龄（对照组：16 岁）				
17 岁	0.78	0.11***	0.84	0.11***
18 岁	1.02	0.13***	1.04	0.14***
常数	9.48	0.48***	9.52	0.44***
样本量	551		551	
F	11.3500		12.0600	
R^2	0.2717		0.2384	

　　$* p < 0.05$，　$* * p < 0.01$，　$* * * p < 0.001$。

　　从户籍类型来看，乡—城随迁子女的受教育年限比城—城随迁子女短 0.30 年，而且这一差异在统计上显著。父母流入城市显著影响随迁子女的受教育年限。与 16～18 岁全部子女的模型分析结果类似，西安市、咸阳市和长沙市随迁子女的受教育年限显著长于松江区，分别比对照组长 0.80 年、0.79 年、0.75 年；无锡市、苏州市、泉州市和武汉市四城市随迁子女的受教育年限与对照组没有显著差异。与相关分析结果相同，流动范围显著影响随迁子女的受教育年限，即在控制家庭和个体特征变量的情况下，省内流动随迁子女的受教育年限比跨省流动随迁子女长 0.34 年。父母居住时间对受教育年限有显著影响，具体而言，父母在流入地居住 2～5 年、6～10 年者，其受教育年限与父母在流入地居住 1 年及以下者没有显著差异；但父母在流入地居住 10 年及以上者，其受教育年限比对照组显著长 0.36 年。

父母受教育程度显著提升随迁子女的受教育年限，这验证了前文的双变量分析结果。在家庭特征和个体特征变量相同的条件下，父母受教育程度为初中者，随迁子女受教育年限比父母受教育程度为小学及以下者长 0.47 年；父母受教育程度为高中及以上者，随迁子女受教育年限比父母受教育程度为小学及以下者长 0.67 年。与双变量分析结果一致，在其他变量相同的情况下，家庭月收入对随迁子女的受教育年限没有显著影响。与双变量分析结果不同，在其他变量相同的情况下，父母职业、主要邻居对随迁子女的受教育年限没有显著影响，这表明父母职业、主要邻居对随迁子女受教育年限的影响会受到其他自变量的干扰和调节。

随迁子女的兄弟姐妹数量、年龄及性别对其受教育年限的影响与前文双变量的数据分析结果以及 16～18 岁全部子女的模型分析结果类似。兄弟姐妹数量与其受教育年限呈显著的负相关关系，即兄弟姐妹数量每增加一个，随迁子女的受教育年限就减短 0.23 年。子女年龄显著提升随迁子女的受教育年限，17 岁、18 岁随迁子女的受教育年限比 16 岁随迁子女分别显著高 0.78 年和 1.02 年。随迁男孩比随迁女孩的受教育年限短 0.13 年，但这一差异在统计上不显著。

7.3 总结与讨论

在当今科学技术迅猛发展的年代，人力资本对经济社会发展的贡献大于物质资本，而教育作为人力资本获得与提升的重要途径，在个人素质提升、经济社会地位获得以及地区经济发展等方面都发挥着重要作用。故而诸多国家和地区都对教育寄予厚望并将其置于重要地位——希望通过提升国民的受教育水平来提升国家的综合实力。受教育年限既是一个衡量国家教育发展水平，也是一个衡量个体教育结果水平的综合指标，但本章只关注个体的教育结果水平。通过对 16～18 岁随迁子女受教育年限的分析，可得出以下基本结论。

其一，16～18 岁随迁子女的受教育年限平均为 10.36 年。描述性分析结果显示，随迁子女受教育年限为 11 年的比例最高（25.69%）、为 12 年的比例次高（25.38%）、为 9 年的比例再次（23.54%）、为 10 年的比例位居更次（20.00%），而为 8 年及以下的比例最低，不足 6%。换言之，大部分随迁子女都能完成九年义务教育，不过能够完成高中教育的比例不足 26%。

其二，户籍地点显著影响随迁子女的受教育年限。数据显示，随迁子女的受教育年限为 10.36 年，低于留守子女，更低于户籍人口子女。在其他变量相同的情况下，随迁子女的受教育年限依旧显著低于户籍人口子女和留守子女。本研究第 3 章提出的研究假设 1c 得到验证。随迁子女受教育年限低于户籍人口子女及留守子女，这可能是以下原因所致：一是随迁子女的辍学时间比其他子女早；二是随迁子女受父母流动、户籍制度等因素的影响，上学的连续性被打断；三是小学入学的年龄可能晚于户籍人口子女，当然，这一原因也适用于留守子女。在农村，小学的入学年龄可以适当放宽，存在提前入学的情况。而在城市，目前普遍执行的是截至当年 8 月 31 日，年满 6 周岁或 7 周岁的儿童可以报名入读小学一年级的规定。在教育资源相对紧缺的情况下，户籍子女优先入学，随迁子女可能因种种条件的制约，存在逾龄入学的情况。因此，这也在一定程度上解释了留守子女的受教育年限高于户籍子女的情况。

其三，户籍类型对随迁子女的受教育年限有显著影响。在相关分析中，乡—城随迁子女的受教育年限短于城—城随迁子女。

在控制家庭特征和个体特征变量后，不同户籍类型之间随迁子女的受教育年限仍然存在显著差异。这一分析结果支持了本研究第3章提出的研究假设2c"16～18岁乡—城随迁子女的受教育年限短于城—城随迁子女"。以上数据表明，我国长期存在的城乡二元教育体制对随迁子女的受教育年限产生了消极影响。政府长期向城市倾斜的教育政策，使农村在教育经费、学校设施、教学设备、师资力量、教学质量等方面远不及城市，这也正是农村人口的受教育年限短于城市人口的原因。乡—城随迁子女家庭的文化资本大大低于城—城随迁子女（前者受过高中及以上教育的比例只有18.18%，后者的这一比例则高达72.09%）。而本章的描述性和推断性分析结果表明，文化资本会显著影响随迁子女的受教育年限，因此，乡—城随迁子女的受教育年限显著短于城—城随迁子女，这一结论与布迪厄的文化再生产理论一致。乡—城随迁子女在流入地接受教育时，面临外来人、农村人的双重劣势。

其四，父母流入城市显著影响随迁子女的受教育年限。综合相关分析和模型分析结果可发现，西安市、咸阳市和长沙市三个中西部城市随迁子女的受教育年限相对较长；而松江区、苏州市、泉州市、无锡市和武汉市随迁子女的受教育年限则相对较短。通过分析宏观的经济发展水平和教育发展水平数据，可得出以下两个结论。一是随迁子女的受教育年限与城市的经济发展水平（以人均地区生产总值来衡量①）没有明显关系。例如，人均地区生产总值在八城市中位居第一和第二的无锡市和苏州市的受教育年限相对较短；人均地区生产总值在八城市中排在第七和第八的西安市和咸阳市的受教育年限相对较长；长沙市的人均地区生产总值排在第三，受教育年限也排在第三；泉州市的人均地区生产总值排在第六，受教育年限也相对较短。二是随迁子女的受

---

① 2012年八城市《统计年鉴》数据显示，八城市的人均地区生产总值分别为：松江区56906元，无锡市107437元，苏州市102129元，泉州市52191元，武汉市68315元，长沙市79530元，西安市45475元，咸阳市27751元。

教育年限与城市的教育发展水平没有明显关系。若以每十万人口中接受过高中/中专的人数来判断一个城市的中等教育（高中/中专）发展水平，① 武汉市、西安市和苏州市的高中教育发展水平最高，但西安市随迁子女的受教育年限较长，而武汉市和苏州市随迁子女的受教育年限相对较短；松江区、无锡市和长沙市的高中教育发展处于中等水平，但长沙市随迁子女的受教育年限相对较长，而松江区和无锡市随迁子女的受教育年限相对较短；咸阳市和泉州市的高中教育处于较低水平，但咸阳市随迁子女的受教育年限相对较长，而泉州市随迁子女的受教育年限相对较短。由此可以推断，随迁子女的父母虽为流入地的经济社会发展付出了较大努力，但其随迁子女难以和户籍人口子女一样平等地享有经济发展、教育发展的成果。换言之，户籍制度和教育制度可能是导致随迁子女受教育年限之间呈现地区差异的重要原因。由此可知，第3章提出的研究假设3c"16～18岁随迁子女受教育年限在不同的父母流入城市存在差异"得到证实。

其五，流动范围对随迁子女的受教育年限有显著影响。相关分析结果表明，省内流动随迁子女的受教育年限长于跨省流动随迁子女。控制家庭特征和个体特征变量后，不同流动范围随迁子女的受教育年限依然存在显著差异。这主要归因于跨省流动随迁子女在流入地接受教育时受到的制度性障碍大于省内流动随迁子女（如不能在外省参加高考、各省教材不统一），较大的制度性障碍使16～18岁的跨省随迁子女要么回流出地上高中，要么在流入地辍学在家或进入劳动力市场就业。这一研究发现与父母流入城市的分析结果相互验证，如跨省流动人口较多的松江区（跨省流动比例100%）、苏州市（跨省流动比例74.44%）和泉州市

---

① 2012年八城市《统计年鉴》数据显示，每十万人口中接受高中/中专教育的人数在松江区有19081人，无锡市有17805人，苏州市有20175人，泉州市有11759人，武汉市有21782人，长沙市有17643人，西安市有20662人，咸阳市有16462人。

（跨省流动比例 78.08%）的受教育年限均较短。这一分析结果验证了本研究第 3 章提出的研究假设 4c "16~18 岁省内流动随迁子女的受教育年限长于 16~18 岁跨省流动随迁子女"。

其六，父母居住时间显著影响随迁子女的受教育年限。在其他条件相同的情况下，父母在流入地居住 10 年及以上者，其受教育年限显著长于父母在流入地居住 1 年及以下者。这可能有两个方面的原因：一是父母在流入地居住 10 年及以上者，其就业和生活相对比较稳定，流动性小，而这可以减少随迁子女的转学次数，保证随迁子女学习的连续性（学业不被中断）；二是在流入地居住 10 年及以上者，不仅在城市打下了立足的经济根基，积累了一定的社会资本，而且在潜移默化中逐渐接受了城市文明，在养育子女和对子女的教育期望等方面与本地市民接近甚至被同化，在以上因素的综合作用下，随迁子女更有可能接受并完成高中及以上教育。这一分析结果支持了本研究第 3 章提出的研究假设 5c "父母在流入地的居住时间越长，16~18 岁随迁子女的受教育年限越长"。

其七，家庭特征变量对随迁子女受教育年限的影响因不同的变量而异。就家庭资本而言，仅有文化资本对随迁子女的受教育年限有显著影响，经济资本和社会资本对随迁子女的受教育年限没有显著影响。本研究第 3 章提出的研究假设 7c 得到定量数据支持，但研究假设 6c 和假设 8c 未得到定量数据的支持。这表明教育的代际传递在流动人口家庭中也存在，父母的受教育程度、教育经历通过家庭的文化资源、父母的教育回报经验等影响到子女的教育获得，即父辈的教育结果可继承并延续到子代，若父母的受教育程度较高，子代的受教育程度也较高。这再次验证了布迪厄提出的文化再生产理论。经济资本和社会资本对随迁子女的受教育年限没有显著影响，这可能存在两种原因。一是 16~18 岁随迁子女正处于接受高中教育的年龄，因为高中教育没有被纳入义务教育，他们在流入地接受高中教育的权利没有法律法规的保护，故而他们在流入地接受高中教育受到的制度排斥较大，制度的强排斥使社会资本难以发挥作用。二是高中教育虽然不像义务教育那样免费，但也不同于高等教育，高中缴纳的学费等相关费用比高等教育低很多，一般的家庭都能支付。事实上，随迁子女在流入地能否顺利入学，不是缴不缴得起学费的问题，而是教育制度和政策是否接纳的问题，故经济资本对受教育年限也没有显著影响。

其八，个体特征对随迁子女受教育年限的影响因不同的变量而异。兄弟姐妹数量与其受教育年限呈负向相关关系，这表明，在家庭资源有限的情况下，兄弟姐妹确实会稀释家庭的资源，进而影响随迁子女的教育年限获得。年龄与随迁子女的受教育年限呈正向相关关系，即年龄越大，接受更长教育年限的可能性也越大。在控制其他变量后，性别对受教育年限没有显著影响，这表明在教育投资方面，父母重男轻女的思想基本消除，16～18 岁的随迁女孩能达到和 16～18 岁随迁男孩相同的受教育年限。这一研究发现证实了本研究第 3 章提出的研究假设 9c 和假设 10c。

综上可知，在我国义务教育高普及率的背景下，随迁子女与户籍人口子女、留守子女在义务教育方面的差别不大。然而，在义务教育阶段之后，由于受显性的户籍制度以及隐性的教育制度的影响，特别是随迁子女不得不面对的异地高考，随迁子女在高中阶段的教育要面临更为复杂的情况。除了户籍制度、教育制度等制度性因素的制约外，父母的流入城市、流动范围、居住时间，家庭的文化资本以及兄弟姐妹数量都对随迁子女的受教育年限有显著的影响。

第8章 定性资料分析

前面三章内容在社会排斥、资本理论和资源稀释等理论的指导下，利用2013年"流动人口社会融合调查"数据，分别从在学情况、就读学校性质、受教育年限三个层面对随迁子女的受教育状况及其影响因素进行了定量分析。定量研究不仅描述了当前随迁子女受教育状况的特点，而且展示了制度、家庭和个体因素对其受教育状况的影响性质和影响程度。

本章内容将在第3章构建的"随迁子女受教育状况影响因素的理论分析框架"指导下，对访谈资料做深入挖掘与分析，了解数字背后一个个鲜活生动的故事，从而更深层次地把握随迁子女受教育状况的影响因素及其影响机制。本章的研究目的共有三个：一是对定量分析结果进行验证和补充；二是对各影响因素作用于随迁子女受教育状况的机制和路径做深度阐释；三是对难以采用定量分析方法实现的研究问题进行定性分析（如教育制度对随迁子女受教育状况的影响）。定量研究和定性研究相结合的混合研究方法有助于在准确性、一致性、全面性和深入性等方面完善本研究。

本章的定性资料来源于中国人民大学社会融合课题组于2013~2014年在上海市、无锡市、泉州市、武汉市、长沙市、西安市和咸阳市等12个城市开展的半结构式深度访谈。访谈对象包括随迁子女家长、户籍人口子女家长、学校老师、教育部门工作人员四类人群，访谈个案共23人。定性数据的详细信息请参见本研究的第 4 章 "数据与方法"。

8.1　户籍制度与教育制度的排斥

8.1.1　弥足珍贵的本地户口

户口本来是一个符号，但是一旦与劳动就业、社会保障、文化教育等社会福利和公共服务联系起来，就更多地成为一种身份的代名词。流动人口没有流入地户籍，因此，难以享受附加在流入地户籍上的社会保障、社会福利及各项公共服务。一纸户口，阻挡了无数流动人口及其随迁子女的 "城市梦" "教育梦"。上文的定量分析结果显示，随迁子女的受教育状况不仅差于户籍人口子女，而且不及留守子女。而造成这一差异的最根本原因在于我国长期实行的户籍制度，使远离家乡的随迁子女既享受不到户籍地的教育福利及资源，也难以与流入地子女一样享有平等的教育机会与资源。这从定性研究中也得到了证实。对于户籍人口而言，教育是附加在户口上的福利，本地户籍是顺利就学的入场券。一位苏州市小学二年级的户籍人口子女家长（女）自豪地说：

> 我老公是苏州本地的，上学没有任何障碍。

对于流动人口而言，由于没有流入地户籍，要让其随迁子女顺利就学，享受平等教育，可谓关卡重重，需要耗费大量精力和财力。一位咸阳市小学六年级的随迁子女家长（女）无奈地给我们讲述了户口在教育中的重要作用：

> 还是不平等的，你要是上学的话还是要花费很多精力，不管是在人力上、财力上，还是要多给点。要是过不去，你就上不了你想上的好学校，你就得多花钱，要不然就不好上。

一位西安市小学二年级的随迁子女家长（男）的讲述，再次印证了本地户口与外地户口之间的教育福利差异：

> 去哪个片区都得交钱。你就是去划定的这一片区的学校上学也得交钱。因为不隶属于这里的户口，都得交。除非你有特别硬的关系，那就不用交，那当然是极少数。如果我有关系，有能力，我肯定还是把孩子户口落了跟着我，因为到时会省好多麻烦。

随迁子女因没有流入地的户口，不仅要面临义务教育阶段的入学难问题，还要面临更为严峻的异地高考问题。一位上海市民办高中的语文老师（男）如是说：

> 民办高中的话，我们招收的学生实际上大部分是上海的，也经常会碰到一些外地的小孩，因为他没办法在这里参加高考，但是小孩又不愿意回老家高考。因为他从小学开始，有的是从初中开始一直在上海。父母也是在上海做生意，然后家里也没有什么老人。所以，这样我们大概有10%，整个学校有50～60个这样的外地小孩。但是外地的小孩进校以后我们还要和他签订一个借读协议。我们必须和他们说，和他们讲清楚，你只是在这里读书，在这里借读，不能参加高考。我们要把这些政策跟他讲清楚。

从以上对一位本地户籍人口子女家长、两位随迁子女家长以及一位民办高中老师的深度访谈中可知，没有流入地户口的随迁子女在入学和升学等方面都面临较大障碍，为使其顺利入学，他们的父母需要付出更多的精力以及财力，动用各项社会关系。而在义务教育阶段之后，户口的作用更为凸显，在异地高考面前，经济资本、社会资本难有用武之地。可见，虽然我国政府一直在推进户籍制度的改革，而且在努力和逐步解决随迁子女在流入地的教育问题，但户籍制度的排斥对随迁子女受教育状况带来的消极影响依旧存在，而且仍然通过受限于户籍制度的教育制度作用于随迁子女的教育。

8.1.2　受限于户口的教育制度

教育制度对随迁子女的排斥体现在我国出台的一系列与随迁子女教育有关的政策、法律、法规、措施等文件中，但在不同教育阶段，教育制度的影响各有不同。

8.1.2.1　备受关注的高中阶段

异地高考问题一直是随迁子女教育之路上难以逾越的沟壑，然而，直到 2008 年全国人大代表提出解决随迁子女的异地高考问题，异地高考问题才真正受到社会的广泛关注与重视。2012 年国务院办公厅转发了教育部等四部委《关于做好进城务工人员随迁子女接受义务教育后在当地参加升学考试工作的意见》，这表明解决随迁子女的异地高考问题已被提上政府的议事日程。那么，随迁子女现在是否可以异地高考？异地高考考生与本地考生有哪些差异？不同地区的异地高考又有何限制？

异地高考在各地实施的程度与步伐不一，尤其是在北京、上海等拥有优质教育资源的城市，异地高考的放开只能是一个附加诸多条件且循序渐进的过程。一位上海市教育部门的工作人员（女）如是说：

> 这些孩子目前来讲还不能参加上海的高考，或者是中考，它都是渐渐放开，但是没有完全放开。他们可以参加这边的考试，进入这边的中职、高职是可以的。未来可能会逐步放开，但是未来可能附加的条件就多一点，比如父母的居住和从业时间可能要求长一点，因为还有很多人是奔着上海（的教育资源）来的。所以接下来，我们在这一块据说会要求得越来越严格一些，但这个政策还没有完全出来，特别是

对父母居住的时间上面和他从事的工作上面，否则的话都会来上海。

当然，也有些省份（或城市）在异地高考政策的出台和实施方面走在了全国的前列，允许随迁子女在当地参加高考。在个案访谈中，一位泉州市公办高中的地理老师（男）如是说：

> 外来工子女可以在我们泉州高考。他们现在就是能在这里高考，所以还有很多外来工子女在这里读高中。以前是不能在这里参加高考，他们一般初中、小学都在这边上，但是到了高中基本上都跑回去了。

事实上，除了上海市和陕西省（西安、咸阳），八城市中的长沙市、苏州市、无锡市、武汉市从 2013 年开始出台异地高考政策允许随迁子女在当地参加高考。当然，各省政策附加的条件会有所不同，但门槛均不是很高。如湖北省和江苏省都只要求随迁子女有当地三年高中完整的学籍，监护人在当地有合法稳定的职业和住所。

受异地高考政策的制定、出台和实施时间较晚的影响，目前随迁子女在流入地上高中的比例还较低。上文提到的那位泉州市公办高中的地理老师如是说：

> 原来一个班就几个人，现在至少一个班多了 10 个人。有十几个了。

在还不能参加异地高考的上海，随迁子女就读高中的人数更少。上文提到的那位上海市教育部门的工作人员（女）如是说：

> 高中基本上就没有（农民工子女）了，因为高中不能在这儿参加高考，因为还没有完全放开，有一些成绩比较好的

学生在初一、初二的时候回老家去读、去考，还有一些成绩一般回去可能也考不上高中和大学的孩子，可能读这边的中职，因为国家对中职这块比较注重。这边农民工子女就基本是在幼儿园、小学、初中三个学段了。

上海市一位公办中学的语文老师也证实了上文那位教育部门工作人员的观点：

> 上海的高中它本来招生就少，然后有一个高考限制在那里，所以在这边读高中的外地孩子真的很少。

在流入地就读高中人数不多的另一个原因是各省教材的不统一。这对跨省流动随迁子女的影响特别大，但对省内流动随迁子女没什么影响。上文提到的那位上海市教育部门的工作人员（女）提道：

> 上海使用的是上教版的教材，和其他地方的教材是不一样的。它可能在英语的教学方面走在前面一点，难度要高一点，一些外地孩子回去后他的英语成绩还行，阅读方面是没什么问题。有问题的是什么？是数学。内地的数学在某个方面难度要大一些，但它的广度是没有上海那边广。上海这边要求会应用、对数学有兴趣或者会把数学和科学、物理它们融在一起了，这种比较多一点。但内地的话，它对数学可能就是考的难度比较大一点，那么这部分孩子就面临七八年级回去，他有个适应，因为他不能参加这里的中考和高考。

异地高考政策、各省教材不统一等因素共同作用于随迁子女的教育，使他们要么回老家上高中，要么在流入地成为"三校生"（读中专、中技和职校），要么辍学在家或进入劳动力市场就业，最终导致 16～18 岁随迁子女的在学概率大大小于户籍人口子女，也小于留守子女。这也表明，以上因素对随迁子女受教育状况的影响不仅会作用于高中阶段，也会影响义务教育阶段。

8.1.2.2　教育制度排斥程度较弱的义务教育阶段

自 2001 年中央出台《国务院关于基础教育改革与发展的决定》中首次提出以流入地区政府管理为主、以全日制公办中小学为主的"两为主"政策，及其后在《关于进一步做好进城务工就业农民子女义务教育工作的意见》等多部相关法规中对"两为主"政策的重申后，"两为主"政策已经得到了较好的贯彻落实，随迁子女义务教育阶段上学难问题得到了有效解决，户籍的沟壑基本跨越过去了。在个案访谈中，当问及在接受义务教育方面有没有区别对待随迁子女和户籍人口子女时，一位武汉市小学老师同时也是一位初一本地学生的家长（女）这样说：

> 可以（在武汉市接受义务教育）。我们学校在开发区，像招商引资的企业比较多，打工的子弟也比较多，这个在开发区里面就是按片来招生的。因为现在义务教育都免费。我们学校没有借读费。
>
> 编班的时候一般还好（不会区别对待），反正他一进去就要办学籍，按照人头，一个班有四五十人，反正就是平均分配。

一位生育了两个孩子，且两个孩子都在长沙接受义务教育（一个读五年级，一个读初二）的随迁子女家长（女）也这样说：

> 那不会（有区别对待），就是政府会对流动人口的孩子划片读书。只要你满了 6 岁，证件齐全的话，它一般都不会拒绝，也不要交借读费。
>
> 分班的时候按入学考试成绩来分。入学它就像那种 80 到 90 分、90 分以上的假如是有十个人，假如它是分两个班，它就把这 90 分以上的轮流一个挑一个。这样来挑。然后（轮流挑）80~90 的那个分数的。

从以上访谈资料中可知，随迁子女在流入地接受义务教育时，主要是根据流动人口租房的位置对其进行划片，在证件齐全的情况下，在政府划定的片区内上学可以享受免费的义务教育。这也说明，义务教育阶段随迁子女有学上的问题得到了有效解决，这与定量研究中"户籍地点对 7～15 岁子女的在学概率没有显著影响"的结论相互印证。

就编班原则而言，学校基本都是根据一定的标准（如学习成绩）进行混合编班。另外，在访谈中大部分老师和家长都认为学校在教学过程中不会对随迁子女和户籍人口子女区别对待，所有非班主任老师不了解学生是否为随迁子女的现象也间接证实了义务教育阶段的随迁子女在流入地基本能享有教育过程的平等（由于教育过程不是本研究关注的主要内容，故本章未展示相关定性访谈资料）。

虽然教育制度对义务教育阶段的排斥已大为减小，但并未消除，这主要体现在以下几个方面：一是在教育资源有限的情况下，仍然实施本地人优先的原则；二是需要提供一些烦琐的证件；三是少数城市对不能在异地参加高考的学生单独编班，动员学生回老家参加中考和高考。

在问及随迁子女能否在流入地公办学校接受义务教育时，一位上海市教育部门的工作人员（女）这样说：

> 允许孩子去公办学校上学，父母办理和提交一些证件就可以。但问题就是我们这边因为外来人口特别多，所以说公办学校是不能满足的，就是说学位有点不够的。这种情况下，就在民办学校就读。因为我们的学位不够，不够的情况下就要求民办学校都要参与进来，去接受这些孩子。政府一方面对他们有资金投入，另一方面对他们的老师进行培训。相比之下，公办的是比较规范的，而且教育肯定是有个保证。

随迁子女在流入地虽然可解决上学难的问题，但进入民办学校（主要指接受随迁子女较多的那类教育质量很一般的学校，而不是指那种收费很高、质量很好的私立学校）的随迁子女享有的教育质量一般都不及公立学校。一位上海市民办高中的老师（男）这样说：

> 纯粹原来是民工子弟小学变成的民办学校的话，教学质量只能说是一般般，很一般。它这个学费不高，因为很多学费在教育局规定的范围之内才能收。我原来也去过一个民工子弟小学。它招收的老师很多都是属于中专毕业的，也就是说，老师不一定有这个资格证，或者说有教师资格证。它的教学经验肯定也不是很丰富的。很多招收的（老师）都是大学刚刚毕业的学生。

以上两个访谈资料表明，在以"流入地公办学校为主"的情况下，随迁子女大部分能够进入公立学校接受义务教育。但是在某些随迁子女规模较大的城市，特别是在公立教育资源紧缺的情况下，公立学校在招生时采取的是户籍人口子女优先的政策，满足本地人就读公立学校的需求后，才把一些多余学位提供给学习成绩较好或报名较早的随迁子女，其他随迁子女只能进入当地的民办学校就读。这印证了"义务教育随迁子女就读公立学校的概率显著低于户籍人口子女"的定量研究发现。附属于各区教师进修学院下面的民办教育研究所虽然会对各民办学校各个学段、各个学科提供定期的教育培训等业务指导，但正如前面两位被访者所言，民办学校在办学硬件、师资等方面与公立学校还存在较大差距。可见，民办学校的办学硬件、软件、教育教学质量均有待提高。

大部分随迁子女虽然可以进入公立学校接受义务教育，但在小学一年级、初中一年级办理入学手续时需要提交诸多证件，而且有些需要在流入地和流出地两地才能办好，这给随迁子女父母带来不便。一位西安市小学二年级的随迁子女家长（男）这样说：

我记得（办了哪些证件），现在二年级了，已经一年多了。入小学的时候要五个证明，反正挺麻烦的，跟办护照一样，该要的全要了。反正就是在开学后一个月内要交齐那些证明，它要预防接种的证明、流出证明、父母的身份证明、暂住证、孩子的户口本复印件。流出证明要回老家办。

除了这些烦琐的证件，受中考政策的限制，以及学习的适应过程，许多随迁子女家长会主动提前送随迁子女回老家上学。一位上海市公办中学的语文老师（女）这样说：

他们如果为了升学的话，考虑的早的三四年级或四五年级就回去了；考虑的稍微晚一点的，六七年级就回去了，不然的话回去的适应期就比较短。所以你看我们这边的小学部，一般来说是有四五十个人（一个班），到了中学部立马就降下来，二三十个人一个班。

访谈中还发现少数城市的校方会动员随迁子女回老家参加中考。一位上海市民办高中的语文老师（男）这样说：

现在很多学校，到了初二的时候校方会通过班主任动员这些孩子（随迁子女）、这些家长（随迁子女家长），动员他们回去。如果这个小孩有意愿一定考高中的话，那就是会动员他回去。

对于继续在流入地上学的随迁子女而言，老师对他们的精力投入可能下降，更有甚者会根据能否在当地参加中考，将其分成不同的班级，这无疑会对随迁子女接受教育带来负面影响。上文提到的那位上海市民办高中的语文老师（男）这样说：

很多学校对这样一批人（随迁子女）在师资配备上是一模一样的。虽然师资配备是平行配备，但是他在学习要求上，小学可能还可以，到了七年级（就是初一下学期），学校知道这批学生是肯定不能在上海参加中考的，那么他对学生在学习上的要求就会降低。因为这些做老师的都是相对来说比较现实一点，这些孩子不能参加中考，他在包括作业的要求、跟学生的沟通、和家长的沟通方面就做得肯定是没有那么好。他把精力花在能在上海参加中考的这批孩子身上。

上文提到的那位上海市公办中学的语文老师（女）这样说：

> 随迁子女到了初中的话，有可能就分成那种，就是有点像 AB 班，可以在这里参加中考的和不可以在这里中考的。但是这种现象好像也不多。

概而言之，教育制度对义务教育阶段随迁子女在流入地接受教育的排斥程度大大下降，过去的"义务教育上学难问题"已经得到很好的解决，99% 的随迁子女都能适龄入学。上好学（进入公立学校上学）的问题也取得了重大进展，有 88% 的随迁子女能够进入公立学校接受义务教育，已经实现了以流入地公办学校为主的目标。然而，与生活在同一片蓝天下的户籍人口子女相比，在优质教育资源有限的情况下，他们仍然或多或少会受到一些排斥。由于异地中考、异地高考的限制，他们中的一些人往往会被劝说回到流入地，即使留下者，在教育期望、要求以及未来走向方面都与本地子女有明显差异。

8.1.2.3 政府缺位的学前教育阶段（本研究主要指幼儿园）

与高中和义务教育阶段相比，政府对学前教育的投入最少，幼儿园已成为教育体系中的一个薄弱环节。政府以"社会为主、公办示范"的幼儿园办学思路，把办幼儿园的主要责任推向了市场和社会。政府的缺位，使幼儿园主要由私人开办，公立幼儿园的数量很少，在经济欠发达城市尤为如此。总体而言，我国的学前教育资源严重不足，导致全国普遍出现"入园难""入园贵"

等问题。对于人口流入大省（市）而言，学前随迁子女的大量涌入更是加剧了这一供需矛盾。

2010 年《国务院关于当前发展学前教育的若干意见》首次提出城镇幼儿园建设要充分考虑随迁子女接受学前教育的需求，这表明随迁子女在流入地接受学前教育开始提上政府的议事日程。由于幼儿园的私立化水平较高，随迁子女在流入地的"入园难"问题突出表现在入公立幼儿园难的问题上。定量研究发现，没有流入地户口的随迁子女进入公立幼儿园的概率非常低，只有户籍人口子女的 25%。个案访谈也发现，随迁子女进入公立幼儿园的障碍较大，不管是在公立幼儿园资源相对丰富的上海市、苏州市、无锡市等城市，还是在公立幼儿园资源十分稀缺的泉州市、武汉市、长沙市等城市，公立幼儿园的招生实行的均是本地人优先的原则。一位在上海市教育部门工作的人员（女）这样说：

> 公立幼儿园满足当地孩子读书，这个学位一点问题也没有，因为真正具有上海户籍的人并不多。我们真正的问题是外地孩子，外地的孩子太多了。所以我们公办幼儿园也有一点点学位是留给外地孩子的，但是远远不能满足需求。

在个案访谈中，当问及随迁子女进入公立幼儿园是否有难度时，一位泉州市小学二年级的随迁子女家长（男）这样说：

> 那个会相对的比较难一点。它主要还是按照户口，因为当地公立幼儿园按照需求比例来讲，都还是偏少，所以说还是只能满足辖区以内的居民。

一位武汉市幼儿园的户籍人口子女家长（男）也提供了类似的信息：

> 本地到公办的（幼儿园）都很紧张。本区县的人都饱和了，人满了进不去。公办幼儿园确实不好进。

以上三个教育阶段的访谈资料表明，教育制度是通过异地中考和高考政策、入学证件、本地人优先的原则等作用于随迁子女的教育。在定量研究中，由于教育制度无法直接测量，故采用父母的流入城市、流动范围和居住时间来间接衡量教育制度对随迁子女受教育状况的影响。定量分析结果发现，以上变量确实会影响随迁子女的受教育状况，但其影响的深层原因是什么？由于各省份（或城市）的随迁子女规模、流动范围、教育资源等各不相同，通过异地中考和高考政策、入学证件等设立的门槛也存在差异，这必然会直接影响不同城市随迁子女的在学情况、就读学校性质及受教育年限。以上文多次提到的上海市为例，随迁子女在该城市上高中的人数寥寥无几（定量数据也发现，16~18岁随迁子女的在学概率在八城市中排在后位），这除了与该城市的异地高考政策未放开、上教版教材与其他省市教材的差异较大等因素有关外，还与该城市中随迁子女的结构有关，上海所有的随迁子女都是跨省流动随迁子女，而异地高考政策和使用教材是以省为单位制定和统一的。但由于上海有收费很低（一级幼儿园包括学费、午餐费、点心费等在内的收费也就每月300多元）、比较充足的公立幼儿园学位，故随迁子女在该城市就读公立幼儿园的概率相对较高。以上内容也是流入城市对随迁子女受教育状况产生影响的深层原因。

从上文可知，流动范围主要是通过异地高考政策、使用教材不同等方式作用于随迁子女的教育。在义务教育阶段，不同流动范围的随迁子女在小学一年级和初中一年级时提交的入学证件完全一样。在对流动人口的访谈中，当问及省内流动和跨省流动的随迁子女在接受义务教育方面是否有差异时，一位泉州市小学二年级的随迁子女家长（男）这样说：

> 没有。它针对的还是以一个地区为一个单位。甚至有的已经复杂到以县市为单位的。你只要出了这个县市的话，你

只要户口不在本地，它就把你当外来工来处理的。当孩子在学校报到的时候，你就要提供暂住证、婚育证、务工证明等证件。

从以上资料中我们很容易找到流动范围对不同教育阶段随迁子女受教育状况存在不同影响的原因。

流动时间影响随迁子女受教育状况的机制主要是通过一系列的时间规定来实现的。如陕西省目前出台的异地高考政策同时要求父亲或母亲要在该省连续居住满 3 年、父亲或母亲要在该省缴纳养老保险满 3 年（含 3 年）、随迁子女要在该省连续学籍满 3年。又如上海出台的异地高考政策的要求之一也对随迁子女父母的居住时间做了限定，即必须持上海居住证 3 年及以上。访谈中一位在上海市教育部门的工作人员（女）如是说：

> 上海在逐步收紧义务教育，就是小学和初中这块，要求你父母工作多长时间、居住多长时间，可能这部分孩子他将来在这里待了很长时间，就会一直读下去，在这参加中考，然后中考考上高中后参加高考。但是这个政策是从去年开始，因为原来上海是非常放开的，然后一下子都涌过来，这根本没办法，从去年前年开始收紧，收紧了这一部分孩子就可以在这参加中考和高考，因为这个数量是可以控制的。

当然，流动人口在流入地居住时间的长短，还会影响其家庭经济资本和社会资本的积累。一般来说，父母居住时间越长，在流入地的工作可能越稳定，收入水平可能越高，流动性会相对较小。父母居住时间越长，与本地人接触和交往的机会越多，越有助于扩大社会交往网络，提升家庭的社会资本。而定量研究表明，家庭资本会影响随迁子女的受教育状况，下节内容将采用定性研究方法对其进行验证、补充和深化。

概而言之，户籍制度（户口）和教育制度在各学段都会影响随迁子女的受教育状况。比较而言，它们对随迁子女受教育状况的排斥集中在入学和升学方面，在教育过程中的排斥较弱。从学段来看，它们对随迁子女受教育状况的排斥程度呈 U 形，即在义务教育阶段的排斥程度较弱，但在幼儿园和高中阶段的排斥程度较强。

需要说明的是，不管是城—城随迁子女，还是乡—城随迁子女，他们都没有流入地的户口，故在流入地接受教育时所面临的制度排斥相同。由此，我们在定量研究中发现的 16～18 岁乡—城随迁子女的受教育状况不及城—城随迁子女的现象就不能通过制度原因来解释，而是需要考虑制度以外的其他背景信息。

乡—城流动人口与城—城流动人口之间有何差异？两者之间的差异是如何作用于子女的教育？通过定性访谈，我们了解到是流动家庭的经济资本、文化资本、社会资本之别带来了子女教育差异。

8.2 家庭资本的各显神通

8.2.1 经济资本

定量研究发现，家庭经济资本显著影响 3～6 岁随迁子女的在园概率，但对 7～15 岁和 16～18 岁随迁子女的在校概率没有显著影响，这似乎表明经济资本对随迁子女的受教育状况影响不大。之所以得出这一结果，与定量研究的测量变量（是否在学）有直接关系。对于 7～15 岁的随迁子女而言，因为是免费接受义务教育，其在学概率自然与家庭经济资本的多少没有关系；对于 16～18 岁的随迁子女而言，他们的在学概率主要受异地高考政策的影响，这使家庭经济资本对其在学概率的影响作用难以发挥。通过定性研究发现，家庭经济资本会对随迁子女的受教育状况产生影响，其具体表现在给子女缴纳学杂费（学费、赞助费）、培优（兴趣班、请家教辅导）和创造稳定的学习和居住环境等方面。

8.2.1.1　缴纳学杂费

由于政府对幼儿园的投入严重不足，幼儿园的私立化水平较高；再加上政府管理的缺位，在需求远远大于供给的情况下，许多私立幼儿园年年涨价，"入园贵"现象凸显。一位咸阳市小学六年级的随迁子女家长（女）这样说：

> 咸阳的私立幼儿园很多，收费也很贵，稍微好些的幼儿园一个月要 1000 多块钱。

就是在办学质量很一般、乡镇上的私立幼儿园，它的收费也不便宜。一位在泉州市某乡镇从事个体经营的幼儿园大班随迁子女家长（女）这样说：

> 一个学期要 2000 多（元），包括吃一顿午饭。

普通的公立幼儿园虽然收费较低，像长沙市、武汉市等城市一个学期只需要 1000 多元，但随迁子女报名时不但要排队，而且要缴纳较高的赞助费等相关费用。一位无锡市小学三年级的随迁子女家长（男）回忆说：

> 公办的那个幼儿园，一般是进不去的，新生报名的时候一般要排队，要交赞助费。我们孩子大班的时候给幼儿园收了将近 2300 块一学期，一年交了大概 4600 块。

目前有许多家长反映小孩上幼儿园的费用太高，有的认为与上大学相当，有的认为比上大学还贵。一般来说，家庭经济资本多的家长会为随迁子女选择一些价格更高、教育质量较好的公立或私立幼儿园上学；但家庭经济资本少的家庭会把随迁子女入园的年龄推后到 4 岁或 5 岁，或者将其送至一些收费低廉，甚至未被教育主管部门批准的"黑"幼儿园。

8.2.1.2　培优

义务教育的免费实施，使随迁子女家庭的校内支出大大减少。但是在家庭经济条件允许的情况下，有些家长会为随迁子女报些兴趣班、辅导班，以提高随迁子女的综合素质。一位在泉州市某房地产集团做销售总监的小学二年级随迁子女家长（男）这样说：

> 现在我们两个人都在上班，忙，就报了一个专门辅导他做作业的班。发现他对画画比较感兴趣，所以就给他报了一个绘画的兴趣班。绘画班我报的是那种正规的像画室一样开放的，他一周才上一节课，现在我小孩子属于启蒙阶段，收费相对便宜一点，一节课才四五十块钱。辅导作业的话，一个月要七八百元。

流动人口因工作原因，无暇照顾孩子、辅导孩子的学习。家庭经济条件较好的流动人口，常会给随迁子女报些辅导班。一位在西安市从事个体经营的随迁子女家长（男）如是说：

> 我给他报了晚上补习班，他每天晚上有个作业的辅导。我没时间辅导他，然后就让人家辅导。我原来给他报的是语文，这次给他报的是数学。它这个按学期收，比如报一门课，一个学期大概是五千块钱。我给他报的都是好的，差的话还不如不给他报，因为我们那娃本来就自觉。

可见，校外培优需要很大的经济支出，这在很大程度上受制于家庭经济资本的多少。当问及是否给两个孩子（一个上初二、一个上小学三年级）报兴趣班或辅导班时，一位在厦门市做钟点工的随迁子女家长（女）如是说：

没有，没给他们上。我感觉没必要报那个。没必要搞得那么累。反正人家说，顺其自然，就是这样子的。他们自己努力就可以。

显然，家庭经济条件较差的随迁子女家长，迫于生存的压力，对子女在校外培优方面的教育支出很少，把对孩子的教育任务基本交给了学校。简言之，定性研究补充了定量研究的分析发现，虽然经济资本对义务教育和高中阶段的在学概率没有显著影响，但家庭经济资本较多的家庭更可能给随迁子女创造良好的学习机会和学习环境，如进入教育质量更好的学校、参加兴趣班和辅导班等，进而影响随迁子女在学校的学习成绩和学习表现。

此外，家庭经济资本较多的家庭，父母可能拥有更为稳定的工作，可以给随迁子女提供一个稳定的居住和学习环境，这也有助于改善随迁子女的受教育状况。定性研究也发现，流动人口较大的流动性，不利于随迁子女在学校接受教育。一位武汉市的小学老师，同时也是一位初一本地学生的家长（女）这样说：

我的那个班一年级的时候是 57 个人，到现在的话只有 45 个人。就是转进的有，转出的有，流动性特别大。流动对孩子接受教育是有影响的，一个孩子适应新的环境毕竟需要时间。适应老师的教法、学法，毕竟还是需要时间。

综合定量和定性研究发现，本研究认为家庭经济资本会影响随迁子女的受教育状况，它主要是通过给子女缴纳学杂费、培优、创造稳定的学习和居住环境等作用于随迁子女的教育。

8.2.2　文化资本

除了家庭经济资本外，文化资本也会影响随迁子女的受教育状况。Bourdieu（1977）认为，文化资本的承袭性比物质资本更大。文化资本不同的家庭在教育观念、教育期望、教育能力、教育行为等方面会存在一些差异，而这会对子代的教育产生影响。本研究的定量分析发现，家庭的文化资本对随迁子女的受教育状况具有显著的正向促进作用。家庭文化资本主要通过以下方面作用于随迁子女的教育。

其一，文化资本多的流动家庭更容易解决随迁子女的教育问题。有些城市实行的积分入户政策中规定，当积分达到一定分值但又尚未达到入户的标准时，随迁子女可在流入地平等接受教育。在积分过程中，受教育程度是一个重要的考虑变量，如本科及以上学历可以获得80分，高中、中专等只能获得40分，初中学历只能获得20分，毕业于211、985高校的学生可以获得高于普通高校学生的得分。但对于大部分学历较低的流动人口来说，在这方面显然处于弱势。一位上海市的民办高中老师（男）如是说：

> 对于小孩选择学校的方面来说，他如果说受教育程度达到了能够在上海市办居住证的学历，那他就解决了这一问题（子女平等接受教育的问题）。如果达不到，那就没有办法解决。受教育程度在上海来说一般是要大专以上的学历，这个受教育程度还是可以、能够对小孩的教育起到很大作用的。

其二，文化资本多的流动人口家庭更重视子女的教育。不同受教育程度者，对教育回报率的认识存在差别，他们往往将自身经验、经历迁移到对子女的教育投资之上。受教育程度较低的流动人口一般难以意识到教育的收益，再加上新读书无用论的影响，故而对子女进行教育投资的动力不足。如前面提到的那位在厦门市做钟点工的随迁子女家长就认为没必要给孩子报兴趣班、辅导班，认为顺其自然即可。小学学历的她根本没有意识到需要对子女进行校外投资，故而她的一个正在读小学三年级的儿子及一个正在读初二的女儿都从未参加过培优辅导。相反，家庭文化资本多的家庭，其较高的人力资本回报率会使他们更重视子女的教育，并采取积极的态度对子女进行教育投资。

其三，文化资本较多的流动人口家庭对其随迁子女的教育期望较高，也更为合理。在定性访谈中，一位具有大专学历的北京市高一随迁子女家长（男）如是说：

> 我的期望不是很高，原则上是要尽他最大的努力。最好考上一本，不行就二本，实在不行，才能读三本，这是出于安慰他，我肯定不愿意他考三本。

该访谈对象对其子女的教育期望较高（尽管自认为不是很高），而且对大学有一本、二本、三本之分也有清楚和准确的了解。更为重要的是，他对孩子的教育期望与孩子的学习成绩密切相关。他曾和笔者谈到，他孩子现在的成绩在全校排名在 900 多名。只有考到 820 名左右才可能考上大学。相比之下，受教育程度较低的流动人口对其随迁子女的教育期望较低。当问及对小孩的最高学历期望是什么时，一位在泉州市具有初中学历的小学一年级随迁子女家长（男）这样说：

> 没有（期望），现在来说没有这样想，打工的人知道，你读了够用就可以了。打工的人和本地人有很大的不同。本地人是一个模式的教育，常常说某某人读什么，考到了什么，一小、一中，或者读到了什么样的大学，来做那些比较，我觉得外地人就不会做这样的。

可见，受教育程度较高者不仅对其子女有较高的教育期望，而且教育期望更为合理。从皮格马利翁效应中可知，家长对子女的教育期望有非常积极的作用，可以产生奇迹。因此，较高的教育期望更有利于改善随迁子女的受教育状况，从而取得学业上的成功。

其四，也是最重要的一点，文化资本较多的流动人口家庭更能为随迁子女提供学习上的帮助和支持（如辅导作业、引导性教育、家校合作）。目前知识更新的速度快，教材的知识量和难度也相对较大，受教育程度较低的家长由于自身掌握的文化知识少，常常难以指导随迁子女完成学校布置的家庭作业。当问及父母的受教育程度是否会对小孩接受教育产生影响时，一位具有初中学历的无锡市小学三年级的随迁子女家长（男）这样说：

> 肯定有影响。像我们这个上初中的水平不行。最起码夫妻两个要达到高中水平。像小孩三年级的有些题目我们根本就看不懂。语文、数学就根本看不懂，跟不上。有时候小孩感觉这道题挺难的，他会问你，你想我们也不会啊！

除了教育能力存在差异外，不同受教育程度的家长对知识的敏感度也不一样。以幼儿园为例，学校老师常要求大班的孩子回家后要向家长复述幼儿园做的事情。虽然幼儿园传授的知识很简单，家长可能都懂。但受教育程度较低的家长可能对小孩讲的话只当成一句话来听，而受教育程度较高和知识面较广的家长可能更会从小孩复述的一些事件里面，抓住一些机会点进行剖析来教育他。

其五，文化资本较多的流动家庭更会采取有效的方式教育子女。正确的教育方法，往往可以起到事半功倍的效果。然而，受自身受教育程度较低的制约，有些随迁子女家长在教育子女时很少思考要采取什么教育方式。前面提到的那位具有初中学历的泉州市小学一年级随迁子女家长（男）这样说：

> 刚才他在那里不做作业，我就拿一根棍子来打他。我和我老婆的性格是比较急的那种，所以有的时候还是会有一点小暴力。

与简单粗暴的教育方法相比，动之以情、晓之以理的教育方式更容易激发随迁子女的学习热情、培养其学习兴趣、增强其学习信心。

综上，虽然经济资本和文化资本都会对随迁子女的受教育状况产生影响，但作用于随迁子女教育的机制不一样，文化资本主要通过减少制度排斥的能力、教育意识、教育期望、教育能力和教育行为五个方面影响随迁子女的教育。

8.2.3 社会资本

与经济资本和文化资本相比，社会资本对随迁子女受教育状况的影响也毫不逊色。社会资本作为家庭的三大资本之一，是指个人在一种社会结构中，利用自己的位置而获取利益的能力。一般是指个人的同事、同学、朋友、亲戚、老乡等关系，一个人能从这些关系中获取的利益越多，他的社会资本就越多。与家庭的经济资本和文化资本不同，社会资本发挥着其特有的功能。社会资本主要通过帮助随迁子女选择并进入较好的学校、简化入学手续等对随迁子女的受教育状况产生影响。

8.2.3.1 动用"关系"挤进去

公立学校因其低廉的收费、规范的办学对流动人口产生了较大的吸引力。流入地公立教育资源总量往往很有限，同时要优先满足户籍人口的教育需求，因此，公立学校成为一种稀缺资源，在幼儿园和高中阶段尤为如此。在此情况下，社会资本可以发挥什么样的作用？在问及关系对小孩上学有没有影响时，一位苏州市的幼儿园大班随迁子女家长（男）如是说：

> 有（影响），外地的没有在这边买房子的人的小孩要上学，比如说一个学校他只招一百个人，结果这个区域有两百个报名，学校给哪一个好？说自己家的话，有关系的通一下关系就可以进去。

之前我还碰到一朋友，也是朋友的朋友，托我问有什么学校，他们的孩子在老家，一个是上小学，一个是快上中学了，想把他们转过来的。还是比较难的。说难听一点，学校是多，关键是你谁都不认识想往里送也是不大可能的。

社会资本在随迁子女进入公立学校时，确实很管用。一位北京市随迁子女家长（男）讲述了他的亲身经历：

我儿子读初中时是找了在教委的亲戚帮忙，花了 3 万元赞助费就进那个公立中学了。那个中学在北京市的公立学校中表现一般，学生的成绩也一般，但这种学校也是只有找人才能进去的。即使名额满了，找人也能进去。

除了进公立学校要动用"关系"外，进入一些教育质量较好的政府批准的民办高中也要动用一些"关系"。一位上海市民办高中语文老师（男）如是说：

我们虽是一个民办学校，但也有很多朋友关系，或者说这个朋友的朋友的朋友这种关系，介绍过来这样一些学生（随迁子女）。我们也不是说会单纯招这些学生，也是朋友关系找过来，我们也没有办法，我们就收。总之，社会关系对小孩选择什么样的学校的影响还是比较大的。

由此可见，社会资本在帮助随迁子女选择较好的学校方面发挥着重要的作用。具体来说，由于"两为主"政策的实行，随迁子女在义务教育阶段进入公立学校相对容易，社会资本的作用更多体现在择校方面。在幼儿园阶段，社会资本主要用于进入公立学校；在高中阶段，社会资本主要用于进入办学规范的高中，而不管是公立还是非公立学校。

如果不小心错过了学校的报名时间，动用"关系"也可以挤进学校。在问及是否找关系进入公立学校时，一位武汉市小学四年级的家长（女）如是说：

> 我是找了关系。如果你要报名的话，要提前很久很久。我来这儿是孩子开学的前几天，突然临时决定来这边上学的。

8.2.3.2　有"关系"的其他好处

在优质教育资源比较紧缺的情况下，家庭社会资本除了可以帮助随迁子女成功"挤"进某一学校外，在简化入学手续、提供办证方便等方面也有重要的作用。政府对幼儿园财政投入的严重不足，使我国公立幼儿园的数量较少。幼儿园适龄随迁子女的大量涌入，更是加大了公立幼儿园学位的供求矛盾。为此，各地都为随迁子女进入公立幼儿园设立了一些条件和门槛。以上海市为例，它要求流动人口持上海市居住证，且积分达到标准分值，并达到规定居住年限的随迁子女才能申请入园。在幼儿园适龄随迁子女规模较小的城市，也设定了一些相对较低的条件和门槛，比如要提交相关证件。不过，"关系"有时候可以简化那些烦琐的入学手续。当问及随迁子女入读公办幼儿园是否要提交一些证件时，一位泉州市的小学一年级家长（男）如是说：

> 幼儿园我们走了关系不用交，就带了一个户口簿去。读的是当地最好的公办幼儿园。

需要说明的是，动用关系就可不提交相关证件的现象普遍出现在幼儿园。小学一年级和初中一年级入学时提交的证件因是各地教育局提供生均经费拨款的依据，故而所有的随迁子女父母都要提交当地入学所规定的证件。从本章第 1 节内容可知，虽然各城市的证件有所不同，但普遍较多，且有些城市的证件办理比较复杂。"关系"有时候可以为流动人口办理相关证件提供便利。一位西安市小学二年级的随迁子女家长（男）这样说：

> 在西安办暂住证也挺麻烦，你知道吗？先要公司开个证

明，又要房东的身份证，又要啥东西，再去派出所办。麻烦
得很。政府部门办事就按条条框框的，不给我办，那我就去
找朋友。后来一分钱没花，两张（表）给我填好就可以了。

以上资料表明，社会资本较多的家庭通过利用一些同事、同
学、朋友、亲戚、老乡等强关系和弱关系，可以降低户籍制度和
教育制度对随迁子女就学方面的排斥程度，进而使其子女顺利
入学。

8.2.4 相互关联的三类资本

出于清晰的目的，以上逐一介绍了各类家庭资本对随迁子女
受教育状况的影响。然而，三类家庭资本之间的关系非常密切，
彼此相互关联。

从前文可知，家庭的经济资本、文化资本和社会资本在改善
随迁子女的受教育状况方面各显神通，起到了积极的作用。至于
哪类资本的作用更大，这要依具体情况而定。若是进入收费高昂
的贵族式私立学校，经济资本无疑起着最重要的作用。若是进入
公立学校，尤其是进入跨学区的教育质量较高的公立学校，则社
会资本的作用最大。一位生育了两个孩子，并且两个孩子都在长
沙接受义务教育（一个读五年级，一个读初二）的随迁子女家长
（女）这样说：

> 假如你条件好、社会关系广的话，你给孩子选择学校的
> 范围就更广泛一点，要是说你只有钱就是你的收入很高，但
> 你的社会关系不广的话，因为那些好的学校的门槛比较高，
> 你要是没有社会关系，你就进不了。有时候，你找一下关系
> 就进去了。

一位咸阳市小学六年级的随迁子女家长（女）也感慨道：

外地打工者不容易，上学东奔西跑，有钱也找不到门路进去。

经济资本、文化资本和社会资本的功能虽然不同，但他们之间的关系密切。当问及省内流动随迁子女和跨省流动随迁子女缴纳的赞助费是否相同时，一位西安市小学二年级的随迁子女家长如是说：

> 我只需要交 1 万元，找了熟人，没有熟人就进不了。不是看地域，看你找什么样的人，关系好的就少收点，关系不好的就多收点。

在问及随迁子女和户籍人口子女在择校时缴纳的择校费是否相同时，一位无锡市小学三年级的随迁子女家长（男）这样说：

> 都一样的，都是一样的。就看你这个关系，有关系就可少交一点，没关系就要多交一点。

可见，社会资本较多的家庭在子女入学时，可以节省一些家庭的经济资本。但社会资本需要长期投资，它也需要经济资本来维持与同事、同学、朋友、亲戚、老乡之间的关系。一位苏州市幼儿园大班的随迁子女家长（男）如是说：

> 对于一个外地来的人来说，他有关系没钱也是没有用的。因为这边的关系都是，可以说60%～70%都是靠钱来维护的关系。所以说收入是很重要的。

除了社会资本和经济资本相互关联外，文化资本和经济资本、社会资本之间也相互关联。一般来说，受教育程度较高的随迁子女家庭，一般都拥有较为稳定、声望较高的职业，其社交网络也相对更广，社会网络中每个个体所拥有的包括经济资本、文化资本和社会资本在内的资本数量也更为丰富。

8.3 兄弟姐妹结构的影响

从前文可知，随迁子女的受教育状况不仅会受到制度因素、家庭因素的影响，还会受到个体因素的影响。下面将从兄弟姐妹数量、性别两方面探讨兄弟姐妹结构对随迁子女受教育状况的影响。

8.3.1 兄弟姐妹数量

定量研究发现，随迁子女的兄弟姐妹数量对其受教育状况的影响因不同的教育阶段和教育层面而异。兄弟姐妹数量之所以会对某些随迁子女的教育层面产生影响，主要原因在于兄弟姐妹数量越多，对家庭资源的稀释程度会越大，而前文研究已表明，家庭的经济资本、文化资本和社会资本等家庭资源会影响随迁子女的受教育状况，不过，兄弟姐妹数量对家庭资源的稀释程度会因不同的家庭资源而异。经济资源一旦被消耗，就需要较长的时间来积累；相比之下，文化资本和社会资本可以重复使用，因此，兄弟姐妹数量对家庭经济资本的稀释程度大于对文化资本和社会资本的稀释程度。在问及受教育状况在兄弟姐妹数量多和兄弟姐妹数量少的随迁子女之间是否存在差异时，一位武汉市育有一对双胞胎儿子的小学老师（女）这样说：

> 那肯定在金钱方面还是有一定的差别，供一个孩子与供两个孩子的（家庭）相比，肯定是供两个孩子的负担重一点。你比方说我有两个孩子，假设我只有一个孩子，我本来可以给他买 200 元的一件衣服。但我有两个孩子，因为我的收入是固定的，我没办法，因为又要吃又要穿，我必须要给他们分开买，那就只能买一个人 100 元的，买两件。相应的那些打工子弟，打工家庭的收入肯定也是固定的，那多一些

（孩子）的，他的消费就多一些，双份儿的，这些孩子所分享到的家庭资源就不如一个子女的多。

从以上访谈资料中，我们很容易找到"兄弟姐妹数量对 3 ~ 6 岁随迁子女的在学概率、16 ~ 18 岁随迁子女的受教育年限有负向影响"的定量研究结果的原因。兄弟姐妹数量对家庭经济资本的稀释程度很大，而经济资本关系到为随迁子女缴纳学杂费，这些费用又会直接影响随迁子女是否上幼儿园，以及 16 ~ 18 岁随迁子女的受教育年限。以幼儿园为例，在入园贵的宏观社会背景下，随迁子女兄弟姐妹数量越多，入园缴纳的学费就越多，在流动人口就业收入不高的情况下，他们会理性地放弃就业而选择在家养育孩子，并尽量延迟随迁子女上幼儿园的年龄。这也是兄弟姐妹数量影响 3 ~ 6 岁随迁子女在学概率的深层原因。相反，义务教育阶段因为是免费教育，它基本不需要占用家庭资源，即使要占用，占用的家庭资源也大大少于幼儿园和高中阶段。因此，随迁子女的兄弟姐妹数量对该教育阶段的受教育状况没有显著影响。

兄弟姐妹数量除了对家庭的经济资源会有较大的稀释外，对父母的时间和精力投入也会产生较大的稀释。而父母的时间和精力投入会通过检查、辅导子女完成家庭作业，以及对子女的学习鼓励等方面影响随迁子女的学业成就。教育作为一个连续的过程，幼儿园、小学等学段的学业成就会直接影响到初中、高中等学段的学业成就、升学和辍学情况。在问及家庭子女数量是否会对随迁子女的受教育状况产生影响时，上文提到的那位武汉市育有一对双胞胎儿子的小学老师（女）这样说：

有。只有一个孩子的话，一家人的关注度全在一个孩子身上。如果多一些孩子的话，父母有的时候照管不过来，大的就要带小的。

大多数流动人口的工作时间较长，投入子女教育方面的时间和精力较少；再加上他们生育的小孩数量普遍多于户籍人口，这就更加稀释了他们投入每个随迁子女身上的时间和精力，显然这会对随迁子女的受教育状况产生消极影响。

8.3.2　随迁子女性别

在过去的几十年中，受我国传统文化和经济发展水平较低的影响，我国一直存在重男轻女的思想，家长在对子代的教育投资方面也曾存在明显的男孩偏好。本研究发现，流动人口对随迁子女的教育投资已经没有性别偏好，即不同性别的同代随迁子女之间不会相互稀释对方的资源。在问及父母在教育投资方面对男孩和女孩是否会区别对待时，一位西安市小学二年级的随迁子女家长（男）这样说：

> 这个倒不会。现在差异没有了，都是自己的孩子，现在生活条件又不是说像过去那样。

除了西安的被访者外，在其他城市的被访者也都认为父母在教育投资方面不存在重男轻女的偏好。这一分析结果可能与以下因素有关：首先，在"关爱女孩行动""男女平等""生男生女都一样""女儿也是传后人"等思想宣传活动以及人口流动的影响下，流动人口家庭"重男轻女"的思想观念已发生了较大改变，许多年轻父母在教育投入方面都是持男女平等的教育理念；其次，在计划生育政策的长期实行下，现在每个家庭的孩子数量都不多（普遍为独生子女或两个小孩），只要家庭经济条件允许，父母都会努力为子女提供和创造良好的教育机会，而不会因为男孩和女孩而区别对待；最后，本研究考察的是 3 ~ 18 岁随迁子女就读幼儿园、义务教育和高中的情况，家长普遍认为接受高中及以下教育在现代社会来说是必须的，男孩和女孩都是如此。正是以上原因，使定量研究发现随迁子女的性别对其受教育状况没有显著影响。特例在于定量研究发现，义务教育阶段随迁男孩就读公立学校的概率小于随迁女孩。

为什么义务教育阶段随迁男孩就读公立学校的概率会小于随迁女孩？为了找到这一原因，对相关人员做了半结构式访谈。通过对访谈资料的分析，发现义务教育阶段的随迁子女在接受教育时，虽然实施的是以"流入地公办学校为主"的原则，但在公立教育资源稀缺的情况下，公立学校招生时通常会组织一次入学考试，并按照成绩的高低来择优录取。一位上海市公办中学语文老师（女）这样说：

> 很多外地的人都想进上海来上学。所以在公立学校招生的时候，为了保证教学质量，它不会都放进来，还是有一定的限制的，比如说给你设个入学考，这样质量太差的就不放进来。

由于男女同学性格之别以及身心发育早晚的不同，相比而言，文静、好学、身心发育早于男生的女孩在义务教育阶段的成绩常好于男孩。在问及男孩的学习成绩更好还是女孩的学习成绩更好时，一位武汉市小学四年级的随迁子女家长结合他儿子班上的情况如是说：

> 都是女孩，男孩也有，但是男孩少一点。

随迁女孩较好的成绩，使她们进入公立学校就读的概率高于随迁男孩。可见，定性资料既验证了定量数据的分析结果，也解释了定量研究结果背后的深层原因。

8.4 总结与讨论

本章采用定性研究方法，在社会排斥、资本理论和资源稀释等理论的指导下，对随迁子女受教育状况的影响因素进行了研究。定性研究发现，户籍制度对随迁子女在流入地接受教育具有较强的排斥，它是通过受限于户口的教育制度而作用于随迁子女的教育。相关的教育制度包括异地中考和异地高考政策、本地人优先的原则、烦琐的证件、各省教材不统一等。比较而言，制度对随迁子女受教育的排斥集中在入学和升学方面，在教育过程中的排斥较弱。从学段来看，制度对不同教育阶段随迁子女的排斥程度呈 U 形，即对义务教育阶段随迁子女的排斥程度较弱，对幼儿园和高中阶段的排斥程度较强。流入城市、流动范围、流动时间对随迁子女受教育状况的影响也是通过相关制度来实现的。

家庭资本对随迁子女的受教育状况有重要影响。经济资本在为随迁子女缴纳学杂费、参加兴趣班和课外辅导的培优上发挥着重要作用。文化资本则主要通过教育观念、教育期望、教育能力、教育行为等方式对随迁子女的受教育状况产生影响。社会资本通过社会关系可以帮助随迁子女挤进较好的学校、简化入学手续、提供办证方便等。三类家庭资本虽然各显神通，但三者又相互关联。

在家庭资源总量一定的情况下，兄弟姐妹数量会稀释家庭资源，但稀释程度因不同类型的家庭而异。由于经济资源被消耗后，需要一定的时间才能积累，因此兄弟姐妹数量对经济资源的稀释程度大于文化资本和社会资本。此外，兄弟姐妹数量对父母的时间和精力投入也会有较大的稀释。经济资源以及父母的精力和时间投入被稀释均会对随迁子女的受教育状况产生消极影响。由于生育观念的改变以及生育政策的限制，传统根深蒂固的男孩偏好思想正在逐步瓦解。流动人口对随迁子女的教育投资已经没有性别偏好，即不同性别的同代随迁子女之间不会相互稀释对方的资源，这也是性别对随迁子女的受教育状况没有显著影响的原因。但由于随迁女孩的成绩好于随迁男孩，在公立学校招生设置考试成绩门槛的情况下，前者进入公立学校的概率大于后者。

　　总体而言，本章的定性分析验证和补充了前文的定量分析结果，解释了制度、家庭和个体因素作用于随迁子女受教育状况的机制和路径，也为下一章提出有针对性的对策建议奠定了坚实的基础。

　　综合前面三章的定量研究及本章的定性研究发现，在制度、家庭和个体因素的综合影响下，随迁子女的受教育状况不及户籍人口子女和留守子女。具体而言，随迁子女受家庭经济资本、文化资本、社会资本、兄弟姐妹结构等因素的影响，所能分享到的家庭资源份额明显少于户籍人口子女。随迁子女受没有流入地户口的影响，在流入地接受教育时受到了明显的教育制度的排斥。毫无疑问，户籍制度和教育制度的排斥对随迁子女的受教育状况的弱势起到了推波助澜的作用。

　　在当今社会，教育作为人力资本积累的重要方式，具有重要功能，不仅可以增加人们的知识和技能，而且可以使人们完成正规教育后获得较好的职业和收入，进而影响人们的社会流动和阶层地位。对于随迁子女来说，教育的弱势地位显然会阻碍其社会流动，若长此以往，将会使弱势延续，固化其社会阶层，导致社会阶层的再生产。这不仅与我国"让社会更加公平正义"的目标相违背，而且会加剧不同阶层之间的矛盾与冲突，最终影响社会的和谐、稳定与发展。

第 9 章　主要结论及对策建议

本研究使用国家卫生和计划生育委员会 2013 年流动人口动态监测调查的专题调查之一——"流动人口社会融合调查"数据及中国人民大学社会融合课题组于 2013 ~ 2014 年开展的个案访谈数据，在社会排斥、资本理论、资源稀释等理论的指导下，从在学情况、就读学校性质、受教育年限三个教育层面分析了随迁子女在流入地的受教育状况及其影响因素。本章内容首先对本研究定量和定性分析的主要研究结果（包括现状和影响因素）做总结归纳；其次基于研究发现，提出改善随迁子女受教育状况的对策建议；最后简要概括本研究的创新和发展，指出本研究存在的不足及有待进一步研究和完善之处。

9.1　受教育状况

9.1.1　在学情况

从绝对水平来看，随迁子女的在学比例呈现中间高、两头低的倒 U 形曲线，即 3 ~ 6 岁和 16 ~ 18 岁随迁子女的在学比例相对较低，分别为 64.71% 和 62.00% ，但 7 ~ 15 岁随迁子女的在学比例很高，为 98.83% 。随迁子女与户籍人口子女之间的在学比例差异呈现与绝对水平不同的特征，为 J 形曲线，即 3 ~ 6 岁和 7 ~ 15 岁随迁子女与户籍人口子女的在学比例差异较小，分别相差

0.14 个和 0.26 个百分点，16 ~ 18 岁随迁子女与户籍人口子女之间的在学比例差异高达 34.15 个百分点。综合随迁子女在学比例的绝对水平及其与户籍人口子女的比例差异可知，3 ~ 6 岁随迁子女的在园比例较低，但与户籍人口子女的这一比例接近；16 ~ 18 岁随迁子女不仅高中在学比例低，而且这一水平大大低于户籍人口子女（也比留守子女低 12.49 个百分点）；7 ~ 15 岁随迁子女义务教育在学比例很高，且与户籍人口子女的这一比例差异很小，这表明"以流入地政府管理为主"的政策得到了有效的落实，义务教育上学难的问题基本得到解决。因此，政府有关部门需要加大对幼儿园和高中的教育投入，以解决随迁子女幼儿园、高中的上学难问题。

9.1.2　就读学校性质

从绝对水平来看，呈现教育阶段越高，随迁子女就读公立学校的比例也越高的特点。具体而言，随迁子女就读公立幼儿园的比例最低，只有 38.55%；就读公立小学和初中的比例上升至 88.13%；就读公立高中的比例高达 92.27%。随迁子女与户籍人口子女就读公立学校的比例差异随着教育阶段的升高，呈现依次递减的趋势，幼儿园、义务教育和高中阶段分别相差 26.55 个、6.74 个和 3.96 个百分点。此外，随迁子女就读公立学校的比例均低于留守子女就读公立学校的比例，但两者的比例差异小于随迁子女与户籍人口子女的这一比例差异。义务教育随迁子女就读公立学校的比例高，且与户籍人口子女、留守子女的差异小，反映了"以公办学校为主"的政策得到了较好的实施。相比之下，在户籍人口子女就读公立幼儿园比例也不高的情况下，随迁子女进入公立幼儿园的难度较大。

事实上，随迁子女与户籍人口子女在就读学校性质层面的差异大于定量分析结果。定性研究发现，最近两年虽然教育部要求按照就近入学的原则解决随迁子女的上学问题，少量跨区的学校在招生时需要通过入学考试来择优录取，但受租金及上班距离等因素的影响，流动人口多居住在城乡接合部等优质教育资源较少的片区，而且很多随迁子女的成绩相对较差，故在入学选拔考试中常处于劣势。

9.1.3 受教育年限

16~18 岁随迁子女的受教育年限平均为 10.36 年，分别比户籍人口子女和留守子女短 0.66 年、0.52 年。从受教育年限的分布来看，随迁子女受教育年限为 11 年的比例最高（25.69%），为 12 年的比例次高（25.38%），为 9 年的比例再次（23.54%），为 10 年的比例更次（20.00%），而为 8 年及以下的比例最低，不足 6%。可见，大部分随迁子女都能完成九年义务教育，不过，能够完成高中教育的比例不足 26%。

综合在学情况、就读学校性质、受教育年限三个层面而言，义务教育阶段随迁子女的受教育状况最好。一方面不仅在学比例高达 98.83%，而且就读公立学校的比例高达 88.13%；另一方面，与本地户籍人口子女的比例差异小，特别在适龄入学方面。学前教育是一个需要重视的薄弱阶段，3~6 岁随迁子女的在学比例虽然略高于户籍人口子女，但就读公立学校的比例与户籍人口子女的这一比例差异较大，因此，这一教育阶段随迁子女的受教育状况亟须改善。随迁子女高中阶段的受教育状况不容乐观。虽然随迁子女就读公立高中的比例最高，与户籍人口子女的差异也最小，但随迁子女在流入地接受高中教育的问题还没有得到有效解决（如 16~18 岁随迁子女的高中在学比例低于幼儿园和义务教育适龄人口，完成高中教育的随迁子女只有 1/4 左右）。近两年，尽管政府已把解决随迁子女异地高考的问题提上了议事日程，但在跨省随迁子女规模较大的、教育资源丰富的城市（如上海市），异地高考政策尚未得到具体有效的贯彻落实，随迁子女因要回原籍参加高考，故他们中的大部分（特别是跨省随迁子女）都会选择到流出地上高中。完全解决好随迁子女的异地高考问题还有待时日，仍然任重道远。

9.2　影响因素

9.2.1 户籍地点

总体而言，随迁子女的在学概率、就读公立学校概率、受教育年限显著低于或短于户籍人口子女和留守子女，这表明我国政府虽然一直在推进户籍制度改革，中央政府和教育部门也三令五申要解决随迁子女的教育问题，但没有流入地户口的随迁子女在接受教育（特别是幼儿园教育和高中教育）时仍然面临较大的制度障碍和制度排斥。这些不平等待遇与本地户口附加的丰富的、优质的教育资源紧密相关，即户籍制度通过受限于户口的教育制度作用于随迁子女的教育。3～6 岁随迁子女的在园概率虽与户籍人口子女没有显著差异，但这不能说明户籍制度和教育制度的排斥不存在，这主要与户籍人口子女的入园比例不高、流动人口因就业需要较早送孩子入园等多个因素有关。随迁子女就读公立幼儿园的比例比户籍人口子女低近 30 个百分点的现象恰好说明，制度排斥在幼儿园阶段普遍存在——公立幼儿园实行的是本地人优先的原则。高中阶段的制度排斥突出表现在升学上——限制随迁子女异地高考。相比之下，义务教育阶段随迁子女受到的制度排斥程度较弱，这主要归功于《中华人民共和国义务教育法》"以流入地政府管理为主、以流入地公办学校为主"的"两为主"政策的贯彻落实。义务教育阶段存在的微弱排斥主要体现小学一年级和初中一年级入学时提交烦琐证件的要求上。

9.2.2　户籍类型

户籍类型对随迁子女受教育状况的影响因不同的变量及教育

阶段而异。总体来看，户籍类型对随迁子女受教育状况的影响不显著。但在 16 ~ 18 岁随迁子女中，乡—城随迁子女的在学概率、受教育年限均显著小于城—城随迁子女。结合定性分析发现，不具有本地户口的城—城随迁子女和乡—城随迁子女在流入地接受教育时受到的制度排斥相同。16 ~ 18 岁乡—城随迁子女的受教育状况不及城—城随迁子女的原因不是他们在流入地受到了不同程度的制度排斥，而是其有差异的家庭文化资本。在我国长期存在的城乡二元教育体制中，乡—城流动人口家庭的文化资本不及城—城流动人口家庭，而家庭文化资本对 16 ~ 18 岁随迁子女的受教育状况具有重要影响。

9.2.3　父母流入城市

父母流入城市显著影响随迁子女的受教育状况，但其影响性质及影响程度在不同的因变量及教育阶段中存在一些差异。总体而言，上海市适龄随迁子女的在学概率、就读公立学校的概率及受教育年限均小于或短于长沙市、西安市和咸阳。这与上海市教委近两年收紧招收随迁子女的教育政策有密切的关系，即上海市的制度排斥力度大于其他城市，如不是严格意义上放开的异地高考政策、异地中考政策，较高的入读公立学校的门槛、分班政策（把不能在当地参加中考的学生组成一个班），上教版教材与其他省市教材的较大差异，等等。当然，上海作为一个文化教育大市，其学前教育资源相对丰富，公立幼儿园的比例高达 70%（杨玉红，2011）；所以随迁子女就读公立幼儿园的比例排在第二位（无锡市的比例最高，苏州市、西安市、咸阳市与上海市的这一比例没有显著差异，并列位居第二），但泉州市、长沙市和武汉市的这一比例则显著低于上海市。相比之下，西安市和咸阳市随迁子女的受教育状况较好，无论是从在学情况、就读学校性质，还是从受教育年限来考察。

9.2.4　父母流动范围

16～18 岁省内流动随迁子女的在学概率及受教育年限显著高于和长于跨省流动随迁子女。父母流动范围作用于 16～18 岁随迁子女在学概率及受教育年限的机制主要在于制度排斥，具体与随迁子女不能在异地参加中考、高考有关。受这一制度的制约，再加上各省教材的差异，许多学习成绩较好的随迁子女（特别是跨省随迁子女）会主动在初中年级、高中一年级左右回流出地上学。制度排斥也导致义务教育阶段随迁子女就读公立学校的概率在省内流动者和跨省流动者之间存在显著差异。例如上海的随迁子女全部为跨省流动者，受上海市公立学校近两年收紧招收随迁子女教育政策的影响，上海市义务教育阶段随迁子女就读公立学校的概率在八城市中最小。然而，父母流动范围对随迁子女受教育状况的影响还与其他因素有关。如省内流动随迁子女就读公立幼儿园的概率不及跨省流动随迁子女，这主要与公立学前教育资源的供给有关。跨省流动人口较多的无锡市、苏州市和松江区的公立学前资源较多，所以这三个城市 3～6 岁随迁子女就读公立学校的概率较大，省内流动人口较多的长沙市和武汉市的公立学前资源较少，故这两个城市 3～6 岁随迁子女就读公立学校的概率很低。

9.2.5　父母居住时间

父母居住时间与随迁子女受教育状况的关系呈现居住时间越长，在学概率和就读公立学校的概率越大、受教育年限越长的趋势。居住时间影响随迁子女受教育状况的机制，一方面是通过一系列的时间规定来实现，如对父母的连续居住、缴纳养老保险、持居住证的年数进行规定，或者对随迁子女在流入地连续学籍年数的限定。另一方面是通过家庭资本来实现。父母居住时间越长，在流入地工作的稳定性和收入水平会相对更高，流动性则会相对减少；父母居住时间越长，社会交往网络会相对更广，家庭的社会资本也会相对更多。而本研究的定量和定性研究发现，父母的流动性、家庭的经济资本和社会资本会影响随迁子女的受教育状况。父母居住时间对幼儿园就读学校性质没有显著影响，主要是公立幼儿园的比例不高所致，即在"僧多粥少"的情况下，流入城市在优先满足户籍人口子女就读公立幼儿园的需求后，才考虑招收随迁子女。随迁子女就读公立幼儿园的概率主要受制度的影响，这使父母居住时间的作用难以发挥。

从对户籍地点、户籍类型、父母流入城市、父母流动范围、父母居住时间五个变量的分析中可知，制度因素对随迁子女的受教育状况具有重要影响。制度对随迁子女受教育状况的排斥与户籍制度及受限于户籍的教育制度有密切关系。

9.2.6　家庭经济资本

家庭经济资本会对随迁子女的受教育状况产生影响，其具体表现在给子女缴纳学杂费（学费、赞助费）、培优（兴趣班、请家教辅导）和创造稳定的学习和居住环境等方面。在定量研究中，家庭经济资本只是显著提升了 3～6 岁随迁子女的在园比例，这与我国幼儿园的公立化程度较低，市场化、私立化程度较高密切相关。流动人口进入流入地的主要目的是务工经商，为了不影响就业也为了培养孩子，经济资本较多的家庭一般会在随迁子女适龄时将其送入幼儿园上学。家庭经济资本对随迁子女就读公立幼儿园之所以没有显著影响，是由于我国公立幼儿园的供给小于需求，低廉的收费、较有保障的教学硬件和师资力量等，使随迁子女进入公立幼儿园时面临较大的制度排斥。随迁子女若要进入公立幼儿园，一般都需要"托关系""走后门"，仅有钱而没有关系是挤不进去的。从上文可知，16～18 岁随迁子女的受教育状况受到制度的排斥力度很大，制度的强排斥使家庭经济资本的作用难以发挥。家庭经济资本对 7～15 岁随迁子女的受教育状况没有显著影响，这与我国义务教育的普及性、免费性、义务性，以及"两为主"政策的贯彻落实有关，制度的排斥在义务教育阶段基本消除。

9.2.7　家庭文化资本

总体而言，家庭文化资本可显著提高适龄随迁子女的在学概率、就读公立学校概率以及受教育年限。家庭文化资本作用于随迁子女受教育状况的方式主要包括以下四个方面：一是文化资本多的家庭更能意识到教育的重要性，因而更愿意对子女进行更多的人力资本投资；二是文化资本多的家庭，对子女会有较高的教育期望，而这有助于子女学业上的成功；三是文化资本多的家庭有能力为子女的学习提供辅导，而这有助于子女学业成绩的提高；四是文化资本多的家庭更知道采用正确的教育方法教育子女，而这更能激发随迁子女的学习热情、培养其学习兴趣、提高其学习信心。需要说明的是，家庭文化资本对 3 ~ 6 岁随迁子女的在学概率及就读公立学校概率没有显著影响。这主要有以下两个原因：一是不同文化资本的家庭对学前教育的重视程度普遍不高（至少不及义务教育和高中）；二是影响随迁子女能否进入公立幼儿园就读的主要因素是制度因素（而非文化资本）。

9.2.8　家庭社会资本

总体而言，社会资本可显著提升适龄随迁子女的在学概率和就读公立学校的概率。在定性研究中，很多被访者都强调关系在帮助随迁子女选择并进入较好学校时非常重要，有些被访者甚至直言，只有钱没有关系根本挤不进（公立）学校。换言之，在教育资源有限的情况下，随迁子女在流入地接受教育会受到较强的制度排斥（主要体现在 16 ~ 18 岁随迁子女的在学概率，以及幼儿园和义务教育随迁子女就读公立学校的概率上），而社会资本可以在一定程度上突破户籍制度和教育制度的藩篱。通常社会资本网络较广、社会资本质量较高的家庭通过找到学校的相关人员等可以为子女争取更多和更好的教育机会。此外，社会资本在简化子女入学手续、提供办证方便、少交助学费等方面也起着重要作用。

9.2.9 兄弟姐妹数量

兄弟姐妹数量与随迁子女的在园概率及受教育年限之间负向相关，即兄弟姐妹数量越多，随迁子女就读幼儿园的概率越小、受教育年限越短。这与资源稀释理论相符，即在家庭资源一定的情况下，兄弟姐妹的数量越多，对资源的稀释就越大，父母对子女相应资源的教育投入就会相对减少，故而会对随迁子女的受教育状况产生影响。然而，家庭资源的稀释程度会因家庭资源的类型而异。经济资源一旦被消耗，就需要较长的时间来积累。相比之下，文化资本和社会资本可以重复使用，因此，兄弟姐妹数量对家庭经济资本的稀释程度大于文化资本和社会资本。此外，兄弟姐妹数量对父母的时间和精力投入也会产生较大的稀释。在义务教育阶段，由于义务教育的普及性、免费性、义务性，以及"两为主"政策的贯彻落实，随迁子女在流入地接受义务教育时需要的家庭资源很少，故而对家庭资源的稀释很小。

9.2.10 随迁子女性别

总体而言，随迁男孩与随迁女孩在在学概率、就读公立学校概率、受教育年限方面没有显著差异。可见，不同性别的同代随迁子女不会相互稀释对方的资源。这可从以下三方面进行解释：一是流动人口家庭"重男轻女"的思想观念已发生了较大改变，许多年轻父母在教育投入方面都持男女平等的教育理念；二是生育数量的减少使每个孩子都很珍贵，只要家庭经济条件允许，父母都会努力为子女提供和创造教育机会；三是家长普遍认为接受高中及以下教育在现代社会来说是必须的，男孩和女孩都是如此。本研究唯一的性别差异在于义务教育阶段随迁男孩就读公立学校的概率低于随迁女孩，这主要与女孩的成绩普遍好于男孩有关。在公立教育资源有限的情况下，有些公立学校在招收随迁子女时会根据孩子的成绩来择优录取。

此外，年龄和教育阶段对随迁子女的受教育状况也有显著影响。从在学概率来看，7～15 岁随迁子女的在学概率显著大于3～6 岁和16～18 岁随迁子女。在 3～6 岁随迁子女中，年龄与在学概率呈现显著的正向递增关系。在 16～18 岁随迁子女中，18 岁随迁子女的在学概率显著小于 16 岁随迁子女，但 17 岁和 16 岁随迁子女的在学概率没有显著差异。年龄与受教育年限也呈现显著的正向递增关系。年龄对随迁子女受教育状况的影响主要与我国的学制有关。分教育阶段来看，幼儿园、义务教育、高中随迁子女就读公立学校的概率依次上升。教育阶段对随迁子女受教育状况的影响主要与我国政府对各教育阶段提供的教育资源、各类子女（户籍人口子女、随迁子女、留守子女）对各级教育的需求，以及与随迁子女教育有关的法律、法规、政策等因素有关。

综上，随迁子女的受教育状况受到户籍制度和教育制度的排斥，同时受到家庭经济资本、文化资本和社会资本，以及随迁子女的兄弟姐妹数量、性别、年龄和教育阶段等诸多因素的影响。随迁子女在流入地教育难问题的实质是教育不平等及父母弱势的家庭资本。再进一步而言，随迁子女的教育问题不仅仅是一个教育问题，其背后反映的是社会不公平问题。在现代社会中，教育是人们社会地位向上或向下流动的助推器。随迁子女在流入地接受教育的弱势一方面会使其人力资本的积累不及户籍人口子女，而这将会影响随迁子女的个体发展——导致随迁子女就业后的收入水平和职业流动机会不及户籍人口子女。另一方面，也会导致整个社会阶层的流动减少、固化社会阶层甚至出现马太效

表9-1 自变量对各因变量的影响汇总

自变量	在学情况				就读学校性质		受教育年限
	3~18岁	3~6岁	16~18岁	3~18岁在学	幼儿园	义务教育	16~18岁
流动特征							
户籍地点（对照组：户籍人口子女）							
随迁子女	-	/	-	-	-	-	/
留守子女	/	/	-	/	-	+	+
乡—城随迁子女	/	/	/	/	/	/	-
父母流入城市（对照组：松江区）							
无锡市	+	/	+	+	+	+	/
苏州市	/	/	+	+	-	+	/
泉州市	+	+	+	+	+	+	/
武汉市	+	+	+	+	-	+	/
长沙市	+	+	+	+	/	+	+
西安市	+	+	+	/	-	+	+
咸阳市	+	/	+	/	-	+	+
省内流动	+	/	/	/	-	+	+
父母居住时间（对照组：1年及以下）							
2~5年	/	/	/	/	/	/	/

续表

自变量	在学情况			就读学校性质			受教育年限
	3~18 岁	3~6 岁	16~18 岁	3~18 岁在学	幼儿园	义务教育	16~18 岁
6~10 年	+	/	/	/	/	/	/
10 年以上	+	+	+	/	/	+	+
家庭特征							
家庭月收入	+	+	/	/	/	/	/
父母受教育程度（对照组：小学及以下）							
初中	+	/	+	/	+	/	+
高中及以上	+	/	+	+	/	+	+
父母职业（对照组：管理技术办事员）							
商业服务业人员	/	/	/	/	/	/	/
工人及其他	/	/	/	/	/	/	/
本地市民	+	/	+	+	+	+	+
个体特征							
兄弟姐妹数量	-	-	/	/	+	/	-
男孩	/	/	/	/	+	-	/
年龄（对照组：3~6 岁）							
7~15 岁	+	na	na	na	na	na	na

续表

自变量	在学情况			就读学校性质			受教育年限
	3～18 岁	3～6 岁	16～18 岁	3～18 岁在学	幼儿园	义务教育	16～18 岁
16～18 岁	/	na	na	na	na	na	na
年龄（对照组：3 岁）							
4 岁	na	+	na	na	na	na	na
5 岁	na	+	na	na	na	na	na
6 岁	na	+	na	na	na	na	na
年龄（对照组：16 岁）							
17 岁	na	na	/	+	na	na	+
18 岁	na	na	-	+	na	na	+
教育阶段（对照组：幼儿园）							
义务教育	na	na	na	na	na	na	na
高中	na	na	na	na	na	na	na
初中	na	na	na	na	na	+	na

注："+"表示显著正影响；"-"表示显著负影响；"/"表示没有显著影响；"na"表示没有考虑关系。

应——出现阶层传递现象，增加人们的剥夺感和不公平感，影响社会的整合。因此，必须高度重视随迁子女在流入地接受教育时面临的困境，并采取积极措施加以解决。

9.3　对策建议

人口流动不仅增加了流动人口的经济资本，也给随迁子女的发展带来了契机。在城市现代文明的陶冶下，流动家长的教育观念更为现代化，随迁子女能够得到家长的密切监护，同时可以在城市享受更好的教育资源和人文环境。然而，受制度、家庭和个体等多层面因素的制约，随迁子女在流入地接受教育时仍然面临较大的困难，在幼儿园和高中教育阶段尤为如此。改善随迁子女的受教育状况，对于其人力资本的积累、较高职业地位和收入的获得具有重要的作用，也有助于促进随迁子女的社会流动，维持社会的稳定与和谐。下面将基于前文的研究发现，从制度改革、教育投入、家庭支持、学校配合、社会帮扶、经济发展等方面提出改善随迁子女受教育状况、提升随迁子女教育福利水平的对策建议。

9.3.1　推进制度改革，清除制度壁垒，促进教育公平

本研究发现，随迁子女在流入地不能平等地接受各级教育，其根本原因是受到了户籍制度和教育制度的排斥。因此，只有对显性户籍墙——户籍制度及隐性户籍墙——教育制度进行改革，才能真正推进随迁子女在流入地平等地接受教育。

首先，统筹兼顾各方权益，逐步打破制度壁垒，降低异地中考和高考门槛，稳妥解决随迁子女义务教育后升学考试问题。在推进制度改革时，教育福利需要与户籍制度脱钩，不能附加太多的条件（如与户籍地点、父母在流入地缴纳社会保险的年限、入户积分达到指定的积分标准等挂钩），而是要坚持以学籍为主的

原则。综合各省随迁子女规模、高中教育资源、高等教育资源等因素，湖南、湖北、福建、江苏、陕西等省份的异地高考条件可设为连续 3 年高中学籍，上海的学籍认定可延长至连续学籍 6 年（即从 7 年级开始在上海上学）。对符合以上条件的随迁子女，要保障他们与户籍人口子女同等享受参加普通高等学校招生考试与录取的权利。当然，教育主管部门（特别是"教育洼地"的上海、北京等教育资源丰富的城市）需要严格审查异地高考考生的学籍，以防高考移民的发生。

其次，进一步巩固义务教育"两为主"政策，并将其逐步延伸至高中。异地高考政策出台后，有些大城市为控制随迁子女规模，在义务教育阶段出现了收紧招收随迁子女的现象，为此还需要进一步巩固义务教育"两为主"政策。同时，为切实推进随迁子女异地高考政策的有效实施，流入城市需要向随迁子女提供与户籍人口子女同等享受高中教育的机会，对随迁子女和户籍人口子女实行统一（无差异）的收费政策。

再次，简化随迁子女在公立学校就读义务教育的手续。目前各城市教育主管部门对学校提供生均经费拨款时，要求随迁子女在小学一年级和初中一年级入学时提交父母就业证、居住证、缴纳社会保险证、户口本、计划生育证、结婚证、出生证、预防接种证、入学联系函等诸多证明。其中，计划生育证和入学联系函需要回到户籍地才能办理。种类繁多的证明给随迁子女父母带来很大的不便，因此，迫切需要简化入学手续，建议仅提交父母就业证、居住证、户口本、预防接种证四大证件。

第四，进一步贯彻落实停止和取消征收义务教育借读费的政策，治理幼儿园不合理收费、乱收费现象。财政部和国家发改委早在 2008 年就发出通知，从 2009 年起停止和取消征收义务教育借读费。但从访谈的 10 多个城市中发现，仍有一些城市还在向随迁子女征收赞助费，可见相关部门需要进一步加大对学校收费的监管力度。随着人们对学前教育需求的增加，过去几年私立幼儿园蓬勃发展，但鱼龙混杂，不合理收费、乱收费现象普遍存在。教育、物价等相关部门需要加大对幼儿园的监督管理力度，逐渐解决"入园难""入园贵"的问题。

9.3.2 流入地需加大教育投入，增加学位供给，扩大教育机会

制度改革为随迁子女在流入城市平等接受教育提供了可能，但真正要实现这一教育权利还有赖于流入城市充足的教育资源。目前，流入城市教育资源的相对不足是随迁子女教育权利实现的重要障碍。政府需要结合各城市教育资源的供给和需求情况，有计划、有步骤、有针对性地加大教育投入，扩充教育资源，努力为随迁子女创造良好的教育机会。

首先，增加公立幼儿园的数量和学位。在定性研究中发现，流动人口受到收入水平相对不高、私立幼儿园上学贵、公立幼儿园办学质量较好等因素的影响，他们都希望随迁子女进入公立幼儿园上学。鉴于我国公立幼儿园的比例过低，"入园难""入学贵"问题非常突出，政府亟须加大对幼儿园的教育投入，根据2010 年《国务院关于当前发展学前教育的若干意见》贯彻落实学前教育三年行动计划，一方面增加公立幼儿园的数量，另一方面激励现有公立幼儿园扩班、扩容。为保证教学质量，扩容后每班学生数量不宜超过 30 人。

其次，扩充高中的数量和学位。随着异地高考政策的出台与落实，随迁子女在流入城市接受完义务教育后，在当地上高中的比例会大大增加，高中教育的供需矛盾会逐渐凸显。政府需要加大对高中的教育投入，增加公立高中的数量和学位，以应对大量随迁子女在流入城市接受高中教育这一就学高峰的到来。

最后，通过政府购买服务的方式向民办学校购买学位，并对其进行业务指导。在公立学校教育资源无法满足随迁子女教育需求的情况下，各流入城市可结合自身实际情况，以政府购买服务

的形式，按照就近入学的原则，把随迁子女安排到所在学区的民办幼儿园、民办小学、民办初中和民办高中上学（这些学校参照公立学校的标准向随迁子女收费，其余费用由政府补助），使随迁子女在流入城市能上学和上好学。针对民办学校（特别是一些民工子弟学校）师资力量比较薄弱的情况，教育主管部门需要向民办学校提供业务指导，并对其师资进行定期培训。

9.3.3 重视家庭教育，降低家庭流动频率，为子女创造良好的学习环境

家庭教育是各级教育的基础和起点，会对人的一生产生重要和深远的影响。就家庭的教育功能而言，一方面，伴随学校和社会教育的发展，家庭的教育功能逐渐外化；另一方面，伴随家庭子女数量的减少，家庭对子女的教育愈加关注和重视，并投入大量的时间和精力。然而，受流动人口工作时间长、流动性较大、受教育程度较低、家庭教育意识较弱等多种因素的影响，流动家长对其随迁子女的教育支持明显不及户籍人口子女的家长。

流动家长可从以下四个方面为随迁子女提供教育支持。一是不管工作时间多长、工作强度多大，每天都应抽出一些空余时间与孩子沟通和交流，辅导孩子做作业，增进亲子感情。二是主动与学校老师联系，了解孩子在学校的学习、交往和心理情况。三是降低家庭的流动频率，尽量能在某一城市稳定就业、长期居住，为孩子选择一个理想的学校，减少转学次数。四是鉴于自身受教育程度不高，在教育和培养孩子方面需要不断充电。可通过参与一些学校、社区或社会组织开展的活动、观看电视节目、百度搜索、阅读书籍等方式，提高教育意识，更新教育观念，掌握科学的教育方法，全面提升培养和教育孩子的综合素养。简言之，随迁子女家长要多种方式并举，为随迁子女营造一个良好、温馨、舒适和安全的学习成长环境。

9.3.4　学校需加强能力建设，倡导教育过程公平，促进随迁子女的学校适应

受流入城市公立学校资源紧缺、流动人口收入水平较低等因素的影响，有一定比例的随迁子女就读办学条件较差、师资力量较弱的民办学校，幼儿园阶段尤其如此。随迁子女为民办学校的发展带来了契机，民办学校要借此机会加强自身的能力建设，这不仅有助于民办学校自身的可持续发展，也有助于随迁子女受教育状况的改善。能力建设可从两方面展开：一是投入一定比例的资金建设校园的基础设施，购置和配备电脑、投影仪、校园广播系统等现代教育技术设备；二是提高学校的管理水平，加强学校的师资队伍建设，提高教学质量，营造良好的学习氛围。

在访谈中发现，学校及其老师基本能平等对待随迁子女和户籍人口子女，但教育过程中的不平等现象仍然存在。比如：上海市少数学校把不能在当地参加中考和能在当地参加中考的学生分开编班，甚至动员不能在当地参加中考的学生回户籍地上学，这一现象虽然给学校的教学管理带来了方便，但学校的这些行为会对随迁子女的心理、学习成绩及将来的成长等造成一些负面影响。因此，学校在教育教学过程中，对待随迁子女和户籍人口子女要一视同仁，要努力促进教育过程的公平。

随迁子女跟随父母到流入地后，学习生活环境发生了较大变化，受父母流动就业的影响，有些随迁子女甚至多次转学。针对这一情况，学校可在适当的时候（如每年秋季开学初）在全校开展一些融入性活动，增加随迁子女对所在城市及学校的了解，促进随迁子女与本地户籍人口子女相互沟通、相互帮助、相互了解，帮助随迁子女尽快适应新环境的学习和生活。

9.3.5　发挥社会力量，提供辅导培训，促进家校合作

随迁子女教育福利水平的提高是一个系统工程，除了需要政

府、家庭和学校的努力，也需要社会力量的支持。本研究以社会工作机构为例，介绍社会力量介入随迁子女教育的领域。一是向随迁子女提供学业辅导。从上文可知，流动人口的工作时间很长、受教育程度较低，他们没时间也没有能力指导子女的学习（特别是随迁子女上初中后），社会工作机构可在随迁子女放学后把他们召集起来，安排社会工作者对他们提供学业辅导，发挥家庭教育的替代作用。二是向随迁子女开设兴趣班。社会工作机构可以非政府组织的名义向社会募集资金（用于聘请老师）或招聘一些有特长的志愿者，在周末或其他课余时间给随迁子女开设英语、绘画、音乐、书法、器乐、舞蹈、乒乓球等方面的兴趣班，提高随迁子女的综合素质。三是促进家校合作。在定性研究中发现，流动人口在家校合作方面不及户籍人口，这可能与流动人口整天忙于工作，没意识到家校合作的重要性，不会使用网络时代的家校合作媒介（QQ 群、微信群）等因素有关。社会工作机构可对随迁子女家长开展一些小组活动和社区活动，帮助随迁子女家长认识家校合作的重要性和必要性，指导他们学会使用 QQ 群、微信群，进而促进他们与学校互动、与老师沟通与合作。此外，社会工作机构还可以开展提升随迁子女家长教育技巧、促进随迁子女学校适应等诸多不同主题的小组活动和社区活动来解决随迁子女在流入地面临的教育问题和教育困境。

9.3.6 大力发展流出地经济，促进教育均衡发展，提升办学水平

流动人口及随迁子女产生的宏观社会背景是区域经济和教育发展水平的不均衡。因此，大力发展流出地经济，促进流出地教育事业的发展对解决随迁子女的教育问题具有重要的作用。一方面，中央政府要加大对中、西部等经济落后地区的政策支持和财政支持力度，采取多种形式帮助其改善交通运输、通信等基础设施，出台一些优惠政策吸引资金到内地投资，以逐渐提升经济欠

发达地区的自我发展能力。另一方面，要加大对流出地的教育投入，坚持教育资源向农村倾斜的政策，进一步夯实义务教育，并逐步将义务教育向学前三年和高中阶段延伸，稳步提高中等和高等职业学校的办学水平，积极推动和加快普通高等教育事业的发展，逐渐缩小其与经济发达地区的教育差距。若流出地的经济发展了，当地就能提供较多的就业机会；若流出地的教育资源丰富了，随迁子女在当地就能接受较好的教育。在这种情况下，流动人口及随迁子女的规模自然会趋于减少，流入地接纳随迁子女就读的压力也会随之减小。在当今社会，人力资本对现代经济增长具有很大的促进作用。流出地教育事业的发展有助于该地区人力资本的积累和人口素质的提高，这无疑又有助于推动流出地的经济发展。

9.4 结语

本研究在社会排斥、资本理论和资源稀释等相关理论的指导下，从在学情况、就读学校性质、受教育年限三个维度对随迁子女的受教育状况及其影响因素进行了分析。研究发现，随迁子女的受教育状况不及户籍人口子女及留守子女。其中，"显性户籍墙"——户籍制度和"隐性户籍墙"——教育制度的共同排斥是导致这一差异的根本原因；经济资本的限制、文化资本的传承和社会资本的制约又进一步加大了该差异。正如前文所述，随迁子女在流入地的教育弱势，不仅会影响随迁子女的个体发展，还有可能会固化社会阶层，导致社会再生产的发生。为维持社会的稳定和谐，预防社会出现断裂，本研究从政府、家庭、学校、社会等方面构建了一个多位一体的社会支持体系来改善随迁子女的受教育状况。

本研究在吸收和借鉴前人研究成果的基础上，在以下方面做了创新和发展。

第一，拓展了研究对象。本研究将幼儿园、义务教育、高中阶段的随迁子女纳入分析视野，这突破了已有研究成果主要分析义务教育阶段随迁子女、忽视幼儿园和高中阶段随迁子女的局限。第二，在一定程度上弥补了现有研究比较分析视角缺乏的不足。一方面将随迁子女与户籍人口子女、留守子女的受教育状况做对比分析，另一方面比较分析了受教育状况及其影响因素在各教育阶段和教育层面的异同。通过比较分析的视角可更清楚、准确地认识随迁子女的受教育状况及其影响因素。第三，深化了研究内容。本研究对流动特征变量（随迁子女的户籍地点、户籍类型，及其父母的流入城市、流动范围、居住时间）与因变量之间的关系做了系统分析，将弥补当前实证研究中对流动特征变量关注不够全面的不足。第四，得出了一些新的且有价值的结论。如随迁子女的受教育状况不及户籍人口子女和留守子女；制度因素对随迁子女的受教育状况有显著影响，但排斥程度因不同的教育阶段而异，义务教育阶段的制度排斥程度较弱，幼儿园和高中阶段的制度排斥程度较强；家庭的经济、社会和文化资本可显著改善随迁子女的受教育状况，但具体影响因不同的教育阶段和教育层面而异，三类资本作用于教育的机制也各不相同；随迁子女的性别对其受教育状况没有显著影响。

尽管本研究已对随迁子女的受教育状况及其影响因素做了全面和深入的分析，但受主观和客观条件的限制，本研究还存在一些不足及有待进一步研究和完善之处。第一，缺少具有全国代表性数据的分析和验证。本研究使用的定量数据为 2013 年"流动人口社会融合调查"数据，该数据的样本在八城市中为随机抽样，数据分析结果虽然在八城市中具有代表性，却不能推断为全国的情况。另外，该数据得出的 16～18 岁随迁子女的在学比例、受教育年限可能存在一定程度的低估。第二，本研究仅对随迁子女的教育机会（在学情况、就读学校性质）和教育结果（受教育年限）做了分析，但未深入考察教育过程，这在将来的研究中需要跟进。对教育结果也可从更多方面展开分析，如学习成绩、中考升学率、高考升学率。第三，定量研究未分析流动模式、学校因素等自变量对因变量的影响。流动模式（与父母流动、与父亲或母亲流动）会直接影响家庭功能的发挥，进而影响随迁子女的受教育状况。学校作为随迁子女学习的主要场域，其相关情况也会影响随迁子女的受教育状况。但受定量数据的限制，本研究未能对流动模式、学校因素进行探讨和控制，这在将来的研究中需要进一步关注。第四，目前有些省市已经出台并实施了异地高考政策，在将来的研究中需要进一步关注异地高考政策的实施情况、随迁子女在流入地上高中的意愿，以及高中阶段的就读学校性质、学习成绩、高考升学率等相关内容。

参考文献

〔法〕布迪厄、〔美〕华康德、李猛、李康译，2004，《实践与反思——反思社会学导论》，中央编译出版社。

蔡禾、冯华，2003，《广州市劳动人口职业获得分析——兼析教育获得》，《中山大学学报》（社会科学版）第2期。

蔡禾、刘林平、万向东等，2009，《城市化进程中的农民工：来自珠江三角洲的研究》，社会科学文献出版社。

陈晨，2012，《家庭资本对流动儿童教育贫困的影响分析》，《少年儿童研究》第10期。

陈国华，2009，《农村中小学生辍学的原因分析——文化资本的视角》，《现代教育论丛》第12期。

陈琦，2012，《艾滋病患者的社会排斥及其影响因素——基于N市艾滋病村庄的调查》，《中南民族大学学报》（人文社会科学版）第2期。

陈霞、申屠珊，2012，《城市化进程中新生代农民工随迁子女教育研究——基于教育认知度及教育行为的视角》第4期。

陈晓华、黄延信、姜文胜，2005，《农村劳动力转移就业现状、问题及对策》，《农业经济问题》第8期。

陈友华、方长春，2007，《社会分层与教育分流——一项对义务教育阶段"划区就近入学"等制度安排公平性的实证研究》，《江苏社会科学》第1期。

迟巍、吴斌珍、钱晓烨、梁琦，2013，《我国城镇家庭教育支出研究》，清华大学出版社。

邓大松、刘国磊，2013，《突破农民工医疗保险缺失困局——基于社会排斥理论的视阈》，《江汉论坛》第 6 期。

丁开杰，2009，《西方社会排斥理论：四个基本问题》，《国外理论动态》第 10 期。

杜娟、叶文振，2003，《流动儿童的教育状况及其影响因素》，《中共福建省委党校学报》第 9 期。

杜丽，2011，《重庆市流动幼儿教育现状研究》，硕士学位论文，西南大学。

杜越、汪利兵、周培植，2004，《城市流动人口子女的基础教育——政策与革新》，浙江大学出版社。

段成荣、吕利丹、王宗萍、郭静，2013，《我国流动儿童生存和发展：问题与对策——基于 2010 年第六次全国人口普查数据的分析》，《南方人口》第 4 期。

段成荣、黄颖，2012，《就学与就业——我国大龄流动儿童状况研究》，《中国青年研究》第 1 期。

段成荣、杨舸，2008，《我国流动儿童最新状况——基于 2005 年全国 1% 人口抽样调查数据的分析》，《人口学刊》第 6 期。

段成荣、梁宏，2005，《关于流动儿童义务教育问题的调查研究》，《人口与经济》第 1 期。

段成荣、梁宏，2004，《我国流动儿童状况》，《人口研究》第 1 期。

段成荣、周皓，2001，《北京市流动儿童少年状况分析》，《人口与经济》第 1 期。

范先佐等，2011，《流动人口子女教育困难与破解》，凤凰出版传媒集团（江苏教育出版社）。

方建华、王玲艳，2007，《南京地区 3～6 岁农民工子女受教育现状调查》，《当代学前教育》第 4 期。

方长春、风笑天，2005，《阶层差异与教育获得——一项关于教育分流的实证研究》，《清华大学教育研究》第 5 期。

方巍，2008，《农民工社会排斥的制度内与制度外分析——杭州市的个案研究》，《学海》第 2 期。

费孝通，2008，《生育制度》，商务印书馆。

冯帮，2011，《流动儿童的城市文化适应研究——基于社会排斥的分析视角》，《现代教育管理》第 5 期。

冯帮，2007，《流动儿童"升学难"的成因及对策》，《教育发展研究》第 12A 期。

冯帅章、陈媛媛，2012，《学校类型与流动儿童的教育——来自上海的经验证据》，《经济学》第 4 期。

风笑天，2001，《社会学研究方法》，中国人民大学出版社。

高政，2011，《社会排斥理论视角下流动儿童教育问题研究》，《教育探索》第 12 期。

顾微微，2012，《流动人口子女学前教育发展中的政府责任》，《教育评论》第 4 期。

国家卫生和计划生育委员会流动人口司，2013，《中国流动人口发展报告》，中国人口出版社。

郭星华等，2011，《漂泊与寻根——流动人口的社会认同研究》，中国人民大学出版社。

郭长伟，2012，《文化资本视域下农民工随迁子女教育融入困境及对策》，《教学与管理》第 30 期。

韩嘉玲，2013，《城乡的分野与儿童群体的分化》，《中国党政干部论坛》第 9 期。

韩嘉玲，2007，《流动儿童教育与我国的教育体制改革》，《北京社会科学》第 4 期。

韩嘉玲，2001，《北京市流动儿童义务教育状况调查报告》，《青年研究》第 8 期。

郝振、崔丽娟，2011，《教育安置方式对进城务工人员子女城市融入的影响研究》，《思想理论教育》第 6 期。

黄佳豪，2008，《西方社会排斥理论研究述略》，《理论与现代化》
　　第6期。

黄祖辉、许昆鹏，2006，《农民工及其子女的教育问题与对策》，
　　《浙江大学学报》第4期。

蒋国河、闫广芬，2006，《家庭资本与城乡学业成绩差异》，《青
　　年研究》第6期。

江立华、胡杰成，2006，《社会排斥与农民工地位的边缘化》，
　　《华中科技大学学报》第6期。

金乐、付卫东，2010，《流动儿童教育财政的困境与出路》，《华
　　中师范大学学报》（人文社会科学版）第3期。

景婷，2006，《阶层资本对子代高等教育获得的影响分析》，硕士
　　学位论文，吉林大学。

康红英，2013，《非正规学前教育机构歌唱活动开展初探——基
　　于在四环游戏小组的实践》，《中国校外教育》第19期。

蓝秀华，2012，《高等教育规模扩张何以实现——以“资源稀释
　　模型”为视角》，《河北联合大学学报》（社会科学版）第
　　5期。

李斌，2002，《社会排斥与中国城市住房改革制度》，《社会科学
　　研究》第3期。

李倡平、孙中民，2010，《农民工随迁子女教育政策的演变与未
　　来走向》，《教育探索》第9期。

李春玲，2010，《高等教育扩张与教育机会不平等——高校扩招
　　的平等化效应考查》，《社会学研究》第3期。

李春玲，2009，《教育地位获得的性别差异——家庭背景对男性
　　和女性教育地位获得的影响》，《妇女研究论丛》第1期。

李春玲，2006，《流动人口地位获得的非制度途径——流动劳动
　　力与非流动劳动力之比较》，《社会学研究》第5期。

李春玲，2003，《社会政治变迁与教育机会不平等——家庭背景
　　及制度因素对教育获得的影响（1940~2001）》，《中国社会

科学》第 3 期。

李景治、熊光清，2006，《中国城市中农民工群体的社会排斥问题》，《江苏行政学院学报》第 6 期。

李强，2012，《农民工与中国社会分层》，社会科学文献出版社。

李荣彬、张丽艳，2012，《流动人口身份认同的现状及影响因素研究——基于我国 106 个城市的调查数据》，《人口与经济》第 4 期。

李文彬，2010，《农民工子女义务教育政策执行阻滞研究综述》，《西北农林科技大学学报》（社会科学版）第 1 期。

李雅儒、孙文营、阳志平，2003，《北京市流动人口及其子女教育状况调查研究（上）》，《首都师范大学学报》（社会科学版）第 1 期。

李雅儒、孙文营、阳志平，2003，《北京市流动人口及其子女教育状况调查研究（下）》，《首都师范大学学报》（社会科学版）第 2 期。

李煜，2006，《制度变迁与教育不平等的产生机制——中国城市子女的教育获得（1966～2003）》，《中国社会科学》第 4 期。

梁在、陈耀波、方铮，2006，《农村 - 城市迁移对流动儿童教育的影响》，《世界经济文汇》第 1 期。

林泉君，2009，《城市流动人口子女义务后教育机会缺失的补偿性政策研究——以杭州市职业教育为例》，硕士学位论文，浙江工业大学。

蔺秀云、王硕、张曼云、周冀，2009，《流动儿童学业表现的影响因素——从教育期望、教育投入和学习投入的角度分析》，《北京师范大学学报》第 5 期。

刘传江、程建林，2009，《双重"户籍墙"对农民工市民化的影响》，《经济学家》第 10 期。

刘精明，2005，《国家、社会阶层与教育：教育获得的社会学研究》，中国人民大学出版社。

刘善槐、张源源，2010，《谈进城务工人员随迁子女义务教育后的升学困境与破解思路》，《教育探索》第 11 期。

刘少杰，2009，《当代国外社会学理论》，中国人民大学出版社。

刘欣、师保国、肖敏敏，2012，《流动儿童的自尊与幸福感——不同学校类型的作用》，《贵州师范大学学报》（自然科学版）第 4 期。

刘悦，2010，《基于社会排斥理论的城市圈建设中农民工社会保障研究》，《改革与开放》第 6 期。

柳倩、谢萌、何幼华、梁莹，2010，《上海农民工同住子女学前教育安置政策效益评述》，《上海教育科研》第 11 期。

陆康强，2010，《特大城市外来农民工的生存状态与融入倾向——基于上海抽样调查的观察和分析》，《财经研究》第 5 期。

陆士桢、陆玉林、吴鲁平，2004，《社会排斥与社会整合——城市青少年弱势群体现状与社会保护政策研究》，《中国青年政治学院学报》第 5 期。

陆学艺，2004，《当代中国社会流动》，社会科学文献出版社。

吕绍青、张守礼，2001，《城乡差别下的流动儿童教育——关于北京打工子弟学校的调查》，《战略与管理》第 4 期。

吕少蓉，2009，《流动儿童义务教育需求分析——以湖北省武汉市武昌区为例》，《四川行政学院学报》第 2 期。

马国才、王留柯，2011，《农民工子女入园现状及其存在问题与解决——以鞍山市为例》，《学前教育研究》第 3 期。

〔英〕马林诺斯基，2002，《文化论》，费孝通译，华夏出版社。

马志芳、蔡澄，2011，《流动儿童基础教育边缘化问题及对策》，《现代教育科学》第 8 期。

孟颖颖，2011，《新生代农民工城市融合障碍构成原因探析——基于社会排斥理论的视阈》，《西北人口》第 3 期。

潘泽泉，2008，《从社会排斥视角解读农民工：一个分析框架及其运用》，《学术交流》第 5 期。

彭华民，2005，《社会排斥与社会融合——一个欧盟社会政策的分析路径》，《南开学报》第 1 期。

钱正武，2011，《社会排斥：农民工市民化进程缓慢的根本原因》，《调研世界》第 2 期。

任佳慧，2006，《农民工子女流入经济发达地区接受义务教育状况的研究》，硕士学位论文，华中农业大学。

阮荣平、刘力、郑风田，2011，《人口流动对输出地人力资本影响研究》，《中国人口科学》第 1 期。

塞巴斯蒂安·赫尔科姆，2001，《我们生活的社会——关于阶级分析现实意义的命题》，张世鹏译，《当代世界与社会主义》第 4 期。

邵书龙，2010，《社会分层与农民工子女教育："两为主"政策博弈的教育社会学分析》，《教育发展研究》第 11 期。

沈小革、周国强，2006，《流动人口子女教育公平问题研究》，群众出版社。

石长慧，2012，《文化适应与社会排斥——流动少年的城市融入研究》，《青年研究》第 4 期。

宋艳，2009，《农民工子女教育的"两为主"政策——全面实施免费义务教育后的分析》，《教育理论与实践》第 25 期。

宋月萍、李龙，2012，《随迁子女学前教育与流动女性的就业实证研究》，《妇女研究论丛》第 6 期。

孙远太，2010，《家庭背景、文化资本与教育获得——上海城镇居民调查》，《青年研究》第 2 期。

汤美娟，2009，《流动儿童教育研究的十年——回顾与反思》，《教育学术月刊》第 8 期。

唐钧，2002，《社会政策的基本目标：从克服贫困到消除社会排斥》，《江苏社会科学》第 4 期。

陶红、杨东平、李阳，2010，《农民工子女义务教育状况分析——基于我国 10 个城市的调查》，《教育发展研究》第 9 期。

陶红、杨东平，2007，《北京市"流动儿童"教育面临的问题与对策》，《江西教育科研》第 1 期。

陶西平，2012，《我国流动儿童教育问题的制约因素和政策出路》，《教育科学研究》第 5 期。

田慧生、吴霓，2010，《农民工子女教育问题研究——基于 12 城市调研的现状、问题与对策分析》，教育科学出版社。

王东，2010，《"两为主"政策背景下流动儿童家长"择校"行为分析——基于对北京市的相关调查》，《教育发展研究》第 12 期。

王二朋，2011，《性别、家庭财富与不同年龄阶段儿童辍学行为——基于 2006 年中国营养与健康调查数据》，《南方人口》第 4 期。

王桂新、罗恩立，2007，《上海市外来农民工社会融合现状调查研究》，《华东理工大学学报》（社会科学版）第 3 期。

王立业，2008，《社会排斥理论研究综述》，《重庆工商大学学报》第 3 期。

王隆文，2012，《促进少数民族大学生公平就业的临时法律措施的探讨——以"社会排斥"理论为分析视角》，《西北人口》第 1 期。

王思海：《九类非京籍考生可在京参加中考未包括流动人口子女》，新华网，http://news.xinhuanet.com/2011 - 03 - 30. c_ 121249821. htm，2011 年 3 月 30 日。

王胜今、许世存，2013，《流入人口社会融入感的结构与影响因素分析——基于吉林省的调查数据》，《人口学刊》第 1 期。

王守恒、查晓虎，2011，《进城农民工随迁子女的教育公平》，《安徽师范大学学报》（人文社会科学版）第 1 期。

王向晨，2013，《农村留守儿童社会化的困境》，《中共中央党校学报》第 3 期。

王晓燕，2009，《农民工家长择校影响因素分析》，《当代教育与文化》第 5 期。

王兴周，2006，《农民工：跨省流动与省内流动》，《中山大学学报》（社会科学版）第 5 期。

王毅杰、高燕等，2010，《流动儿童与城市社会融合》，社会科学文献出版社。

王毅杰、王徽，2004，《国内流动农民研究述评》，《河海大学学报》（哲学社会科学版）第 1 期。

蔚志新，2013，《流动人口社会保险参与状况的地区差异分析——基于 2011 年全国 32 个省级单位的流动人口问卷调查》，《人口学刊》第 2 期。

魏万青，2008，《从社会排斥到融入——对民工社会融合研究范式的转变》，《华中农业大学学报》（社会科学版）第 6 期。

文小勇、石颖，2005，《"三农"问题：社会公正与社会排斥》，《华南农业大学学报》（社会科学版）第 2 期。

文喆，2012，《北京市流动儿童教育问题决策的伦理困境和出路》，《教育科学研究》第 5 期。

吴开俊、刘力强，2009，《珠三角地区非户籍务工人员子女义务教育问题探讨》，《教育发展研究》第 2 期。

吴开俊、吴宏超，2011，《珠三角地区进城务工人员随迁子女义务教育问题研究》，《教育研究》第 12 期。

吴霓、朱富言，2011，《农民工子女异地中考政策研究》，教育科学出版社。

吴瑞君，2009，《农民工子女教育问题及解决思路》，《教育发展研究》第 10 期。

吴新慧、刘成斌，2007，《出路与保障——农民工子女教育的国家政策》，《中国青年研究》第 7 期。

吴愈晓，2012，《中国城乡居民教育获得的性别差异研究》，《社会》第 4 期。

夏怡然、叶文振，2003，《流动儿童的保健状况及其影响因素——以厦门市开元区流动人口为例》，《市场与人口分析》第 5 期。

谢宝琴、吴思妮、陈俊英，2011，《促进流动儿童学前教育发展的实践探索——以广东省惠州市惠城区为例》，《学前教育研究》第 4 期。

谢建社、牛喜霞、谢宇，2011，《流动农民工随迁子女教育问题研究——以珠三角城镇地区为例》，《中国人口科学》第 1 期。

谢敏，2012，《教育机会均等视角下流动儿童义务教育问题研究》，《青海民族大学学报》（社会科学版）第 1 期。

徐丽敏，2009a，《农民工随迁子女教育融入研究：一个发展主义的研究框架》，博士学位论文，南开大学。

徐丽敏，2009b，《农民工随迁子女义务后教育：问题与对策》，《教育发展研究》第 6 期。

徐玲、白文飞，2009，《流动儿童社会排斥的制度性因素分析》，《当代教育科学》第 1 期。

徐爽、闫逢柱，2010，《农民工随迁子女教育问题分析——以北京市 X 镇和广州市 Y 镇为例》，《农村经济》第 12 期。

徐延辉、熊欢，2011，《女性高层次人才的社会排斥及其影响因素分析——基于福建省的调查》，《妇女研究论丛》第 3 期。

许昆鹏，2006，《对流动农民家庭教育投资情况的调查分析——以杭州市为例》，《农业经济》第 3 期。

薛在兴，2005，《社会排斥理论与城市流浪儿童问题研究》，《青年研究》第 10 期。

杨聪敏，2010，《农民工权利平等与社会融合》，浙江工商大学出版社。

杨冬民，2010，《社会排斥与我国的城市贫困——一个理论框架的分析》，《思想战线》第 3 期。

杨菊华，2007a，《中国生育政策的地区差异与青少年教育机会关系研究》，《人口学刊》（台湾）第 34 期。

杨菊华，2007b，《生育政策与少儿福利》，哈尔滨出版社。

杨菊华，2010a，《生育政策、姊妹结构与教育福祉关系研究》，

《南京人口管理干部学院学报》第 1 期。

杨菊华，2010b，《城乡差分与内外之别：流动人口经济融入水平研究》，《江苏社会科学》第 3 期。

杨菊华，2011a，《城乡分割、经济发展与乡—城流动人口的收入融入研究》，《人口学刊》第 5 期。

杨菊华，2011b，《城乡差分与内外之别——流动人口劳动强度比较研究》，《人口与经济》第 3 期。

杨菊华，2011c，《城乡差分与内外之别：流动人口社会保障研究》，《人口研究》第 5 期。

杨菊华，2011d，《父母流动、家庭资源与高中教育机会》，《学海》第 2 期。

杨菊华，2012，《社会排斥与青年乡－城流动人口经济融入的三重弱势》，《人口研究》第 5 期。

杨菊华，2013，《中国流动人口经济融入研究》，社会科学文献出版社。

杨菊华、段成荣，2008，《农村地区流动儿童、留守儿童和其他儿童教育机会比较研究》，《人口研究》第 1 期。

杨菊华、张莹、陈志光，2013，《北京市流动人口身份认同研究——基于不同代际、户籍及地区的比较》，《人口与经济》第 3 期。

杨团，2002，《社会政策研究范式的演化及其启示》，《中国社会科学》第 4 期。

杨玉红，2011，《上海幼儿园新生报名打破公办、民办招生"壁垒"》，《新闻晚报》4 月 12 日，http：//www. edu. cn/xue_ qian_ news_ 197/20110412/t20110412_ 599408. shtml。

叶庆娜、陈绍华，2012，《农民工随迁子女高中教育与高中择校、高考移民的辨析及启示》，《西北人口》第 4 期。

叶庆娜，2011，《农民工随迁子女高中教育：现状、政策及障碍》，《中国青年研究》第 9 期。

易成栋，2004，《制度安排、社会排斥与城市常住人口的居住分异——以武汉市为例的实证研究》，《南方人口》第 3 期。

余秀兰，2008，《社会弱势群体教育支持政策解读——以关于城市流动儿童教育政策为例》，《青年研究》第 3 期。

虞永平，2010，《关注流动和留守幼儿的生活与教育》，《学前教育研究》第 5 期。

袁方，1997，《社会研究方法教程》，北京大学出版社。

苑雅玲、侯佳伟，2012，《家庭对流动儿童择校的影响研究》，《人口研究》第 2 期。

曾群、魏雁滨，2004，《失业与社会排斥：一个分析框架》，《社会学研究》第 3 期。

曾守锤，2012，《流动儿童的社会适应：研究与实务》，华东理工大学出版社。

曾守锤，2010，《流动儿童的社会适应状况及其风险因素的研究》，《心理科学》第 2 期。

翟振武、段成荣、毕秋灵，2007，《北京市流动人口的最新状况与分析》，《人口研究》第 2 期。

翟振武、段成荣，2006，《农民工问题现状和发展趋势》，载国务院研究室课题组《中国农民工调研报告》，中国言实出版社。

张斌贤，2001，《流动人口子女教育研究的现状与趋势》，《清华大学教育研究》第 4 期。

张绘，2013，《我国城市流动儿童初中后教育意愿及其政策含义》，《教育学报》第 1 期。

张绘、龚欣、尧浩根，2011，《流动儿童学校选择的影响因素及其政策含义》，《人口与经济》第 2 期。

张培琳，2003，《让每一个学前儿童享有同等的受教育机会——上海市卢湾区 0～6 岁流动儿童受教育状况的报告》，《上海教育科研》第 10 期。

张铁道、赵学勤，2002，《建立适应社会人口流动的接纳性教育——城市化进程中的流动人口子女教育问题研究》，《山东教育科研》

第 8 期。

张文诺，2013，《农村留守儿童教育问题研究——以甘肃省农村留守儿童教育为例》，《教育理论与实践》第 5 期。

张兴，2006，《社会断裂、社会排斥与和谐社会》，《白城师范学院学报》第 1 期。

张燕，2011，《城市发展与流动儿童学前教育》，《幼儿教育》第 Z3 期。

张燕、李相禹，2010，《山寨幼儿园与农民工子女学前教育——对北京市城乡交界处一个区位样本的调查与思考》，《学前教育研究》第 10 期。

张义祯，2009，《社会阶层背景与高等教育获得——以高等教育机会阶层辈出率为分析视角》，《中共福建省委党校学报》第 9 期。

张翼、周小刚，2012，《我国流动人口子女受教育状况调查报告》，《调研世界》第 1 期。

张悦、赵慧君，2011，《关于流动学前儿童受教育状况的调查与分析》，《吉林省教育学院学报》（学科版）第 11 期。

张展新，2007，《从城乡分割到区域分割——城市外来人口研究新视角》，《人口研究》第 6 期。

张展新、高文书、侯慧丽，2007，《城乡分割、区域分割与城市外来人口社会保障缺失——来自上海等五城市的证据》，《中国人口科学》第 6 期。

张振华，2009，《人力资本视角下的流动儿童教育问题分析》，《南京工业大学学报》（社会科学版）第 1 期。

赵嫦雪，2012，《流动幼儿入园的家庭影响因素研究》，硕士学位论文，南京师范大学。

赵德余，2013，《广东积分落户管理政策的经验及其对上海的启示》，《科学发展》第 8 期。

赵延东、洪岩璧，2012，《社会资本与教育获得——网络资源与社会闭合的视角》第5期。

中国进城务工农民子女教育研究及数据库建设课题组，2010，《中国进城务工农民随迁子女教育研究》，教育科学出版社。

中央教育科学研究所课题组，2008，《进城务工农民随迁子女教育状况调研报告》，《教育研究》第4期。

周皓、荣珊，2011，《我国流动儿童研究综述》，《人口与经济》第3期。

周皓，2010，《流动儿童的心理状况与发展——基于"流动儿童发展状况跟踪调查"的数据分析》，《人口研究》第2期。

周皓、巫锡炜，2008，《流动儿童的教育绩效及其影响因素：多层线性模型分析》，《人口研究》第4期。

周皓，2001，《我国流动儿童少年就学状况及比较分析》，《南方人口》第2期。

周林刚，2003，《社会排斥理论与残疾人问题研究》，《青年研究》第5期。

周文、张红，2013，《社会排斥视角下新型社区居民的市民化研究——基于陕西W社区"抢种"现象的调查》，《农村经济》第2期。

周晓虹，1998，《流动与城市体验对中国农民现代性的影响——北京"浙江村"与温州一个农村社区的考察》，《社会学研究》第5期。

朱剑，2011，《高校扩招何以实施——基于"资源稀释模型"的解释》，《中国高教研究》第4期。

朱镜德、史桦鑫、邵梅、张莉，2006，《津、沪农民工子女接受教育模式的比较分析》，《湖南社会科学》第6期。

邹泓、屈智勇、张秋凌，2005，《中国九城市流动儿童发展与需求调查》，《青年研究》第2期。

邹敏、王中会，2011，《北京市流动幼儿学前教育状况调查及思考》，《幼儿教育》（教育科学）第6期。

Alex, M., and David, M. 1998. "The Social Exclusion Perspective and Housing Studies: Origins, Applications and Limitations." *Housing Studies* 13 (6): 749 – 759.

Biblarz T. J., and Raftery, A. E. 1999. "Family Structure, Educational Attainment, and Socioeconomic Success: Rethinking the 'Pathology of Matriarchy'." *American Journal of Sociology* 105 (2): 321 – 365.

Blake, J. 1981. "Family Size and the Quality of Children." *Demography* 18 (4): 421 – 442.

Blake, J. 1985. "Number of Siblings and Educational Mobility." *American Sociological Review* 50 (1): 84 – 94.

Blake, J. 1986. "Number of Siblings, Family Background, and the Process of Educational Attainment." *Biodemography and Social Biology* 33 (1 – 2): 5 – 21.

Blake, J. 1989. "Number of Siblings and Educational Attainment." *Science* 245 (4913): 32 – 36.

Bourdieu, Pierre. 1973. "Cultural Reproduction and Social Reproduction." In Brown Richard (ed.), *Knowledge, Education, and Cultural Change.* London: Tavistock: 71 – 112.

Bourdieu, Pierre. 1977. "Cultural Reproduction and Social Reproduction." In Karaebl, and Halsey A. H (ed.), *Power and Ideology on Education.* Oxford University Press: 257 – 271.

Bourdieu, Pierre. 1986. "The Forms of Capital." In J. Richardson (ed.), *Handbook of Theory and Research for the Sociology of education.* New York: Greenandwood Press: 241 – 258.

Bourdieu, Pierre. 1993. *The Field of Cultural Production: Essays on Art Literature.* Columbia University Press: 7.

Burchardt, T., L. Grand, J., and Piachaud, D. 1999. "Social Exclusion in Britain 1991 – 1995." *Social Policy and Administration* 33

（3）: 227 – 244.

Chu, C. Y. Cyrus, Xie Yu and Yu Ruoh – Rong. 2007. "Effects of Sibship Structure Revisited: Evidence from Intrafamily Resource Transfer in Taiwan." *Sociology of Education* 80: 91 – 112.

Downey, Douglas, B. 1995. "When Bigger Is Not Better: Family Size, Parental Resources, and Children's Educational Performance." *American Sociological Review* 60 （5）: 746 – 761.

Downey, Douglas, B. 2001. "Number of Siblings and Intellectual Development: The Resource Dilution Explanation." *American Psychologist* 56 （6 – 7）: 497 – 504.

Giddens, A. 2001. *Sociology*. Cambridge: Polity Press and Blackwell Publishing Company.

Gough, I. , and Olofsson, G. 1999. *Capitalism and Social Cohesion: Essays on Exclusion and Integration*. Basingstoke, Hampshire: macMillan.

Greenhalghs. 1985. "Sexual Stratification: The Other Side of ' Growth versus Equity ' in East Asia. " *Population and Human Development Review* 11 （2）: 265 – 314.

Hauser, R. M. , and Sewell, W. H. 1985. "Birth Order and Educational Attainment in Full Sibship." *American Educational Research Journal* 22 （1）: 1 – 23.

Krein, S. F. , and Beller A. H. 1988. "Educational Attainment of Children from Single – parent Families: Differences by Exposure, Gender, and Race." *Demography* 25 （2）: 221 – 234.

Levitas, Ruth. 1996. "The Concept of Social Exclusion and the New Durkheimian Hegemony." *Critical Social Policy* 16: 5 – 20.

Liang, Zai, and Chen Y. P. 2007. "The Educational Consequences of Migration for Children in China." *Social Science Research* 36: 28 – 47.

Lin, Nan. 2001. *Social Capital, A Theory of Social Structure and Action*. New York: Cambridge University Press: 24 – 25.

Marjoribanks, Kevin. 1991. "The Sibling Resource Dilution Theory: An Analysis." *The Journal of Psychology: Interdisciplinary and Applied* 125 (3): 337 – 346.

Martin, Claude. 1996. "French Review Article: the Debate in France over 'Social Exclusion'." *Social Policy and Administration* 30 (4): 382 – 392.

Parish, W. L., and Willis. R. 1993. "Daughters, Education, and Family Budgets: Taiwan Experiences." *Journal of Human Resources* 28 (4): 84 – 98.

Powell, B., and Steelman, L. G. 1989. "The Liability of Having Brothers: Paying for College and the Sex Composition of the Family." *Sociology of Education* 62 (2): 134 – 147.

Powell, B., and Steelman, L. G. 1990. "Beyond Sibship Size: Sibling Density, Sex Composition, and Educational Outcomes." *Social Forces* 69 (1): 181 – 206.

Rawal, Nabin. 2008. "Social Inclusion and Exclusion: A Review." *Dhaulagiri Journal of Sociology and Anthropology* 2: 161 – 180.

Richardson, L., and L. Grand, J. 2002. "Outsider and Insider Expertise: the Response of Residents of Deprived Neighbourhoods to and Academic Definition of Social Exclusion." *Socal Policy and Administration* 36 (5): 496 – 515.

Rob, Atkinson. 2000. "Combating Social Exclusion in Europe: The New Urban Policy Challenge." *Urban Studies* 37 (5 – 6): 1037 – 1055.

Robbins, D. 1994. *Social Europe towards a Europe of Solidarity: Combating Social Exclusion*. European Community.

Shavit, Y., and Pierce, J. L. 1991. "Sibship Size and Educational Attainment in Nuclear and Extended Families: Arabs and Jews in

Israel. " *American Sociological Review* 56 （3）: 321 – 330.

Silver, Hilary. 1994. " Social Exclusion and Social Solidarity: Three Paradigms. " *International Labour Review* 133 （5/6）: 531 – 577.

Silver, Hilary. 1995. " Three Paradigms of Social Exclusion. " In Rodgers, G. , Gore, C. , and Figueiredo, J. , B. , *Social Exclusion: Rhetoric, Reality, Responses.* Geneva: International Institute for Labour Studies.

Teachman, Jay, D. 1987. " Family Background, Educational Resources, and Educational Attainment. " *American Sociological Review* 52 （4）: 548 – 557.

Yang, Juhua, and Fan N. 2012. " Migration, Family Structure, and High School Enrollment: An Analysis of China's 2000 Census. " *Chinese Sociological Review* 44 （4）: 27 – 57.

后　记

2011 年，我负笈北上，开启了攻读博士学位的征程。在我的博士生导师杨菊华教授的言传身教、悉心指引下，我接受了系统而严谨的科研训练，逐步完善了知识架构、拓展了学术视野，这为本书稿的深入思考奠定了坚实的基础。在写作过程中，我度过了无数不眠之夜，碰到了许多的沟沟坎坎，时常紧张、彷徨、痛苦。但往往在"山重水复疑无路"之际，经过老师的点拨，便"柳暗花明又一村"了。因此，在本书出版之际，首先要感谢恩师杨菊华教授的接纳、激励和教诲，老师的严格督促和对学术精益求精的追求，才让我能够顺利完成博士论文的出版。

感谢中国人民大学社会与人口学院的段成荣、巫锡炜等老师对博士论文写作的关心和指导。感谢赣南师范大学的陈勃，中山大学的李若建、梁宏等老师对博士论文写作的鼓励和帮助。向张岸、陈景亮、熊茜等友人以及 23 位访谈对象表示深深的谢意，正是他们的热心帮助和积极配合，我才能获得随迁子女受教育状况的第一手资料。同门兄弟姐妹陈志光、张莹、李红娟、孙超、郑诗泽、张钊等在博士论文写作时给了我大力帮助，难忘在中国人民大学校园内与他们相聚、讨论、切磋的欢乐场景和融洽氛围，点点滴滴，弥足珍贵。

感谢南昌大学社会科学学术出版基金、博士科研启动经费和江西省教育科学规划办对本书出版的经费资助。感谢社会科学文献出版社对本书稿出版的支持，特别要感谢出版社编辑佟英磊、易卉老师，正是其严谨细致的工作使本书能够在短时间内顺利问世。

　　谨以此书回报我的父母、爱人和一对可爱的儿女。

谢永飞

图书在版编目（CIP）数据

制度排斥、家庭资本与随迁子女教育 / 谢永飞著
. -- 北京：社会科学文献出版社，2017.8
ISBN 978 - 7 - 5201 - 0749 - 5

I. ①制… II. ①谢… III. ①流动人口 - 教育 - 研究
- 中国 IV. ①G52

中国版本图书馆 CIP 数据核字（2017）第 088094 号

制度排斥、家庭资本与随迁子女教育

著　　者 / 谢永飞

出 版 人 / 谢寿光
项目统筹 / 佟英磊
责任编辑 / 佟英磊　易　卉

出　　版 / 社会科学文献出版社·社会学编辑部（010）59367159
　　　　　 地址：北京市北三环中路甲 29 号院华龙大厦　邮编：100029
　　　　　 网址：www. ssap. com. cn
发　　行 / 市场营销中心（010）59367081　59367018
印　　装 / 三河市尚艺印装有限公司

规　　格 / 开　本：787mm × 1092mm　1/16
　　　　　 印　张：16.5　字　数：220 千字
版　　次 / 2017 年 8 月第 1 版　2017 年 8 月第 1 次印刷
书　　号 / ISBN 978 - 7 - 5201 - 0749 - 5
定　　价 / 69.00 元

本书如有印装质量问题，请与读者服务中心（010 - 59367028）联系